Recognize, Respond, Report
Preventing and Addressing
Bullying of Students with Special Needs

いじめ防止の**3R**

すべての子どもへのいじめの予防と対処

著：ロリ・アーンスパーガー

監訳：奥田健次 訳：冬崎友理

学苑社

※訳注：本書は「いじめ」「ハラスメント」を扱った具体的な教科書であるため、差別や偏見による表現が例示として取り扱われています。あらかじめご了承下さい。

日本語訳版への序

　私は1985年に特別な支援を要する児童生徒を教え始め、私の生徒たちが、他の教師や生徒たちから違った接し方、しばしば劣悪な接し方をされていることを痛切に感じました。当時、私は自分の生徒たちのためにどのように代弁したらいいのかがわからず、この困難な立場について、しばしば沈黙していました。しかし、学級担任としての日々以来、私は自分にはいじめに対処するために声を上げるべきことがいくらでもあることを実感しました。学校でのいじめ事件による悲しみやトラウマを、それに耐えてきた何百人もの生徒やその両親と共有したことが私を動機づけました。本書はこれらの、心をかき乱す問題に対処するために書かれました。今、教育コンサルタントとして、そして執筆者として、私は学校の教職員がいじめのサイクルを断ち切り、特別な支援を要する児童生徒への悪影響を終わらせるための防止プログラムを開発することに、さらに大きな影響を与えられる立場にあります。世界中の教育者がすべての児童生徒にとっての安全な学習環境をつくるという共通の使命の下、協働できると情熱を込めて、信じています。

　地球上のどこに暮らしていようとも、いじめは成長の一過程だ、という神話は消し去られなければなりません。本書が、日本の学校チームに、いじめを防止するために必要なステップをたどる力を与えてくれることを祈っています。特別な支援を要する児童生徒の独特で複雑なニーズを考慮に入れれば、様々に異なる状況に一括して適用できるアプローチや段階的な介入は存在しません。したがって、そこには知識が豊富で訓練された、思いやり深い教員のグループによる、多くの専門分野からなるアプローチが必要となります。学習の成功は安全で支持的な環境の下で起こるという前提に基づいて、本書はいじめの定義や存在とともに、いじめへの対応として即座に導入が可能な具体的な戦略についても扱っています。本書はまた、自身がいじめを経験した児童生徒たちからの偽りのない、現実のアドバイスを織り交ぜています。本書を読むことで、学校全体に導入できる効果的な反いじめ介入をつくり出せるようになることを祈っています。

日本の教員が、学校でのいじめについての沈黙をやめ、生徒たちのために声を上げること。本書がその力になれば嬉しく思います。私たちは特別な支援を要する児童生徒の利益のために、重要な変革を成し遂げるためのひとつのチームとして働かなくてはなりません。学校におけるいじめを防止することは困難な旅に見えますが、最初の一歩を踏み出すのはあなたです。私はこの問題に対処するために協働し、子どもの人生にポジティブな変化を起こしたいと願う現場の教員を見てきました。本書をすべての児童生徒にとってポジティブでインクルーシブな学習環境をつくるために両親、教員と児童生徒をひとつにまとめる方法として勧めたいと思います。本書が特別な支援を要する児童生徒へのいじめを防止し、対処する際に、困ったときのよりどころになることを願っています。質問やコメントがあればdrlori@cox.netまでお送り頂ければ、喜んでお返事をします。

ロリ・アーンスパーガー博士　協会認定行動分析士・博士

付録について

　本書の購入者には、教育的使用のために、付録A〜Fの空欄のフォームや配布用ペーパーを複写することを許可する。これらの付録は以下からダウンロードすることも可能である。

　https://www.brookespublishing.com/ernsperger/materials

著者について

　ロリ・アーンスパーガー博士は国際的な演者、文筆家、ネバダ州ヘンダーソンの認定行動分析士（BCBA-D）であり、同地の行動トレーニングリソースセンター（Behavioral Training Resource Center, LLC）のエグゼクティブディレクターである。アーンスパーガー博士は特別支援教育の博士号をインディアナ大学で取得した。彼女は公立学校で教員、管理者、教育カウンセラーとして30年以上働いた経験をもつ。アーンスパーガー博士は学校区の教職員に対し、教室での日常的な実践と研究のギャップを橋渡しすることに重点をおいた職員研修を現在も提供している。著書には *Keys to Success for Teaching Students with Autism*（自閉症の児童生徒への教育に成功する鍵）、*Just take a Bite：Easy Effective Answers to Food Aversions and Eating Challenges*（一口食べてみて：偏食と摂食障害への簡単で効果的な回答）、"Girls under the Umbrella of Autism Spectrum Disorders"（自閉スペクトラム症の傘の下の少女たち）がある。

　本書の内容についての連絡は　drlori@cox.net まで。

謝辞

　すべての児童生徒にとって安全でポジティブな環境をつくり出すために、自分の専門知識と日常における経験を快く共有してくれた何千人もの教員やその他の学校職員に感謝します。私の数多くの、そして時には乱暴なアイディアを支持してくれた夫と家族にも感謝します。彼らは私が情熱を追い求めることを許してくれました。ポール.H.ブルックス出版のレベッカ・ラゾには、この企画に対する支援と献身に、特別な感謝を捧げます。そして何より、「他者の沈黙を終わらせ」、一人ひとりの子どもがその個性ゆえに歓迎され、尊敬される学校をつくり出す強さをもつ、すべての児童生徒と教員に感謝します。

エスペラージュ教授による序文

　アメリカの特別な支援を要する子どもと青少年におけるいじめの問題は、いじめに関する文献のなかであまりに長いこと放置（ネグレクト）されてきた。実例として、いじめに関するピアレビュー記事は4,000以上もあるのに、特別な支援を要する児童生徒に焦点を当てているものは108しかない。したがって、私たちは特別な支援を要する児童生徒におけるいじめについて、完全な理解からは大いに遠ざかっており、これらの生徒におけるいじめを減らすための大規模な防止と介入のための学校プログラムの確立には、さらに遠い状況にある。この分野においてはさらに多くの研究が必要であるが、今こそ両親、教師、そして学校の管理者に対し、私たちが特別な支援を要する児童生徒におけるいじめについて知っていること、そしてこの問題に対処するために私たちがともに何ができるかについて、啓蒙すべき時である。本書で、ロリ・アーンスパーガー博士はまさにそれを行なっている。

　ここでアーンスパーガー博士は幅広く重要なトピック、すなわち特別な支援を要する児童生徒におけるいじめの定義、存在（プレバレンス）と結果、包括的で重層的な介入、いじめに対応するための具体的な戦略などを扱っている。第1章、第2章では、著者は米国内のいくつかのいじめの包括的な定義、それらがどのように異なる形態（フォーム）で現れるか、そしてそれが通常のけんかとどう違うのかを読者に説明している。著者はいじめと障害者ハラスメントを区別し、学校が特別な支援を要する児童生徒をいじめから守ることについてどのような責任をもっているかを、強く明確化している。彼女は2013年10月の人権局からの通達、すなわち「関係各位への書簡」の形式ですべての学校区宛てに発行された指導文書に言及している。これらの「関係各位への書簡」は非常に有益であるが、教員、両親、そして多くの場合、学校管理者にも、滅多に読まれていない。なぜ私がこのことを知っているかというと、私が何百もの講演やワークショップで全国を回る際に、聴衆に何人がこの通達を見たことがあるかを尋ねるからである。300人の聴衆のうち、いつも5人ほどが手を挙げる。だから私は、第2章でアーンスパーガー博士による2013年の「関係各位への書簡」からの引用「学

校の教職員が、学校におけるいじめや障害者ハラスメントに加担したり、それの傍観者になったりしてしまうというのは耐え難い」をみたとき、感激したのである。

　いじめられたり、いじめたりしている子どもを助けるには、いじめが、関わりをもったすべての青少年に与える深刻な影響を理解することが重要である。いじめによる短期的、長期的な悪影響については、第3章で述べられており、著者はいじめの被害者が精神保健上の症状や学業面での問題を含むネガティブな結果をどのように報告しているかを説明している。慢性的にいじめられることと自殺念慮の間の関連については多くの議論がなされてきた。第3章で著者はいじめと自死的な行動の間の関連について「いじめという行動と自殺という行動の間には関連性があるが、いじめの被害者のすべてが自殺という考えや行動にとらわれるわけではない。青少年が自殺に関係する行動をとることに寄与する、他のリスク要因もあり得る。自殺念慮に寄与する可能性のある他のリスク要因としては、精神保健上の要因、環境による影響、両親のペアレンティングのスタイルなどが含まれる」と述べている。そこには因果関係はないものの（いじめ被害が必ず自殺の原因となるわけではないという意味で）、いじめは困難な精神保健上の問題や仲間からの拒絶に対峙する青少年におけるリスクを悪化させる。それゆえ、著者はいじめをトラウマの形態のひとつとし、読者に、いじめ防止や介入に関する文献では滅多に見られない「トラウマ・インフォームドケア」を紹介している。

　著者は、いじめが個々の青少年に与える影響を指摘するだけでなく、いじめに関する多くの本が絶対にやらないことをしている。彼女はいじめが両親や学校の安全全般に与える影響について熟慮している。両親はわが子へのいじめについて、学校に対処させようとするとき、しばしば孤独感と無力感を覚える。いじめ関連の両親の心配、特に特別な支援を要する児童生徒の両親の心配はしばしば軽視され、時には本人や家族が被害に遭ったことについて責められることさえある。

　人間の行動は、社会生態学的な観点を通じて、もっともよく説明できる。そこには複合的なシステムや構造があり（例えば、個人、家族、学級など）、互いに作用し合い、行動や社会的発達を推進する。いじめのような行動を減らすための効果的な介入には、すべてのシステムを対象とする必要がある。著者によって提供されたいじめ防止のための9つの中核的な要素を見ると、彼女は社会生態学的な枠組みについて論じていることがわかる。つまり、特別な支援を要する児童生徒におけるいじめに対処するための介入には、リスクと保護という両方の要因を、社会生態学の各

レベル、すなわち個人、学級、学校、家族、そしてコミュニティにおいて対象とする必要がある。ブロンフェンブレンナー（1977）は人間の発達モデルの生態学を紹介し、青少年は発達と行動に直接的、間接的、ダイナミックな影響力をもつシステムのなかに置かれているとした。いじめの分野においては、このモデルはしばしば社会生態学的モデルと呼ばれ、子どもの個人としての性格が環境的な文脈やシステムとどのように作用し合うかを理解することや、それぞれの安全性を促進するシステムに焦点を当てている（Espelage, 2014）。著者は重層的なアプローチがいじめ防止にいかに必要であるかを述べている。そして、いじめっ子－被害者の力学に巻き込まれた個々の青少年にどのように介入するか、安全で協力的な学級をどのようにつくるか、ポジティブな学校風土をどのように育てるか、そして社会性情動学習の様々なカリキュラムを通じてどのようにいじめに対処するかについて、非常に詳細に説明している。

　確かに、学校の職員や教員が貧しい学校風土を感じ取るとき、児童生徒はより高い割合でいじめと被害を報告する（Espelage, Polanin, & Low, 2014）。したがって、いじめ防止はますます、すべての関係者を巻き込む学校風土の改善プロセスを含むものと見なされつつある。本書は学校が、学校風土の改善計画を実施したり、より大きな学校の安全問題を扱ったりするにあたっての素晴らしい手引きとなっている。いくつかの章がスタッフトレーニング、教員のトレーニング、そして青少年を学校の改善のプロセスに参加させることについて言及している。著者はまた、両親や養育者を、特別な支援を要する青少年におけるいじめの防止へとつなげる具体的な方法を説明している。また、私は、著者がいじめ防止において社会性情動学習のアプローチに関心を払っていることを、非常に評価する。社会性情動学習を忠実に実施すれば破壊的行動を減らし、いじめを減らし、教室における学習がよりよくなることを私たちは知っている（Durlak, Weissberg, Dymnicki, Taylor, & Schellinger, 2011; Espelage, Rose, & Polanin, 2015）。著者が述べているように、これらのプログラムは忠実さをもって実施され、その持続可能性に焦点をしぼった重層的なプログラムのなかにうまく収められている場合にのみ、効果的である。

　効果的ないじめ防止と介入は、本書で表現されたような、重層的な枠組みを通じて、あらゆるレベルの社会生態を標的とする包括的なプログラムづくりを必要とする。しかしながら、いじめ、ことに特別な支援を要する児童生徒におけるいじめを認識し、対応し、報告するこれらすべての方法をどのように統合するかを理解する

のは、やりがいのあることになり得る。今、学校には本書という非常に信頼のおける手引きがある。私の見解では、本書はいじめに関する個性的な本である。というのは、特別な支援を要する児童生徒に焦点をしぼる一方で、明確で具体的なエビデンスベースドな戦略を提供しているからである。したがって、本書は学校の管理者、カウンセラー、教員、両親そして自分の学校で反いじめキャンペーンを推進している青少年リーダーにとって必読の本である。

イリノイ大学シャンペーン校　教育心理学部

ハーディ教育学教授

グッツセル＆グッツセル冠教授

ドロシー・エスペラージュ博士

前文
「他者の沈黙」

　学校におけるいじめの防止に情熱を傾ける理由は人によって様々です。個人的な経験から、リスクに直面している集団の代弁者となる衝動に突き動かされたという専門職員もいるでしょう。また、校内にポジティブな学校風土をつくりだすことに焦点を当てる教育者もいれば、学校の安全とハラスメントの問題について対処することを校内の職務として与えられた、という人もいるでしょう。米国内の教育者による関心の高まりの理由が何であれ、今や世界各国において、学校におけるいじめ防止対策は、安全上の重要な問題となっています。私個人についていえば、本書を執筆することで自分の主張を読者と共有したいと思った理由は、ミシェルとの出会いでした。ミシェルは、数年前に私の別の著書 "Girls under the Umbrella of Autism Spectrum Disorders" の執筆の際に出会った女性です。私は20代前半だったミシェルにインタビューを行ない、彼女は軽度の自閉スペクトラム症児・者として、アメリカ中西部で育った自分の半生について、熱心に語ってくれました。ミシェルは、自分のきょうだいや趣味の社交ダンスについて、愛情をこめて語りました。彼女の言葉は洞察に満ちており、多くのポジティブな体験に彩られた若い女性の肖像を描き出していました。彼女が12歳のときに、一家は西海岸へ引っ越しますが、話の雰囲気や彼女の口調は、話題がそこでの学校生活に移った途端に劇的に変化します。ミシェルは、新しい学校に移ってからの数年の間、自らにふりかかった苦痛に満ちたいじめの体験について語ってくれました。彼女自身に非がないのにもかかわらず、彼女は社会的排除、言葉による侮辱、絶え間ない噂や悪口の標的_{ターゲット}となってしまいました。ミシェルはいくつものつらい個人的な体験を詳しく列挙し、それは「なぜ自分だけがこんな目に遭うのか」という気持ちを起こさせるのに十分なものでした。しかし、彼女は学校でいじめの標的_{ターゲット}となっているのは自分だけではないことを理解するようになります。彼女の認識によると、いじめはミドルスクール[1] に在学する期間に頻発し、そ

れは彼女が制御できるようなものではなかったということです。ミシェルはこう言います。「私は、私以外にも多くの子が、からかわれたり、いじめられたりしているのを目にしました。私だけではなかった。そして、私はいじめた子のことは許します。でも、"他者の沈黙"（silence of others）は許すことができないのです」と。私は「他者の沈黙」とはどういう意味か、説明を求めました。彼女は日常的にくり返されるいじめについて、教師に何度も報告したのにもかかわらず、彼らは「あまり気にせず、無視するように」と言うだけだったというのです。彼女は勇気を出して校長にも話をしに行ったのに、校長は「気をつけて様子を見ていくようにする」と回答したのです。彼女の両親でさえ、事態を変え、いじめを止めるという点においては無力でした。周囲のすべての大人や他の生徒による行動と介入の欠如こそがミシェルのいう「他者の沈黙」であり、それは彼女が許すことも、忘れることもできないものでした。

　インタビューのあと、私は机に向かい、ミシェルが私に分け与えてくれた、洞察に満ちた数々の情報について、メモを整理したりまとめたりしていました。私は彼女の「他者の沈黙」という言葉について深く考え続け、やがてそれは「私自身」のことを言っているのだとはっきりと理解しました。私は30年近く、障害のある人と関わる仕事をしてきました。高校時代にスペシャル・オリンピックスのボランティアをしたことに始まり、特別支援教育を行なう教員、行動分析学の専門家、管理者、大学教授、そして自閉スペクトラム症専門コンサルタントとして働きました。しかし、その長い年月の間、私は障害者といじめという問題について取り組むことはありませんでした。私はインディアナ州の教育局とともに、州全体の特別支援教育について監督する仕事をしたことさえあるというのに、そこでも障害者ハラスメントについての議論は行なわれませんでした。私はアメリカ合衆国国内、さらに海外を幅広く訪れ、職員研修として、学校の教職員から成る大きな集団を相手に講演をしてきましたが、私はプレゼンテーションのなかに、いじめ防止のためのエビデンスベースドな介入を含めたことはありませんでした。私は現実と向き合わなければなりません。**私もまた、何年もの間、沈黙を続けてきたのです。**その時、ようやく私は、人々の気づきを促し、学校におけるいじめを防止するためのポジティブで積極的な教育的介入を普及させることをミシェルに対し誓ったのです。その誓いを果たす一環として、私は本書で「認識し（Recognize）、対応し（Respond）、報告する（Report）」の"3R"という枠組みを提唱し、障害のある児童生徒に対する

いじめを防止する実践的で力強い対策の詳細を述べています。本書は3部に分かれ、3Rのそれぞれについて焦点をしぼり、学校の教職員や両親が、いじめと児童生徒の幸福に与える影響の問題に対処するために効果的に共働し、「他者の沈黙」を終わらせるための助けとなるように書かれています。

本書の概要

第Ⅰ部：学校におけるいじめと障害者ハラスメントを認識する

- 第1章では、学校におけるいじめの存在率（プレバレンス）の驚くべき高さと、障害者ハラスメントについての最新の統計を取りあげている。この章では、なぜ障害のある児童生徒がいじめに遭いやすいかについて説明している。さらに、いじめを定義するとともに、ハラスメントの定義について理解するためのキーワードと基準についてもまとめている。

- 第2章では、異なる型（タイプ）のいじめについて記述するとともに、いじめっ子－被害者の力学について説明している。この章ではまた、職員による児童生徒への虐待という困難でしばしば隠蔽されがちな問題について明らかにしており、学校風土全体を改善するためには、高度に効果的なスタッフトレーニングの必要性を推奨している。

- 第3章ではいじめやハラスメントが及ぼす深刻な精神保健上（メンタルヘルス）の影響について掘り下げている。この章ではいじめが及ぼす影響、すなわち欠席率の上昇や学業面での到達度の低下について検討している。さらに、より大きな、学校の安全という問題からいじめについて探求するとともに、学校におけるいじめへの懲罰手段としてゼロトレランス方式[2)]を回避する必要性について述べている。

第Ⅱ部：学校におけるいじめと障害者ハラスメントに対応する

- 第4章では、効果的で包括的ないじめ防止プログラムの中核的な要素について述べている。ここでは、いじめやハラスメントに対する、学区ワイド、スクールワイド、クラスワイド、そして個人を標的（ターゲット）とした介入という重層的な対応の必要性を強調している。この章ではさらに、スクールワイドな活動として推奨されるもの、すなわち学校安全チームのつくり方について、持続的な実践を

訳注
2) ゼロトレランス方式については、本書の第3章p.43を参照。

監視するための無料のリソースとともに詳述している。

・第5章では、学級レベルの介入に焦点を当てており、これは学年を超えて簡単に実施できるものとなっている。社会性情動学習やいじめへの気づきを高める簡単な授業について、現行のカリキュラムのなかにこの活動を埋め込む提案とあわせて、紹介している。

・第6章では、いじめに遭いやすい障害のある児童生徒の明確に異なるニーズについて、取り扱っている。傍観者への教育プログラムについて、ピアメンタリングプログラムをつくる方法とあわせてまとめている。また、本章では、いじめ行動を示す障害のある児童生徒に対処する具体的な介入の方法と、段階的な罰則についても扱っている。

第Ⅲ部：学校におけるいじめと障害者ハラスメントを報告する

・第7章では、学校におけるすべてのレベルの介入について、データに基づく意思決定を行なうことを推奨している。データを収集するための児童生徒への調査の実施方法や、フォーカスグループの組織化の仕方について提案を行なっている。本章では、すべてのレベルの介入について、結果に基づく説明にも焦点を当てている。

・第8章は、学校におけるいじめを報告する書式をつくり、配布するにあたっての欠かせない主要点についてまとめている。いじめについて調査をし、障害者ハラスメントを特定するための具体的なアクションステップの大枠を示している。本章ではまた、学校内でハラスメントが発生したと特定された場合、導入できる善後策を列挙している。

・第9章は学校の改善計画のために、データをどのように分析し、視覚的にわかりやすくまとめるかについての実践的なテクニックを紹介している。また、本章では実施における忠実性を厳しく守り、持続的に実践を行なうことが、長期に渡るポジティブな結果と学校の安全を獲得するためには必要であるということを強く主張している。

リソースとアイコンについて

本書を通して、追加的なリソースとアイコンが提供されている。あなたが目にす

るいくつかのアイコンは、あなたをその話題についてのさらなる情報、あるいはダウンロードによって入手できる無償の教材へと導く[3]。さらに、生徒の手紙からの引用は、いじめを防止し、対応することの重要性を強調するために、本文の間にちりばめられている。

 オンラインリソース：ワールド・ワイド・ウェブのアイコンは、その話題（トピック）についてのあなたの知識を深め、学校で活用できる追加的な情報を獲得できるオンラインリソースを指し示す。

 ダウンロードが可能なツールキットやマニュアル：ダウンロードのアイコンは学校の教職員が入手できる無償の教材を示す。これらの無料のツールキットやマニュアルは、教室ですぐに使えるようになっているものも多い。

 生徒の手紙からの引用：吹き出しのアイコンでは、中学生や高校生からの本物の返答を提供している。250人の生徒の集団が、様々な架空の「親愛なるアビー（Dear Abby）[4]」宛ての手紙に対する返答をし、学校でのいじめに対処するにあたってのアドバイスを与えるように依頼された。生徒の手紙からの引用は、仲間の児童生徒に対する、彼らの正直で偽りのない返答である。

訳注
3）　団体によってはサイトの変更などに伴い、URLが有効でなくなっている場合がある。
4）　1950年代から続くアメリカの人生相談コラム。

目　次

第Ⅰ部

Recognize　認識する

薔薇は赤く
すみれは青い
あなたはあなたのままでいい
人々はすぐにあなたを愛するようになるから

第1章
いじめと障害者ハラスメントの定義と存在 <ruby>プレバレンス</ruby>

　いじめは、かつて何万もの子どもたちが日常的に耐える静かな伝染病のようなものだった。「子どものすることだから」という態度は、子どもの通常の成長過程における一部分とされた。ほとんどの専門職員は、いじめが及ぼす深刻な影響、子ども時代にこれを体験した被害者が長期的に受ける打撃、そして最終的に学校の環境と児童生徒の学力に及ぼすマイナスの影響を認識していない。今日、学校におけるいじめは、国際的な問題であると同時に、公衆衛生上の関心事となっている。学校におけるいじめに関する国内外の統計の驚くべき数字について認識することは、いじめと障害者ハラスメントの防止プログラムを進めていく上で最初の一歩となる。

- 米国教育省（U.S. Department of Education）はミドルスクール[1]とハイスクール[2]において、全児童生徒のうち28％がいじめを受けていると推計している（Robers et al., 2012）。
- 世界保健機関（WHO）は15,000人以上の児童生徒を対象とした調査研究で、29.9％の児童生徒が時々、あるいはしばしばいじめに巻き込まれていると報告している（Nansel et al., 2001）。
- 疾病対策センター（The Centers for Disease Control and Prevention）は様々な学年にわたって、およそ20％の児童生徒がいじめを受けていると指摘している（Eaton et al., 2011）。
- 国内犯罪被害調査（2011）によると男子の27％、女子の30％がいじめの被害に遭っていると報告し、いじめの存在率（prevalence rates）には男女差があるという神話を覆している。
- 米国の国立教育統計センターの「学校における犯罪と安全調査（2008年）」に

訳注
1）【米】elementary school（小学校）の高等年とjunior high schoolを含むもので、普通は教育制度の5（6）年-8学年にあたる。
2）【米】高等学校。第9（10）学年から第12学年まで。

よると、小学校（エレメンタリースクール[3]）と中学校以上（セカンダリースクール[4]）の児童生徒の24％が１週間のうちに１回以上いじめに遭い、７％の児童生徒は毎日いじめに遭っている。

　まとめて言えば、いじめは、何万もの児童生徒が直面している、深刻で際立った問題である。いじめの存在率（プレバレンス）の総パーセンテージについては、調査の方法やいじめの定義によって多少の差はあるが、これが何万人もの米国の児童生徒が毎年、影響を受けている問題であることは明らかである。

僕は４年生の頃からいじめられています。僕は背が低く、やせています。ぼくはひとりぼっちで、そのことで泣きたくなります。どの学校にもいじめっ子がいるということは知っていますし、友だちができるように努力もしています。きみも頑張って。幸運を祈ります。

　定型発達の児童生徒においてもいじめの割合は高いが、特別な支援を要する児童生徒は、さらに同級生の２倍、いじめの被害に遭いやすい。全国あるいは州を対象としたいくつかの調査や評価（アセスメント）の結果によれば、障害のある児童生徒はいじめやハラスメントについて、より大きなリスクにさらされている。

・アビリティ・パス[5]（2011）によると、障害のある児童生徒の60％が学校でいじめに遭っている。
・自閉症相互ネットワーク（The Interactive Autism Network, 2012）は、自閉スペクトラム症の児童生徒の63％が学校でいじめに遭っていると報告している。
・「若者の声プロジェクト」（Davis & Nixon, 2014）によれば、身体障害のある児童生徒は、一般の児童生徒の1.94倍、また特別支援教育を受けている児童生徒は同じく1.66倍、いじめに遭いやすい。

訳注─────────────
3）　小学校。【米】６－３－３制では６年、８－４制では８年。
4）　中等学校。grammar school、public school、high school などの総称。
5）　Ability Path：障害者の教育支援を行なう非営利団体（カリフォルニア州）。

・米国教育省は、学習障害、てんかん、その他のニーズにより特別支援を必要とする児童生徒はいじめやハラスメントに遭うリスクが高いとしている（U.S. Department of Education, n.d.）。

　障害のある児童生徒の場合、いじめに巻き込まれる割合は不均衡なほどに高くなる（Young, Ne'eman, & Gelser, 2011）。身体に障害のある児童生徒はいじめの標的となるリスクがより高い（Rose, Swearer, & Espelage, 2012）。吃音のある児童生徒の69％が、頻繁にいじめられると回答している（Langevin, Bortnick, Hammer, & Wiebe, 1998）。ADHDのために学校で投薬を受けている児童生徒は定型発達の同級生に比べて、学校で1か月の間にいじめに遭う割合が2〜3倍高い（Unnever & Cornell, 2003）。デイビスとニクソン（2014）の「若者の声プロジェクト」によると「学校のコミュニティにおいてあまり価値がないとされるグループに所属している児童生徒は虐待や排斥を受けやすく」、これが社会的な排除へとつながっている。障害のある児童生徒は不運なことにしばしば孤立しており、学校の環境の一部となり得ていないことが多い。さらにより明らかに見てわかる、認識しやすい障害がある児童生徒や、それ以外の健康上のニーズがある児童生徒も学校でいじめに遭いやすい。例えばぜんそく、糖尿病などの慢性疾患をもつ児童生徒はいじめに遭う確率が高くなっている（Sentenac et al., 2012）。こうしたいじめや障害者ハラスメントの割合の高さが、ついに学校の専門職員、州の教育委員会、そして連邦政府の公的な保健の問題としての関心を招くことになり（Hamburger, Basile, & Vivolo, 2011）、効果的で総合的なプログラム導入の根拠となった。

> 校長にスクールバスのなかでの男の子たちの言動について報告しなさい。まず、毅然とした対処ができるバス運転手が必要です。新しい運転手が来たら、前方の席に座り、友だちに悪口を言われたら、運転手に言いなさい。もし、あとから彼らにチクリ屋と言われたら、それはもう一度、彼らに立ち向かう理由が与えられただけのことです。

いじめの定義と存在<ruby>プレバレンス</ruby>

　いじめやハラスメントは、被害者に深刻かつ高い確率で長期的なマイナスの影響を与える。また公衆衛生上の大きな問題であることから、連邦全体、州、そして各地域の教育長は、いじめについて統一された定義を示す必要がある。いじめの定義は州や学校によって異なり、このことが、いじめの存在<ruby>プレバレンス</ruby>率が調査によって多様化する一因となっている。連邦政府は学校におけるいじめについて、いまだ統一された定義を採用していない。このため、疾病対策センター（2014）は学校や公的な保健機関において、さらなるエビデンスに基づく介入についての調査研究や評価手段<ruby>アセスメント</ruby>として利用すべく、いじめの定義を策定するために、研究者や実践家からなる有識者会議の委員を選定した。いじめの定義について、疾病対策センターと教育省（2014）は次のように発表している。

　　いじめとは、成長過程にある青少年が、きょうだいや現時点での特定の交際相手を除く他の青少年、またはその集団から受ける攻撃的かつ望ましくない行動で、そこに力の不均衡が観察あるいは知覚されるとともに、それが継続的にくり返される、またはその恐れが高いものとする。いじめは、標的となった青少年に身体的、精神的、社会的あるいは学業面におよぶ大きな傷と苦痛を負わせることがある。(p.7)

　これ以外の米国内の機関で、いじめの定義を含む声明を出しているところもある。例えば、全米教育協会（National Education Association）は、微妙に異なるいじめの定義を行なっている。

　　いじめは他者に対し、組織的かつ日常的に、身体的な痛みおよび（または）精神的な苦痛を負わせるものである。いじめは身体的なもの、言葉によるもの、または社会的なものが考えられる。いじめは単なる子どもの遊びではなく、多くの児童生徒が日々直面している恐怖に満ちた体験である。いじめにおいては、いじめる者と、その標的となる者の間に力の不均衡が実際に存在するか、あるいはその存在を感じ取ることができる。

　ダン・オルヴェウスは、学校の安全と学校におけるいじめ防止の分野におけるパ

イオニアである。彼の調査研究は20年以上も前に発表され、この分野において先駆的研究として位置づけられてきた。この分野の草分けとなる『学校におけるいじめ』（Olweus, 1993）は、1983年にノルウェーで3人の少年が相次いで悲劇的な自殺を遂げ、このことをきっかけに新しいいじめ対策法が施行されたあとに執筆された。オルヴェウスのいじめ防止プログラムは、いじめについて「一方が、くり返し、意図的に他方に対し、意地悪く相手を傷つける言動を行ない、被害者が自分を守ることに困難を感じている状況」と定義している（Olweus, 1993）。オルヴェウスのいじめ防止プログラムは国際的にも広まり、広く使われる重層的なプログラムで、学校におけるいじめの減少に顕著な効果を上げている（Farrington & Ttofi, 2010）。いじめを定義するにあたっていくつかのキーワードや共通の言い回しがある（**表1.1**）。

　いじめの定義の多くが、両者の間に力の不均衡が見られる、という一項を含んでいる。この力の不均衡は、外見、身体の大きさ、本人の性格、男性らしさや女性らしさの程度、社会的経済的な地位、あるいは学校における学業成績など、様々なことに由来する。力の不均衡は本質的に主観的なものになり得ることから、児童生徒や職員に対し、力の不均衡が見られる多様な人物像の典型（例えば、社交的で騒々しいフットボールチームのキャプテンと恥ずかしがり屋で内向的なコンピューター部の部長や、街のなかでも、流行の先端の地域に住む生徒と貧困に陥った地域に住む生徒など）を提示しながら、より詳しく説明することが求められる場合もある。

なんでかっていうと、8年生のなかで僕は新顔で、知っている子がいなかったから。僕は内気で、みんなと違う格好をしてるからというのでいじめられた。高校に上がるときに、ようやくそこから抜け出せた —— もっとしゃべるようにして、自信もついてきたので。君にもできると信じているよ。何か嫌なことを言われたら、ただこう言えばいい、「僕が気にすると思う？」

　上で見たような共通の用語や言葉に加えて、いじめを定義する上で、いじめは**意図的な、故意に行なわれる、悪意ある**行動である、という基準を加える州や地域もあり、これは調査を行なう学校関係者にとって、より困難な課題への入口である。

容易に想像できるように、大人と対峙したとき、いじめをした生徒が急いで「そんなつもりじゃなかった」あるいは「冗談でやっただけ」と自らの行動や意図を過小評価するのは珍しいことではない。発生したいじめ事件について調査する学校の専門職員が、児童生徒の意図について下す裁定は主観的なものになる。

表1.1　いじめの定義に共通してみられる項目とキーワード

・その行動がくり返されること
・被害者にとって苦痛であること
・被害者が望まない行動であること
・力が弱い者、または明らかな力の差、または支配関係が見られる者に対し、行なわれていること

　米国教育省の人権局（Office of Civil Rights）が発行する文書「関係各位への書簡（Dear Colleague letter）」（2010）では、「ハラスメントの要件を満たす上で、危害を加える**意図**は必要ない」としている（p.2）。

　さらに、いじめによる健康被害を治療するクリニックの診療部長であるジョージ・スラブスタイン博士は、「いじめについて考えるとき、それが意図的であるということは必ずしも必要な基準ではない」と述べている（Srabstein, 2014）。その意図がどうであれ、ひとりあるいは集団からなる児童生徒が示す敵対行動は、被害者の感覚では嬉しくない行為なのである。いじめや障害者ハラスメントの深刻さや被害者が受ける悪影響の度合いは、その行為が意図的であったかなかったかによって判断されるものではない。スラブスタイン博士は「いじめというのは、見る人の目のなかでのことである」と続けている。いじめ事件が、障害者ハラスメントであったかどうかを調査する際に問われるのは、児童生徒が敵対的な環境を「意図的に」つくり出したかどうかではない。事件は、被害者（よくあるのは障害のある児童生徒）の視点から検証される。第4章でも議論することになるが、学校の専門職員がハラスメントについての標準的な基準を含む、いじめについての統一的な定義をつくり、これを学校の全職員、児童生徒、保護者に周知し、根づかせることが緊急の課題である。

「関係各位への書簡（Dear Colleague Letters；DCLs）」とは？

　「関係各位への書簡」は、米国教育省から各学区、チャータースクール[6]の運営者、連邦法に従い、市民の権利要求に応えようとする学校の教職員にむけて発行される不定期の指導通達文書である。「関係各位への書簡」は一般（保護者、児童生徒、そしてコミュニティの関係者）に公開されており、彼らが自分たちの権利についての情報を得たり、義務を果たしたりする手助けをしている。この文書は、何らかの新しい法律を推進したり、特定の州や学校、学区における特例を要求したりする目的で書かれたものではない。しかし、学校が、いじめ予防と障害者ハラスメントを終わらせるための対処を行なう際には、もっとも効果的な実践手法として、これらの方針や介入の実施を注意深く考慮すべきである。

いじめと通常の子ども同士のけんかの違い

　学校におけるいじめを認識し、特定するにあたって、教員はしばしば、典型的な子どもの行動といじめを弁別しなくてはならない。同級生同士のからかいやけんかのすべてがいじめに該当するわけではなく、学校の専門職は、職員や児童生徒のためにいじめ定義を行なう際には、観察できる行動の分類に十分に注意しなければならない。バーバラ・コロローソ（2008）によると「からかいは、友人とやる分には面白いことであり、子どもの成長過程における楽しい部分である（p.32）」という。子ども同士のけんかは、学校という社会的な環境において当たり前に存在する一部分である。対等な関係にある子どもたち、あるいは友人同士の間で通常のけんかはよく起こり、時に無礼で意地悪な行動がみられることもある。子どもが体験する対人関係の困難のすべてがいじめを構成するものではないと認識するのは重要なことである。小児期に時折生じる対立や苦悩は、正常な成長過程の一部分であり、これはいじめを受けるリスクの高い児童生徒に向けられる敵対行為や攻撃とは分けて考えるべきである（Limber & Snyder, 2006）。通常の子ども同士のけんかと、いじめの概念との違いについての共通認識を確固たるものにするために、学校が職員、あ

訳注
6）【米】教師・親・地域が地方自治体や国の認可を受けて設立し、公的資金によって運営される独立学校。

るいは児童生徒向けに示すいじめの定義のなかに、両者の例やそれがいかに異なるかという具体的な描写を含めてもよいだろう。学校の校長や教員は、いじめの範疇に入ると考えられる、年齢に合わせた具体例（例えば、しつこくくり返す悪口や年少の児童生徒への暴力など）と、それとは区別すべき通常の子ども同士のけんかの具体例（例えば、友人をからかってつっつくような行動）を提示するべきである。学校区におけるいじめの操作的定義については、比較のために通常の子ども同士のけんかと、いじめの例をそれぞれ提示し、その程度や性質についても明らかにすべきである（**表1.2**）。

表1.2　通常の子ども同士のけんかといじめの例

通常のけんか	いじめ
・学校のカフェテリアで長年の友人グループが盛り上がり、互いにふざけてちょっかいを出しあっている。ある児童が、別の児童の顔の目の前でゲップをしてみせる。やられたほうは、お返しに相手のマッシュポテトに指を突っ込む。両者は互いに対して対等な友情を感じており、グループは上機嫌に笑いながらカフェテリアを去る。	・カフェテリアにひとりで座っている児童のところへ、いつも彼のことを「うすのろのホモ」と呼ぶ上級生が近寄り、牛乳をとりあげ、彼のトレイの上にこぼす。他の児童はそれをみて笑い、犯人はゆうゆうと立ち去る。児童はひとりきりのまま、取り残される。
・対等な力と関係をもつ2人の女の子が言い争いをし、互いを侮辱し、絶交だと叫ぶ。大人の仲裁によって顔を合わせると、2人はすぐに自分のしたことを恥ずかしく思い、けんかを終わらせる。	・2人の女の子が同じクラスのなかで、もう何週間も対立を続けているように見える。あるとき、優位にある女の子が「あんたはブスよ」という。大人が介入すると、優位にある女の子は、非は相手にあるといい、自分の行動を悔やむ様子は見せない。

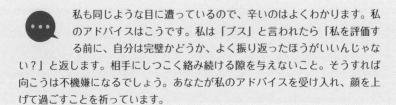

私も同じような目に遭っているので、辛いのはよくわかります。私のアドバイスはこうです。私は「ブス」と言われたら「私を評価する前に、自分は完璧かどうか、よく振り返ったほうがいいんじゃない？」と返します。相手にしつこく絡み続ける隙を与えないこと。そうすれば向こうは不機嫌になるでしょう。あなたが私のアドバイスを受け入れ、顔を上げて過ごすことを祈っています。

障害者ハラスメント

　国内外の数々の障害者団体や政府の調査によると、障害のある児童生徒は学校におけるいじめにさらされやすく、より大きなリスクを抱えており、それは障害者ハラスメントというレベルのものにもなりうる。学校の教職員は第一に、障害のある児童生徒は、学校でのいじめなど敵対的な環境に対し、特別な法的保護が与えられているということを認識し、理解する必要がある。障害のある児童生徒は以下に示す3つの連邦法によって、いじめや障害者ハラスメントからより強い保護を受けている。

1．リハビリテーション法（Rehabilitation Act、1973年制定、公法93-112）第504条は、米国教育省から連邦財政支援を受けて行なわれるプログラムや活動のなかで、障害をもつ個人の権利が保護されるように設計された差別禁止法である。

2．アメリカ障害者法（Americans with Disabilities Act、2008年制定、公法110-325）の第Ⅱ部は、州と地域のあらゆる範囲の行政サービス、プログラムそして活動（公立の学校を含む）において、障害者に対する差別的取り扱い行なうことを禁止する法律である。

3．個別障害者教育法（The Individuals with Disabilities Education Improvement Act: IDEA、2004年制定、公法108-446）は特別支援教育のプログラムに資金を供給する連邦法で、障害のある児童生徒に対し、適切と考えられる範囲内で最大限を通常学級の環境の下で過ごさせ、無償かつ適切な公教育（free appropriate public education: FAPE）を提供することを学校区に義務づけている。

　連邦政府は障害者をハラスメントから保護するための厳格な法律の整備と施行に長い年月をかけてきた歴史がある。1973年から今日まで、障害のある個人がいかなる形の差別的取り扱い（学校でのハラスメントを含む）も受けることが決してないように、関連するいくつもの連邦法が制定され、再認定されてきた。ある児童生徒が障害者ハラスメントを受けたという申し立てを行なうためには、まず、その児童生徒が個別障害者教育法か、リハビリテーション法第504条の規定の下で支援を受けることが望ましい、あるいは適格であると判定されている必要がある。児童生徒

が個別障害者教育法に基づく特別支援教育や関連サービスを受けることが望ましい
という判定は、個別の教育評価によってその児童生徒が13の特定の障害カテゴリー
における基準に適合するようであれば、決定される。「"障害児"としての定義（と
特別支援教育および関連サービスを受ける適格性）を完全に満たすには、その子ど
もの学業面での成果が障害によって負の影響を受けている必要がある」（個別障害
者教育法, 2004；**表1.3**）。

　特定の障害カテゴリーについてのより詳細な情報は、親のための情報とリソース
センター（Center for Parent Information and Resources）のウェブサイトで得る
ことができる。

 http://www.parentcenterhub.org/repository/categories

表1.3　個別障害者教育法の障害カテゴリー

1．自閉症
2．聴覚障害（全ろう）
3．聴覚障害（難聴）
4．視覚障害（全盲を含む）
5．盲ろう
6．情緒障害
7．肢体不自由
8．言語障害
9．知的障害
10．外傷性脳損傷
11．重複障害
12．学習障害
13．その他の健康障害

　リハビリテーション法第504条は、障害者について「（ⅰ）精神あるいは身体に障
害があり、それにより主要な日常の活動のうち1つかそれ以上について実質的な制
限がある者、（ⅱ）そのような障害の記録がある者、または（ⅲ）そのような障害
があるとみなされる者」と定義づけている（34 C.F.R. §104.3[j][1]）。この規定の下で、
支援を受けることが適格であるとされた児童生徒もまた、障害者ハラスメントにつ
いての申し立てを行なうことができる。第504条の適用を受ける資格があり、主要
な日常の活動（例：歩く、学習する、読む、考えるなど）に制限が生じるような障

害のある児童生徒は、重度のアレルギー疾患、糖尿病やADHDなどで医療が必要な場合、またそれ以外の理由で学校生活における活動が制限されている場合など広範囲にわたる可能性がある。第504条の下で障害があると認定された児童生徒は、彼らが受けられる支援と教育プログラムへの調整措置を含む計画書をもつ。第504条と、障害のある児童生徒の保護に関するさらなる情報については、米国教育省のウェブサイトで得ることができる。

 http://www2.ed.gov/about/offices/list/ocr/504faq.html

　個別障害者教育法の下で障害があると認定された児童生徒は、自動的にリハビリテーション法第504条と第二部に基づき、ハラスメントなどの差別からの保護を受けることができる。個別障害者教育法の認定や水準に基づいて定められた特定の障害別の基準ははるかに厳格であるものの、第504条で障害があると認定された児童生徒は個別障害者教育法の下で認定された児童生徒と同じように、障害者ハラスメントからの保護を受ける権利を有する（人権局, 2010, 2014）。第504条は、個別障害者教育法において認定された児童生徒を含む障害のある個人を差別から保護し、障害のある子が教育に対し平等にアクセスできることを保証している。この2つの連邦法における障害者の認定基準には大きな違いがあるものの、学校の教職員がいずれの集団の児童生徒も、いじめや障害者ハラスメントを含む差別から保護されているということを、理解することが重要である（人権局, 2010, 2014）。

障害のある児童生徒の定義

　本書の目的上、「障害のある児童生徒」の定義としては、個別障害者教育法とリハビリテーション法第504条の両方において特別支援教育やサービスを受ける資格があるとされた児童生徒としている。

　これらの差別を禁止する連邦法や財政支援に関わる法令に加えて、米国教育省はいじめと障害者ハラスメントに関連した指針および技術的な援助手引きとして、学校区に対し4通の重要な「関係各位への書簡」を発行している。1通目は2000年7

月25日付のもので、人権局が連邦法のコンプライアンスの下で、人種、肌の色、性別、宗教、そして性的指向の場合と同様に、障害のあることによって差別を受けることから個人を保護するという明確な指針を示している。人権局は米国教育省の方針の下、いじめとハラスメント、そして学校区の教職員が将来発生しうる事件について調査し、予防する法的義務との関連を明らかにしている。人権局は次のように述べている。

　　障害者ハラスメントは、受けた児童生徒に深い傷を残し、安全に対する懸念を生じさせるとともに、教育制度が提供する多彩な恩恵に対し、障害のある児童生徒が平等にアクセスできることを保証するべくなされてきた努力を大きく損なうものである。実際に、ハラスメントは、障害のある児童生徒が成長する上で不可欠な教育を受ける機会をひどく妨げてしまうことがある。障害のある児童生徒が、ハラスメントによって教育機関のプログラムや活動に参加したり、恩恵を受ける機会を制限されたり奪われたりした場合、教育機関は効果的な対応をしなければならない。障害者ハラスメントが発生した可能性があると知ったときは、教育機関は事件について早急に調査し、適切な対応をしなくてはならない（p.1）。

　人権局は、学校が障害者ハラスメントを認識することに失敗することは児童生徒の市民権の侵害にあたる可能性があるということに言及している。つづく2010年10月26日付の文書では、人権局は、州や地域の教育機関は、学校におけるいじめ問題に明確に対処する方針や手順を展開しているものの、これらの総合的な学校方針や手順が、必ずしも障害者ハラスメントから児童生徒を守れるものになってはいないという認識を示した。人権局はこのように説明している。「学校の対応をいじめ防止規律方針の明確な適用だけに制限してしまうことで、学校は児童生徒の違反行為が、結果として差別的なハラスメントに該当しているか否かについて、正しく判断することに失敗する恐れがある」（p.1）。各学校区のすべての教職員は、いじめに関する基準を当てはめる際に、その事件が障害のある児童生徒を巻き込んでいる際には、特に注意を払わなければならない。例えば、ある学校で採用された指針において、いじめの条件として「故意に行なわれた」という一項を含めていた場合、障害者ハラスメントが発生しても、この故意という要件をみたしていなかったために特定されない恐れがある。この追加要件のために学校は本質的には障害者ハラスメ

ントにあたる行動を見逃してしまい、児童生徒の「（自分に向けられる）敵意から解放された」教育環境を得る権利を侵害してしまう可能性がある。

人権局が発行する「関係各位への書簡」は、すべての学校区の長と学校の専門職員に対し、同機関が抱く期待と方針について明確にしている。人権局が発行した「関係各位への書簡」（2000, 2010, 2014）に加えて、教育省は特別支援教育リハビリテーション局（Office of Special Education and Rehabilitative Services: OSERS）と共同で2013年8月20日に「関係各位への書簡」を発行しており、無償かつ適切な公教育を受ける児童生徒の権利に関わることとして、いじめと障害者ハラスメントに対する当局の見解を明らかにしている。特別支援教育リハビリテーション局の文書は「いじめはいかなる理由があろうとも、私たちの学校において許されるものではない。（中略）また、障害のある児童生徒は安全かつ尊厳が守られる学校環境において学ぶ権利がある」と記している（p.1）。さらに、文書は「そのいじめが児童生徒の障害に関係したものであろうとなかろうと、障害のある児童生徒に対するいじめが、その児童生徒が意義のある教育の恩恵を受けられないという結果をもたらしているのであれば、それは無償かつ適切な公教育の否定を意味する」（p.3）と続く。教育省は、いじめは障害のある児童生徒が「成長するために不可欠な教育を受ける」権利をひどく妨害してしまう可能性があることを指摘している（人権局，2000）。

この「関係各位への書簡」（2013年）では、学校の教職員に対し、彼らがすべてのいじめと潜在的な障害者ハラスメントの事件に対処する責任があるということについて、念を押している。こうしたいじめは、故意かどうか、あるいはその出来事がどのような表現や呼び方（例えば、いじめ、しごき、からかいなど）をされるかにかかわらず、障害のある児童生徒に対し、敵対的な環境をつくり出すものだからである。このタイプのくり返しなされる嬉しくない行動は、児童生徒にとって過酷な環境をつくり出し、本人が学校によって提供される様々な教育、活動や機会に参加したり、その恩恵を受けたりすることを妨害してしまう。障害者ハラスメントについては、短い動画をアメリカ政府のいじめ防止のホームページで観ることができる。

http://www.stopbullying.gov/videos/2014/02/civil-rights.html [7]

いじめとハラスメントは互いに重なりあうことがあるということを明確化するこ

とは重要である（疾病対策センター, 2014）。学校の教職員は「どこまでがいじめで
どこからが障害者ハラスメントなのか」と問うかもしれない。人権局は、「いじめ」
という言葉ではなく「ハラスメント」という言葉を用い、それを禁止している。
2010年のサンタモニカ学校区宛の「関係各位への書簡」のなかで、人権局は次のよ
うに解説している。

　　　人権局によって施行される連邦法の下で、"いじめ"に該当する可能性がある行為は
　　"ハラスメント"に該当する行為よりはずっと広範囲となるが、障害があるために特定
　　の児童生徒になされた行為だということが申し立てられている場合、"いじめ"とハラ
　　スメントの区別というのは些細なことに過ぎず、そうした申し立てはひとつのハラス
　　メントとして調査されるべきである。

　したがって、学校がその出来事を「いじめ」とみなしたか（ハラスメントとみな
したか）は、被害を受けた児童生徒が連邦法による保護を受ける障害をもっていた
場合、あまり重要な問題ではなくなる。**表1.4**は障害者ハラスメントについての表
現と法的な定義をまとめている。
　もしも**表1.4**に示したような基準を満たすようであれば、障害者ハラスメントが
犯されたとの所見が証明されたと言えるかもしれない。基準のうち、一部が満たさ
れていない場合でも、個別障害者教育法、無償かつ適切な公教育または**第504条**
による支援を受けている児童生徒がハラスメントの対象となった場合は、学校はそ
の出来事によって児童生徒の教育のニーズが変わったかどうかを判定するために、
多くの専門分野からなる委員会を召集するべきである。

訳注
7）　この動画は現在、視聴できなくなっているが、stopbullying.govのHP上の、1〜2分の短い
　　いじめ防止に関わる多くの動画は視聴可能。

16

表1.4　障害者ハラスメントについての4つの基準

1. 対象となる児童生徒に障害があり、その障害があるために嫌な扱いやハラスメントを受けていること。
2. そのいじめが十分に深刻で、継続的かつ全面的に広がっており、その児童生徒にとって敵対的な環境をつくり出していること。
3. 学校の管理者は、そのハラスメントについて知っている、あるいは合理的には知っているべきであったこと。
4. 学校がハラスメントを終息させるための適切な対応に失敗していること。学校の教職員は、敵対的な環境を取り除き、再発を防ぐために直ちに行動を取らなければならず、また、その影響を改善しなくてはならない。

出典：アメリカ合衆国親のための情報とリソースセンター（2015）個別障害者教育法に基づく障害カテゴリー.
　米国教育省. 特別支援教育プログラム局.
　http://www.parentcenterhub.org/repository/categories

　教育省と人権局は、障害のある児童生徒の権利について明快かつ率直な態度をとってきたが、学校のレベルではこうした児童生徒への保護に関する知識との間にはギャップが残っている。というのは、こうした重要で革新的な文書が現場で働く学校の教職員一人ひとりにまで広く浸透していないからである。例えば、南部の田舎町で特別支援教育についてのセミナーに私が参加したとき、私が非公式に87名の参加者に対し、「関係各位への書簡」についての彼らの知識について調査を行なったところ、（87名のうち）わずか3名しか、その存在を認識していなかった。さらに学校の教職員にとってのこの文書の法的な影響を理解していた参加者はたった1名であった。この小さなサンプル数の調査が学校で働く何万人もの教員や職員の実態を表すものではないが、障害のある児童生徒を連邦政府として保護するために、さらなる職業上の能力の向上と広範囲にわたる意識啓発活動が必要であることを示唆するものと言えるかもしれない。

> 私は3年生のとき、まわりの友だちよりも太っているといっていじめられました。体重を減らしたあとでも、同じことを言われました。嫌なことを言われたとき、私はいつも自分に向かって「今はもう違うもん」と言います。泰然と、まるで何も聞こえなかったかのように、足を止めず、いい気分のままでいるようにしました。気にしている素振りを見せないことです。

　教育省、人権局、そして特別支援教育リハビリテーション局から出された数多く
の説得力のある技術的な援助の手順を示す文書は、学校における障害のある児童生
徒の保護に対する連邦政府の立場についてのさらなる根拠となるものでもある。教
育省は、すべての学校の教職員に対し、いじめを特定するとともに、障害者ハラス
メントの申し立てについてすぐに調査し、またさらなる事件が起きることを防ぐと
いう重要な役割について念を押している。学校長は、教育機関はすべての児童生徒
に対して平等な教育機会を保障する教育環境を提供する法的な責任があるというこ
とを認識しなくてはならない（人権局, 2010）。障害のある児童生徒がいじめに遭
う確率の高さをみれば、特別支援教育に関わるすべての専門職が、いじめや障害者
ハラスメントのサインと、自分たちが介入する法的な義務について認識することの
必要性は極めて高い。学校が障害者へのハラスメントを疑う合理的な理由がある場
合、彼らは敵対的な環境を消滅させるべく、迅速かつ効果的な手順を踏まなければ
ならない。

　障害者ハラスメントに関する連邦法や教育省の発行する「関係各位への書簡」に
よる指導に加えて、いじめやハラスメントの事例に関して両親が法律の改正を求め
るようになってきていることに伴って、学校の教職員はさらなる法律上の難しい問
題に直面している。これまでも、ハラスメントと児童生徒の権利に関連して、法改
正のための審理や連邦法廷における裁判がいくつか行なわれてきた。児童生徒の両
親は、数多くの新しい法律や政策、手続きなどが州議会を通過するのに伴い、自分
たちや障害のある自分たちの子どもの権利についてより多くの情報を得るように
なっている。2011年、ニューヨーク州の連邦裁判所判事は、ニューヨーク市教育局
の特別支援教育を受けている生徒に対するいじめやハラスメントについて、前例の
ない判決を下した（Cyr, 2012）。学習障害のある12歳の少女とその両親は、学校で
のいじめについて校長にくり返し苦情を申し立てたが、学校は調査と将来のいじめ
防止のための適切な処置を行なわなかった。地方裁判所は「娘は、人権局のハラス
メントといじめについてのガイドライン文書（2010）に示されている個別障害者教
育法、無償かつ適切な公教育の教育サービスを受ける権利を奪われた状態にある」
という両親の訴えを認めた。ニューヨーク州の地方裁判所のこの判決は、全米のす
べての学校に法的に適用されるわけではないものの、障害のある児童生徒がいじめ
やハラスメントを受けた場合、学校の教職員は迅速かつ適切な行動をとるという責
務を厳しく負っていることを指摘するものとなっている。学校の教職員が連邦法に

背いて、障害者ハラスメントについて調査し、これを取り除くことをしない場合、その職員は学校が訴訟を起こされる潜在的な責任をつくり出してしまう。これには多くの時間と費用がかかるだけでなく、児童生徒の市民としての権利を危険にさらす恐れがある。学校の教職員が障害のある児童生徒に対するハラスメントがあることを知った場合、彼らは連邦法に従って調査を行ない、敵対的な環境を終わらせるべく、動き始めることが求められる。本書では第8章において、障害者ハラスメントについて調査を行なうための法律とその要求内容、そして学校長が講じるべき善後策についてまとめている。

✓ 実行のためのチェックリスト

　　　　　　　　　　　　　　　　　　　　　　　　　　　　　　　　　　　はい

　　　　　　プレバレンス
・いじめの存在について振り返り、説明せよ。　　　　　　　　　　　　□

・障害のある児童生徒にいじめが及ぼす影響について説明せよ。　　　　□

・いじめを定義する上でのキーワードや重要な語句を暗記せよ。　　　　□

・いじめと通常の子ども同士のけんかの違いを説明せよ。　　　　　　　□

・障害のある児童生徒を保護する3つの連邦法の名前を挙げよ。　　　　□

・障害者ハラスメントに関する4つの基準を挙げよ。　　　　　　　　　□

・学校でのハラスメントに関する法律上の問題を挙げよ。　　　　　　　□

第2章
いじめの型_{タイプ}

　学校で働く専門職員は、いじめや障害者ハラスメントの存在と定義、障害のある児童生徒がその標的となりやすいことを認識することに加えて、いじめの複雑な性質と様々な型_{タイプ}についてもまた、認識しなくてはならない。一部の形態のいじめやハラスメントは広く蔓延しており、観察も容易である（例えば、身体的な暴力）。一方で、他の形態のいじめは表面に出にくく、注意深い調査と意識が必要とされる（例えば、社会的排除）。その児童生徒が（個別障害者教育法か第504条に基づく）「障害のある子」であろうと、一般的な教育環境下で過ごす定型発達の子であろうと、いじめは言葉でのからかい、身体的な暴力、社会的排除などを含む様々な形態をとる。表2.1では、様々な型_{タイプ}のいじめを列挙している。

　いじめの型_{タイプ}や、見られた暴力、社会的排除のレベルにかかわらず、意地の悪い冗談、くり返される侮辱、あるいは誰かを人種、肌の色、性別、宗教、性的指向や障害に基づいてあざけることはいじめであり、その行ないの深刻さ、広がっている程度、しつこさなどが合理的に十分である場合はハラスメントとみなされるということを学校のすべての教職員が認識していることは重要である（人権局, 2010）。学校区のすべての教職員は、児童生徒をその障害に基づいて言葉で攻撃したり脅したりする行動、その児童生徒が教育プログラムから得られる恩恵を制限してしまう行ないについて認識しなくてはならない（人権局, 2010）。「ゲイ」「オカマ」「知恵おくれ」その他の偏見に満ちた発言は、これら保護されるべき属性の人たちへの敵対的な環境をつくり出している場合は、ハラスメントと判断されるべきである。この型_{タイプ}のハラスメントについては、学校のいじめ防止の基本方針や手順書のなかに、書面で明確に対処されている必要がある。学校のすべての教職員は、校内での差別的な言葉の使用に対する一貫した取り組み、他者の尊厳を傷つけるような行動には直接的なフィードバックを提供しなくてはならない。「Welcoming Schools」はヒューマンライツキャンペーン[1]による企画で、学校が多様性の理解に熱心に取り組むこと、ジェンダーのステレオタイプ化を防ぐことができるようにするために、教職員

向けのツールや各州共通学力スタンダード（Common Core State Standards）と連動した授業プラン、数多くの追加的なリソースをインターネット上で提供している。「Welcoming Schools」は学校の管理者、教員、保護者に対し、すべての児童生徒が歓迎され、尊重される学習環境をつくり出すために必要な教材を提供している。同プログラムでは、例えば「“最悪かよ（That's so Gay)"にどう言う？」というすべての職員向けの簡単で便利なガイドを開発している。この総合的なガイドでは、学校の職員が、児童生徒が攻撃的な言葉を使った場合に使える、簡潔な切り返しの言葉と、効果的な対応の仕方についてのリマインダーを提供している。このガイドはまた、“最悪かよ（That's so retarded)"といった、他の差別的な侮辱に対しても応用できる。

より詳しく知りたい人は、次のサイトを参照のこと。
http://www.welcomingschools.org/pages/what-do-you-say-to-thats-so-gay/

状況は絶望的に思えるかもしれないけれど、大丈夫だよ、とぼくは言いたい。みんな不安なんだ。彼らが君を馬鹿にしたり、はやし立てたりするのは間違っている。でも、みんな自分の置かれている状況に不満で、居心地が悪い思いをしているということは理解する必要がある。君はひとりじゃないよ。

訳注
1)　Human Rights Campaign：米国のLGBTQ団体。

表2.1　いじめの型（タイプ）

いじめの型（タイプ）	定義と例
身体的な攻撃	ほとんどの学校の専門職員は身体的な攻撃行為、すなわち他の児童生徒を叩く、殴る、ぶつ、蹴る、突きとばす、転ばせる、押しやるなどのいじめを容易に特定することが可能である。教室や校内の施設に入るのを遮る行為も、身体的ないじめに含むことができる。
言葉によるいじめ	侮辱的なからかい、威嚇する、悪口を言う、あざける、痛めつける、攻撃的なジェスチャーをする、直接的に脅すなど。これらは学校という環境において、比較的明白で、目に見えやすい。
関係性の、社会的な、感情面でのいじめ	関係性のいじめには社会的排除、除け者にする、無視する、ゴシップや噂を故意に流すことで特定の児童生徒の評判を損なおうとする、接近してこようとする相手をくり返し拒むなどが含まれる。関係性のいじめは、学校の職員によって調査されたり、報告されたりしないままに潜行することが多い（Swearer, Espelage, & Napolitano, 2009）。関係性のいじめは、女子により多く見られ、身体的な特徴や個人の性格に対する批判に基づく場合が多い（Besag, 2006）。
所持品の破壊	この形態のいじめには、他者の所持品を破壊したり、汚したりすること、教材、携帯電話、コンピュータ、リュックやその他の道具を含む個人的な所有物を損傷することが含まれる。
ネットいじめ（Cyber-bullying）	ネットいじめは、電子技術を使って行なわれるいじめである。ネットいじめの例としては、意地悪なメールやメッセージを送りつける、メールやネット掲示板、SNSで噂を流す、恥ずかしい写真や動画、ウェブサイト、嘘のプロフィールを広めることなどが含まれる。

ネットいじめ

　米国の調査や地域メディアの報道はインターネットによるいじめの存在（プレバレンス）と、これが公立学校や社会において大きな問題となりつつあることを強調している。ネットいじめ調査センターが行なった調査によれば、調査対象となった児童生徒の約25.2％がこれまでにネットいじめを経験したことがあると回答している（Hinduja & Patchin, 2015）。また、別の「青少年の危険な行動に関する観察調査」によれば、

高校生（9年〜12年生）のうち16%が、過去1年の間にネットいじめに遭ったと回答している（Eaton et al., 2011）。現在のところ、障害のある児童生徒に対するネットいじめに関する全国データは存在しないが、ネットいじめの脅威と、それが学業成績や全体的な学校の風土に与える影響については、疑いの余地がない[2]。

> フェイスブックのアカウントを削除しなさい。簡単な解決方法のひとつは、自分自身をソーシャルネットワークから除去することです。単純に、フェイスブックやツイッターに近づかず、自分の画像も消すこと。アカウントそのものを削除しましょう。悪意あるコメントや画像をフェイスブックに載せることは違法です。

　急速に進歩しているインターネット技術の活用こそ、児童生徒が基本的人権だと主張する時代となり、ネットいじめは学校の教職員にとって複雑な問題となっている。それゆえ、ネットいじめに関する調査結果と学校における実践的な介入について、本書で十分に言及することはページの都合上できない。しかし、本書で紹介している介入方法の多くが、学校におけるネットいじめの予防と減少のために活用できることは忘れてはならない（例えば、意識向上キャンペーン、若年層を巻き込むこと、職員研修など）。ネットいじめの防止と対応について、より多くの情報を求める人には、最新の文献や教員向けの提言などを入念に編集している以下の本やウェブサイトを参照して頂きたい。

・『ネットいじめ：デジタル世代のいじめ（*Cyberbullying: Bullying in the Digital Age*）』（Kowalski, Limber, & Agatston, 2012）
・『校庭を出たいじめ（*Bullying Beyond the Schoolyard*）』（Hinduja & Patchin, 2015）
・ネットいじめ調査センター（Cyberbullying Research Center）（http://cyberbullying.us）
・行方不明および搾取された児童のためのセンター（National Center for Missing and Exploited Children）：Netsmartz（http://www.netsmartz.org）

訳注————————
2）日本のネットいじめのデータについては本書のあとがき p.235を参照。

いじめっ子と被害者の力学

　いじめっ子と被害者の境界線はしばしばはっきりしない。ある場合はいじめっ子であった児童生徒が、別の機会には被害者となるのは珍しいことではない。調査によれば、児童生徒の70〜80％が学校生活のいずれかの時点で、いじめっ子、いじめの被害者、あるいは傍観者として、いじめ事件にかかわりをもつと述べている（Graham, 2011）。自閉スペクトラム症の児童生徒について行なわれた新しい調査によれば、自閉スペクトラム症の児童生徒の46.3％が調査時点でいじめの被害者、14.8％が加害者、そして8.9％が被害者であると同時に加害者であると認められた（Sterzing, Shattuck, Narendorf, Wagner, & Cooper, 2012）。「いじめっ子」「被害者」というのは永遠のレッテルではない。というのは、年ごとに人の行動は劇的に変化することがあるからである。学校の職員は児童生徒に対するレッテル貼りは避け、いじめに関連する観察可能な行動、すなわち悪口、相手を押しのける、あるいは社会的な活動から仲間を排除するといった行動に焦点を当てるべきである。Stop Bullying.govのウェブサイトでは、職員と児童生徒向けに、レッテル貼りをやめることがいかに重要かを訴える短いビデオ（ビア）が閲覧可能である。

 http://www.stopbullying.gov/videos/2014/03/labels-dont-define-you.html

　過去の経験や世間的なステレオタイプに基づいて、ほとんどの人が校庭で起きるいじめについて、あるイメージを思い浮かべることができるだろう。しばしば想定されるいじめっ子のステレオタイプは、「体格のよい男子で、共感性に乏しく、学校生活への適応が難しい一匹狼で、品行上の問題や非行があり、家庭生活に困難がある児童生徒」といったものや、「自己肯定感が低く、友人のほとんどいない児童生徒」といったものである。しかしながら、こうした神話は不正確かつ偏狭であり、われわれがこのステレオタイプという近視用レンズを通して見ると、学校におけるいじめに効果的に対処する能力が制限されてしまう。スーザン・スウェアラー博士（2010）は、「いじめっ子の人物像を特定するのは不可能だ。ほとんどどんな子でもいじめっ子になり得る」と述べている。

　学校の教職員が学校でのいじめについて理解を深める上では、いじめ行動に関連

する特徴や性格について、いくらかの一般化を可能とするような先行調査が行なわれてきた。例えば、いじめ行動を示す児童生徒はしばしば社会的な振る舞いに熟達しており、他の人々がどう感じ、どう考えているかについて鋭い洞察力をもっている（Swearer, Espelage, & Napolitano, 2009）。いじめっ子はいじめ事件を目撃した他の児童生徒からの賞賛と肯定的な仲間（ピア）の評価を獲得することを求めている（Salmivalli, 2010）。いじめという行動は、仲間（ピア）からの肯定的な関心、被害者の反応、そして傍観者からの強化によって維持されている。「青年と思春期ジャーナル（*Journal of Youth and Adolescence*）」（Juvonen, Wang, & Espinoza, 2013）に掲載された新しい調査では、対象となった1,895名の生徒に、学校におけるいじめっ子と、学校で「一番かっこいい」生徒の両方を回答してもらった。生徒たちが回答したいじめっ子とかっこいい子のグループは一致しており、このことは、他者へのいじめが、その生徒の人物像や学校における社会的な地位を引き上げる可能性を示唆している。いじめっ子は、しばしば周囲から好かれ、仲間（ピア）から好意的なフィードバックを受けている（Salmivalli, 2010）。いじめ行動を示す児童生徒は、しばしば社会的な環境を支配しようとし、他の児童生徒から尊敬されることを望む。いじめっ子は、学校の社会的ヒエラルキーのなかで、運動選手や、その他のわかりやすい花形の役割など支配的な集団の一員である可能性がある。こうした集団は学校から特別扱いを受けたり、物事を大目に見てもらったりしている場合がある。いじめっ子のステレオタイプは一部の児童生徒の行動をしばしば覆い隠し、彼らによる仲間（ピア）への虐待を、学校長や教員から気づかれないままにしてしまう可能性をもつ。それゆえ、学校長や教師たちは、特定のグループにだけ寛容さを示すような態度は避けるべきである。これは、具体的には、チアリーダーたちは遅くまで練習があるのだからと日常的な遅刻を大目に見るのに、他の合理的な理由がある生徒（例えば、2路線の市営バスを乗り継いで通学している上に、そのうちひとつの路線のバスがすぐ遅延するなど）については認めない、といった態度のことである。いじめっ子はのけ者や逸脱者だというステレオタイプを打ち壊すことに加えて、いじめは女子よりも男子の間でより多く起こるということを裏づける研究はないという事実も重要である。男子、女子どちらの集団でもいじめは似たような割合で発生する。ただし、いじめの型（タイプ）と発生場所については男女で傾向の違いが見られ、男子は明白な攻撃的な行為を見せやすいのに対し、女子は言葉での攻撃や関係性のいじめを見せる傾向がある。米国教育省の統計情報部門の長であるトム・スナイダーによれば、女子のいじめは

教室での割合が高く、男子のいじめはロッカールームや屋外の校庭での割合が高い
と報告されている（Snyder, 2014）。いじめっ子は、他の児童生徒たちとそっくり
に似通っていることを忘れないでほしい。決まった人物像があるわけではない。

> 小学校のとき、私には4人の友だちがいたの。1回誤ってひとりの
> 子の頭を叩いてしまって、私は謝ろうとしたけれど、相手は私にい
> じめられた、と言ってきて。友だち全員に責められて、私は学校を
> 休みがちになったわ。あの時点では、人生のすべてが大嫌いだった。

　障害のある児童生徒がいじめ行動を示す場合もあるのは事実だが、障害のある児
童生徒はむしろいじめやハラスメントの被害者となりやすい（Swearer, Wang,
Magg, Siebecker, & Frerichs, 2012）。障害があり、いじめに遭いやすい児童生徒は、
社会的な振る舞いが奇妙で、力強さに欠け、コミュニケーションを効果的に取るこ
とが難しく、より大きな仲間の集団において低い地位にいる。児童生徒にはそれぞ
れの障害の特徴に由来する、目に見える違いがある場合がある。聴覚障害、コミュ
ニケーション障害、身体障害、またはもっと気づきやすい障害由来の特徴もある。
いじめの被害者は、自分がいじめられていること、そして自分の振る舞いが社会的
集団においてどのように作用するかを認識できていない場合がある。自閉スペクト
ラム症の児童生徒は、毎日同じ質問を教室でくり返すかもしれないし、この振る舞
いが気に障っている仲間（ピア）の非言語的な行動を正しく読み取ることができないかもし
れない。それゆえ、いじめっ子やその仲間（ピア）は、この被害者が特異な行動をくり返し
たり、一般的な社会規範を破ったりするのをみて「いじめを自ら招いている」と感
じるかもしれない。調査研究は、いじめっ子と被害者の間のパラメータについて完
全には明らかにしていない。学校の専門職員は『常にいじめられる限定の児童生徒』
とみなすことには慎重になるべきである。

教職員による障害のある児童生徒への虐待

　不都合かつ不愉快なことだが、学校という場で働く大人もまた、いじめ行動を示
し、敵対的な環境をつくり出し、米国教育省と人権局の示す障害者ハラスメントの

4つの基準に触れる場合があるということを認めるのは大切なことである。教室や校庭における教員による児童生徒へのいじめについては、批判的な、あるいはピアレビューに基づく調査をほとんど受けてこなかった。この問題に関して、国の調査研究は行なわれておらず、学校における教員や大人によるいじめの存在率(プレバレンス)について文書化されたものもない。ただ、ごく少数であっても、大人が子どもたちの上に力をふるい、恐怖や侮辱を与えることは、大きな害となりえるという逸話的な証拠は少なからず存在する（McEvoy, 2005）。モナハン（2013）によれば、一部の子どもたちに対する教師の行為は、「しつこい批判、あてこすり、敵意と非難」を含む場合があり、「一部の教職員が過度に苛烈な懲罰手段を用い、子どものニーズに対応していない場合がある」としている（p.230）。学校の教職員は、障害のある児童生徒のいる環境で働くための効果的な事前研修や現職教育を受けていない場合もあり、その結果として、非効果的で潜在的に有害な習慣に基づいた学級運営が行なわれてしまう。自閉スペクトラム症の青年、ルーク・ジャクソンは次のように語っている。

　　　言っておかなくてはならないのは、学校にいる子どもたちよりも、先生のほうが、もっと大きないじめっ子になってしまっている場合もあるっていうことだ。先生たちのなかには、僕みたいな子の苦手にしている点を指摘するのに大きな喜びを感じて、それを笑いものにして楽しむ人がいるんだ（p.142）

　ルークは、教育者たちが認識するべき重要な指摘をしている。教師によってくり返し行なわれる嫌な言葉での叱責は、そのことが敵対的な環境をつくり出し、児童生徒が教育プログラムから恩恵を受けることを妨げているのであれば、いじめや障害者ハラスメントとなり得るという事実である。例えば、あるクラスで担任の教師が、学習障害のある児童に対して、次のようにくり返し叱責する様子を想像してほしい。

「ジェイソン、本当に１回でいいから集中してくれない？」
「ジェイソン、音を立てるのをやめなさい」
「ジェイソン、今日は一体何が問題なの？　黒板を見なさい」
「ジェイソン、教科書、今度はどこにやったの？　あなたは、首にくっついてい

なかったら、自分の頭だってなくしちゃうんじゃないの？」

　児童を教壇に向き直らせようとする、この絶え間ない不快な言葉の連打と不公正な取り扱いは、より力のある者から、児童の障害特性の本質部分に対して向けられたものであり、教育でも、効果的な規律でも、ジェイソンに対する援助でもない。この種の教師からのしつこい非難とあてこすりは、ジェイソンの不登校や落第へとつながりかねない。ルーク・ジャクソンや、この架空のジェイソンのような障害のある児童にとって、この継続的かつ日常的な扱われ方は深刻な感情面での苦痛と不安をもたらし得るものであり、また容易に敵対的な環境をつくり出しかねない。

　米国教育省と人権局の「関係各位への書簡」（2013）は、「学校の教職員が、学校におけるいじめや障害者ハラスメントに加担したり、それの傍観者になったりしてしまうというのは耐え難い」と述べている。教師たちは児童生徒の失敗に前向きに対処するとともに、ハラスメントや虐待的な行動の出現を防ぐための基本的な学級運営の戦略についてのトレーニングが必要になる。

学校の大人による虐待についての教師の指摘

　私のかつての同僚は、生徒をいじめるだけでなく、しばしば彼らを挑発し、殴り合いへと持ち込んでいました。私は、他の教師たちと一緒にこの男性の嫌悪すべき行動に文句を言っていましたが、何も変わりませんでした。彼は教育委員会の事務局に友人がおり、その人物に守られていたのです。彼は声が大きく、不愉快な反ユダヤ主義者でした。彼はしばしば苛立たしい行動によって職員会議を支配していました。ついに、これ以上彼に我慢したくないと考えた私は、校長に、その同僚に喧嘩を挑み、中学生の代わりに90キロ近い男性と戦うのがどんな気分か、思い知らせてやると言いました。校長は、彼にもう会議には出なくていいと言いました。もとよりろくでもない怠け者だったその同僚は喜んでそれに従いました。私のとった行動は、何人もの職員から感謝されました（http://www.tolerance.orgに寄せられた匿名のオンライン上のコメントより抜粋）。

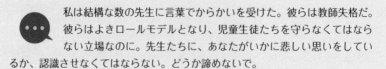

私は結構な数の先生に言葉でからかいを受けた。彼らは教師失格だ。彼らはよきロールモデルとなり、児童生徒たちを守らなくてはならない立場なのに。先生たちに、あなたがいかに悲しい思いをしているか、認識させなくてはならない。どうか諦めないで。

　障害のある児童生徒に対する職員の虐待が本人に及ぼす潜在的なマイナスの影響に加えて、定型発達の児童生徒は学校における大人の振る舞いに非常に敏感である。「児童生徒は社会的な選択をする際、教員を観察して得た情報を利用する。教員がある児童生徒を冷遇することは、仲間のその児童生徒に対する拒否感情に影響を与えるということがわかっている」(Monahan, 2013, p.236)。教員によるハラスメントは学校全体の環境に悪影響を与え、軽蔑と恐れに満ちた雰囲気をつくり出す可能性がある。支配的な立場にある大人による不公平な取り扱い、例えば教室において特定の児童生徒を軽んじるといったことが、学級内の他の児童生徒に認識されないままということはあり得ない。これは、障害のある児童生徒は「価値が劣り評価できない」という信念や文化を強める。クラスメートからのいじめと同様、教員も障害のある児童生徒に対するハラスメントをことさらに意図したわけではないかもしれない。しかし、くり返し行なわれる否定的な言葉による叱責や侮辱で、言われた本人にとって害になるようなものは、いじめや障害者ハラスメントに分類され得るということを認識する必要がある。スタッフトレーニングは、学校におけるいじめやハラスメントを防ぐ上で極めて重要な要素である。スタッフトレーニングによって学校の教職員は、児童生徒に対する自らの社会的、感情的な反応を振り返るきっかけを得るだけでなく、教室で起こる軽微な問題となる行動を正していくための効果的な技術を学ぶことができる。大人による児童生徒への虐待を減らすためには、説明責任が絶対的に必要である。時に困難であろうとも、学校で働くすべての教職員は、児童生徒への虐待に直面したときには、校内で差別的、あるいは相手をおとしめる物言いをする職員に対し、建設的なフィードバックを与える勇気をもたなければならない。他者の沈黙を断ち切れるかどうかは、一つひとつの集団がどう行動するかにかかっているのである。この問題について、より多くの情報や資料が欲しい場合は、NPO法人ティーチングトレランス（Teaching Tolerance）のウェ

ブサイトの記事「力の濫用：多くのいじめ防止は生徒向け；大人が攻撃者の場合は？」や、同サイトで提供している無料のツールキットを参照するとよい。

 http://www.tolerance.org/abuse-of-power

 1年生の頃、私はいつも授業に集中しないというので先生に怒鳴られ、いじめられていました。その先生は、私の両親に、私には注意欠如障害がある、とまで言いました。私にその事実はありません。人に「知恵おくれ」と呼ばれたら「だから何？」と言いなさい。あなたがこの問題について、助けを得られることを心から祈っています。

✓ 実行のためのチェックリスト

はい

・いじめの型（タイプ）について振り返り、認識する ☐

・いじめっ子と被害者の力学について説明する ☐

・男子と女子のいじめの特徴（型（タイプ）と場所）についてまとめる ☐

・いじめの被害者となりやすい児童生徒の特徴について考え、まとめる ☐

・大人が学校でどのようないじめを行なったり、力の濫用を行なったりするか、説明する ☐

・大人による児童生徒への虐待が、学校風土に与える影響をまとめる ☐

第3章
いじめの影響と学校の対応

　いじめやハラスメントは、被害者に無視できないほど大きな、一生続く害を及ぼす。いじめやハラスメントに関するピアレビュー調査は、いじめによる損失として、約2,040万人の児童生徒がいじめに関与したり、影響を受けたりしていることを立証している（Srabstein, 2014）。いじめと障害者ハラスメントが潜在的に及ぼす害について、疾病対策センターは「青少年におけるいじめ調査：公衆衛生のための統一された定義と推奨されるデータ要素」（Gladden, Vivolo-Kantor, Hamburger, & Lumpkin, 2014）のなかで以下のように述べている。

　　「害」というのはネガティブな体験や傷害で、a）身体的な切り傷、あざや痛み、b）抑うつ感情、落ち込みや不安感といった精神面での不調、c）評判や人間関係における社会的なダメージ、d）欠席率の上昇や退学、授業への集中困難、学業不振などによる教育的な機会の制限を含む可能性がある。(p.8)

　いじめやハラスメントが及ぼす害については、学校区が示すいじめやハラスメントの定義のなかでも特に強調すべき部分である。被害者が受けたいじめによるネガティブな影響は長期にわたり、大人になるまで存続する可能性があるからである。
　ある生徒ルークは悲痛な表現で、いじめが長く続くネガティブな抑うつ感情をもたらす場合があることを、体験談として語っている。

> ● ● ● ぼくは小学校に入学したときから、高校を卒業した後でさえいじめられた。いじめがもたらす痛みと苦しみは、だれひとりとして体験するべきではないものだ。僕は聴覚に障害があり、補聴器をつけている。補聴器を目にした人は、僕がみんなと違うことがわかる。高校を卒業した今も、僕はフラッシュバックや悪夢、対人恐怖とともに生きている。ぼくには少ししか友だちがいないけれど、その友だちは僕が心から信じられる人たちだ。いじめはトラウマチックな出来事で、再び誰かが死ぬ前に止めなくてはならない。いじめの被害者として僕がくぐり抜けなければならなかったことを、他の誰にも経験してほしくない（ルーク、18歳、ジョージア州。全国いじめ予防センターのウェブサイト http://www.pacer.org より）。

　米国保健福祉省（U.S. Department of Health and Human Services）の薬物乱用精神保健管理局（Substance Abuse and Mental Health Services Administration, 2014a）によれば、いじめは被害者にとってトラウマチックな体験であり、長く続く情緒的な結果を残す場合がある。トラウマ（心的外傷）はしばしば家族による暴力、事故、災害や近親者の死と関連しているが、いじめも、他の形態の被害と同様にトラウマの原因となり得る。スーザン・クレイグ博士（2008）によると、「トラウマは起こった出来事そのものではなく、その体験があまりにストレスに満ちていたがゆえに、個人が適応できるキャパシティを超えてしまったときに引き起こされる反応である」（p.8）。精神保健（メンタルヘルス）や公衆衛生の分野においては、いじめや仲間（ピア）による迫害が子どもに与える影響について、際立った研究がなされている。薬物乱用精神保健管理局はカウンセリングや心理学、社会福祉（ソーシャルワーク）の分野で働く学校の教職員のために、教師やメンタルヘルスの専門家（エキスパート）が（例えばいじめなどの）トラウマに適切に対応できる助けとなる研究や手法開発を次々に実施し、トラウマ・インフォームドケアというサービス配信オプションを提供している。薬物乱用精神保健管理局の治療改善プロトコル57（2014b）によれば、「トラウマ・インフォームドケアは強度に基づくサービスを配信する手法（アプローチ）で、トラウマのインパクトに対する理解と反応性を土台とし、提供者（プロバイダー）とトラウマに苦しむ人双方の身体的、精神的、そして感情面での安全を強調している」（p.19）。トラウマ・インフォームドケアの定義に使われている用語法や専門用語は教育分野のそれとは少し異なるが（例：教師を提供者（プロバイダー）と表現するなど）、教員とメンタルヘルスの専門家（エキスパート）双方の使命と目標については重なる部

分が多い。学校の教職員は、精神保健分野の調査研究や発見から、トラウマに対する感度の高い学校をつくるための示唆を抽出できる。ハーバード大学の法律大学院と連携しているマサチューセッツ州児童権利擁護団体（Massachusetts Advocates for Children）は、トラウマに苦しむ児童生徒と直接向き合っている学校の教職員やメンタルヘルスの専門家のための報告書を2つ発表している。

「トラウマを受けた子どもの学習支援：報告書と政策提言」（2005）

「トラウマに対する感度の高い学校づくりと支援」（2013）

トラウマに対する感度の高い学校について：
https://traumasensitiveschools.org/tlpi-publications/

　いじめは、障害のある児童生徒にトラウマを引き起こす可能性のあるストレッサーとなり得る事象である。長期かつ持続的な副作用が、十分に悪い精神状態とあいまって、心理的な傷を残す（Bogart et al., 2014）。いじめの影響は、PTSD（心的外傷後ストレス障害）の症状を引き起こす場合さえある。前文で登場したミシェルが述懐していた症状はPTSDのそれとかなり似通っている。近年の調査研究によると、直接的ないじめ被害にさらされた児童生徒の27〜40％が、PTSDの潜在的リスクを抱えているという（Idsoe, Dyregrov, & Cosmovici-Idsoe, 2012）。いじめの被害者は、著しく高い不安感、低い自尊感情、抑うつ感情と、時に身体的な不調を経験する場合がある（Buhs & de Guzman, 2007；**表3.1**）。アメリカ教育調査協会（The American Educational Research Association, 2013）のいじめ防止のブルーリボン推進委員会は「いじめは子どもや青少年、そして若い大人たちにとって最大の健康上のリスクのひとつである」（p.1）という見解を発表している。

私も、まさにそのものをくぐり抜けてきた。あなたが今感じている
こと、これは完全に一時的なものだ。これは間違いなく必ず終わる。
ただ、自分でつけた手首の傷は、今でも私を傷つけている、永遠に。
このことで自分が人より劣っているなんて決して思わないでほしい。言葉はい
つか薄れていくけれど、自分自身の命を奪ってしまえば、あなたは世界に傷を
残してしまう。あなたが30歳になって、あなたが、あなたを愛する誰かのママ
になったとき、死ぬことを考えたことを後悔すると思う。あなたには大きな価
値がある。

　いじめが引き起こす結果はどれも相当に深刻だが、いじめやハラスメントの集中
砲火によって子どもが自殺するという無分別な行為に走ることは多くの人にとって
理解の範囲を超えている。いじめ、特に長く続くいじめは自殺のリスクと精神保健
上の問題に長期的な影響を与える（疾病対策センター, 2011）。マーとフィールド
（2001）は「bullycide（いじめ自殺）」という造語を著書『いじめ自殺：休み時間の
死』（"Bullycide: Death at Playtime"）のなかで使い、いじめの結果として青少年の
自殺が高い割合で発生していることを強調している。この本が2001年に出版されて
からも、世界中で何百人ものティーンエイジャーがいじめにより自殺したと報告さ
れている。ヘルツら（2013）によれば、いじめという行動と自殺という行動の間に
は関連性があるが、いじめの被害者のすべてが自殺という考えや行動にとらわれる
わけではない。青少年が自殺に関係する行動をとることに寄与する、他のリスク要
因もあり得る。自殺念慮に寄与する可能性のある他のリスク要因としては、
精神保健上の要因、環境による影響、両親のペアレンティングのスタイルなどが含
まれる。残念ながら、いじめの悪夢を終わらせるために自殺という手段をとる子ど
もや青年の正確な数に関する米国内データは報告されていない。しかしこの傾向は
憂慮すべきものであり、また、近年、学校で実施されてきたいじめの規制や基本方
針についてのいくつもの変化の起爆剤となってきた。

表3.1　長期にわたるいじめがもたらす副作用

・不安感の増大、パニック障害
・自尊感情の低下
・気分の落ち込み、目に見える苦痛のサイン
・抑うつ症状
・体調の悪化、全身症状（例：頭痛、めまいなど）
・自傷
・疎外感、登校したくない気持ち
・不登校
・薬物乱用
・自殺念慮

エピジェネティクス研究といじめ

　子どもがいじめやハラスメントなどにより長期にわたる慢性的なトラウマを体験した場合、それにより長期間の遺伝的影響を受けるかどうかについての予備的な調査研究はほとんどない。エピジェネティクス（後世遺伝学）の研究は、身体の各器官の変化と、環境的なトリガーが遺伝子の発現にどのように変化を起こさせるかについて検証する。シャロン・モアレム博士の著書『遺伝：遺伝子がどのように私たちの生活を変えるか－そして私たちの生活がどのように遺伝子を変えるか』によれば、「はっきりといえば、いじめは、青年や思春期の少年に自傷を起こさせる傾向があるという意味においてのみ危険なのではない。いじめは、私たちの遺伝子がどう働き、どのように私たちの生活を形づくるか、そしておそらく次世代に何を受け渡すかということを、実際に変化させてしまうのだ」（p.54）。さらにヴァイランクールら（2013）は次のように述べている。「仲間からいじめられたという体験は、成長過程にある人間の生理に生物学的に埋め込まれ、それが逆に本人の健康、そしておそらく学習の軌道を修正してしまう」（p.246）。これらの驚くべき発見からも、すべての学校の教職員はいじめや障害者ハラスメント防止について、より注意深く、怠りなく取り組む必要が生じている。

6年生になって、みんなが私に意地悪くあたるようになってきた。私は無視していたけれど、成績はだんだん下がっていった。私は結局、すべての教科で落第した。6年生が終わり、そのことを忘れて夏休みを過ごしたけれど、7年生はさらにひどい始まり方をした。私は学校をやめることばかり考えていて、ある日、私には友だちがひとりもいない、死んだらいいのに、と言われた。私は母にすべてを話し、翌週、学校を変わった。今でも私は私をいじめた人たちからメッセージを受け取っている。今でも頭のなかに彼女たちの声がして、「あんたのこと、大嫌い」という声の響きを忘れることができない。私があの学校からいなくなった今も、彼女たちはまだ私のことをあれこれ話しているんじゃないか、という気持ちで暮らしている。

学業成績に及ぼす影響

　幸いなことに、ほとんどの学校や教員は、現時点でいじめによる児童生徒の自殺という悲劇的な喪失に直面しているわけではない。しかし、だからといって、いじめが学校風土や児童生徒の学業成績に与える影響が小さくなるわけではない。アメリカ国内のすべての学校長や学級担任は全米共通学力標準や、その他の学習到達度を測るテストや学力調査を重視している。試しに、Googleで「学校目標と学業成績」と検索してみれば、様々な決意表明が出てくるだろう。

　・学業成績向上のための中核となる価値に重点をおく
　・児童生徒の高水準のパフォーマンスを確保する
　・学業面での優越において、高い水準を実現する

　残念ながら、学校にいじめがはびこっている場合、学業成績で高い水準を達成するという目標は妨げられる。いじめはすべての児童生徒にとっての教育の質を低下させ、学業成績を損なう。いじめと、低い学習到達度の間には因果関係があることを明らかにするいくつかの調査研究がある（アメリカ教育調査協会，2013）。全米教育協会は、学校全体に広がるいじめは、児童生徒の出席率の低下、学業成績の低下、さらには学校からの退学率の上昇へとつながっていると言明している。推計では、毎日16万人の児童生徒が、いじめによって学校を休んでおり、出席率の低下の

原因となっている（Nansel et al., 2001）。ある調査によれば、いじめの被害者は、学科の成績評価が0.5段階分、低下していた（Juvonen et al., 2011）。いじめの被害者は、成績低下や学業面での不振のリスクが高くなる（Buhs & de Guzman, 2007; Wang et al., 2014）。コーエンとフライバーグ（2013）によれば、学校におけるいじめは児童生徒の学習到達度を引き下げ、児童生徒個人の学習を邪魔する。いじめのインパクトは児童生徒の集中力をなくさせ、学業成績を低下させる（米国教育省, 2013）。マサチューセッツ州児童権利擁護団体の「トラウマを受けた子どもの学習支援」（Cole et al., 2005）の報告によれば、例えばいじめなどによる子どものころのトラウマは、以下のような領域における子どもたちのパフォーマンスを低下させる。

・言語とコミュニケーション能力
・問題の解決と分析
・教材の整理整頓や事務作業能力
・クラスで与えられる課題に対する集中度
・カリキュラムへの全体的な関与

　子どもの頃のトラウマは、児童生徒がカリキュラムに参加し、人生で成功するために求められる力を獲得する能力を制限してしまう（Craig, 2008）。いじめっ子−被害者−傍観者の力学に巻き込まれた児童生徒が学業面で苦しみ、学習到達度調査のスコアを低下させることは間違いない（Thapa, Cohen, Guffey, & Higgins-D'Alessandro, 2013）。障害があり、様々な種類の学習上の困難を抱えている児童生徒にとっては、いじめによるトラウマは学習到達度におけるギャップをさらに広げてしまう可能性があるため、さらに大きな懸念材料となる。学校の専門職員は包括的で重層的ないじめ防止プログラムをつくり、実施することは安全な学校環境をつくるだけではなく、高い学業成績という学校全体のミッションに直接な効果を与えるということを認識しなくてはならない。

僕も服装と聴いている音楽のことでからかわれ、いじめられた。でも、僕は気にしない。他人の意見なんて関係ない、自分のことを好きでいてほしい。できたらこのことを自分の親に話そう。僕の経験から言うと、これが一番効果的な解決方法だった。あとは、自分のために果敢に相手に立ち向かうこと、そして相手と一緒に笑うこと。色々なことがうまくいくように、祈っているよ。

両親を巻き込むことの影響

　学校でのいじめやハラスメントを防止する上で、両親の役割の重要性を学校の教職員が認識することは重要である。障害のある児童生徒の両親は、学校の教職員と連携する際に、例えば罪悪感、無力感、混乱などを含む幅広い範囲の感情を表す可能性がある。障害のある児童生徒の両親が感じている追加的なストレスと日常的な負担について、正しく認識することが重要である。学校の教職員は両親と児童生徒のニーズに応えるために協力的な関係を育むために懸命に努力しなくてはならない。親のための情報とリソースセンター（2003）によれば、「両親に必要なのは敬意である。彼らには貢献が求められており、評価されていると感じる必要がある。彼らは単に巻き込まれるのではなく、参加しなくてはならない。結局のところ、子どもを最初に知り、一番よく知っているのは両親なのだ」。障害のある児童生徒に対するいじめやハラスメントの割合の高さに鑑みれば、支援を要するわが子に対するいじめ事件をどのように認識し、対応し、報告するべきかを両親に教えることに教師は積極的になり、今よりもっと多くの資源(リソース)を投入しなくてはならない。学校社会に児童生徒の家族を積極的に関与させるプログラムは、児童生徒の学業成績の向上につながっている(Starkey & Klein, 2000)。ポジティブな学校風土をつくり出し、両親とパートナーシップを共有し、文化的な多様性を支持するような学校は、児童生徒の学業成績においても着実な、上向きの成果を体験する（Dryfoos, 2000）。

　それとともに、学校の教職員は、両親が、わが子の障害の有無には関係なく、そのペアレンティングのスタイルや家庭内での争いの解決方法によっては、いじめ行動に意図せず加担してしまうことがあるということを認識しなくてはならない。児童生徒をいじめっ子やいじめ行動の被害者にしてしまうリスクを高める環境的、あ

るいは家族的な要因はたくさんある。これらの変数には家庭内暴力、薬物やアルコール、そして児童虐待が含まれる。家族や両親に関連する要因は児童生徒のいじめ行動に寄与する可能性がある（Swearer, Espelage, & Napolitano, 2009）。ある種のペアレンティングのスタイルもまた、いじめっ子－被害者の力学に寄与してしまう恐れがある。例えば、家庭内で親が支配権や攻撃を示し、適切な問題解決スキルの見本（モデル）となれないような家庭の場合である（連邦いじめ防止ウェビナーシリーズ，Federal Partner in Bullying Prevention Webinar Series, 2013）。なかには、相手を殴り返せと子どもを煽（あお）る親や、いじめは成長における通過儀礼であると信じている親もいる。同じことがいじめられっ子についても言える。シングルの親もいれば、社会的経済的に低い状態にある親、あまり信頼できないペアレンティングのスタイルをとる家族もおり、それらのケースではいじめられるリスクが高くなっている（Swearer, Espelage, & Napolitano, 2009）。先に述べたように、いじめっ子は様々なタイプの家庭、そして様々な社会的経済的状態にある家庭から来ており、特定のステレオタイプは存在しない。それよりも両親のペアレンティングのスタイル全体を認識した上で、追加的なトレーニングや支援が必要なのは誰かを認識することのほうが重要である。学校長は学校でのいじめを止（と）めるために、家族の役割に焦点をしぼった技術的な援助や実践的な戦略を提供し、家族やコミュニティにおける強い人間関係を構築するための資源（リソース）を増やすことができる。

　両親の参加は、多層的ないじめ防止プログラムをつくり、実施するうえで欠かせない特徴である（Farrington & Ttofi, 2010）。米国教育省人権局の「関係各位への書簡」（2013）によれば、両親の参加とトレーニングは、学校でのいじめを予防し、対処するうえで効果的かつエビデンスベースドな実践である。大切なのは、両親の参加は、それぞれの学校で逐語的に実施する画一的なプロトコルではなく、緊密なコミュニケーション、トレーニング、意思決定の共有などを通じて発展させる連携関係であるということを忘れないことである。両親は学校のいじめ防止とプログラムの発展に完全に参加しているべきであり、学校の教育チームの一員となる権限を与えられるべきである。

周りの子がそういうことをするなら、親に話してほしい。何もしないと、その子たちはあなたにならやってもいいんだと思うようになる。私の両親は「新しい争いを始めるのではなく、終わらせなさい」と私に言った。人生は一度きり。

学校の安全性に及ぼす影響

　児童生徒の安全と学校の治安を守るのはすべての学校の教職員と両親にとってもっとも優先度の高い課題である。厳格に適用される学校の安全対策は急務である。1960年代のアメリカの学校で盛んに実施された「かがんで守る」[1]訓練を覚えている人もいるだろうが、これは今日では安全確保のための建物の完全封鎖訓練（ロックダウン）へと移行した。学校の管理者から事務の補助職員まで、すべての教職員は児童生徒の安全を最優先で確保することの重要性を知っており、学校の安全計画に基づく書面のプロトコルに従うように厳しく訓練されている。これらの増大する一方の治安面での要求と、学校の安全と警備のために費やされた何億ドルもの予算をもってしても、学校での銃の使用を含む校内暴力の割合は、統計上この25年間変化していない（Hefling, 2014）。全米学校安全センター（National School Safety Center）のロナルド・ステフェンズ常任理事は、高度な安全対策を施しても、暴力事件に関わりをもった学校の割合は変わらなかったと語る。学校での暴力を減らすためには、学校は根本的な原因に対処し、いじめのように、暴力に寄与している要因を減らすこと、児童生徒同士のつながりを育むことに焦点をしぼる必要がある（Steffgen, Recchia, & Viechtbauer, 2013）。いじめが学校の安全上の問題であり、子どもや青少年、若い大人にとって最大の健康上のリスクのひとつであることに疑いの余地はない（アメリカ教育調査協会，2013）。教育省長官のアーン・ダンカンは次のように説明する。

　　　いじめは突き詰めて言えば学校の安全上の問題である。いじめは放置されれば、よ

訳注
1 ）　"duck and cover" 1960年代、アメリカの学校では原子爆弾の脅威に対し、子どもたちに机の下に潜り、頭を抱えるようにして身を守るように教え、訓練を実施していた。

り深刻な暴力や虐待へと急激にエスカレートするため、二重に危険である。入門薬物（ゲートウェイ・ドラッグ）という言い方があるが、いじめは入門行動である。いじめはしばしば、私たちの誰もが夜のニュースで観たことのある学校での悲劇的な暴力事件へと降りていく道の第一歩なのだ。

このような、いじめと学校の安全に対する米国教育省の立場に加えて、学校職員を代表する複数の国内機関、すなわち全米教育協会、全米学校心理士協会（National Association of School Psychologists）、疾病対策センター（2014）などが「いじめは学校の安全と児童の公衆衛生に対する脅威である」という意見表明を書面でしている。学校長や教育者たちは今こそ、いじめの陰湿な性質と、学校の安全性を保つことに与えるインパクトを正しく理解するときである。学校の安全に関する新たな調査は、いじめ防止のツールを広め、ポジティブな学校風土をつくり出すことに注目している（Skiba, 2013）。学校の安全は、いじめやハラスメントの事件を防止し、介入する戦略を含めるように再定義されるべきである。

私も、いじめで似たような状況を経験したことがある。私の兄はADDがあり、先生たちが助けてくれなかったため、学校で苦労した。質問することを怖がらないで、それから学校で隣りに座れる友だちを探そう。校長先生に話をしてみよう、私はそうしたよ。勇気が必要だったけれど、いじめはそれで止まった。

ゼロトレランス方式の影響

ゼロトレランス方式（不寛容方式）とその手続きは、1990年代前半以降アメリカ国内で広く導入された、児童生徒の安全への対処のための懲罰を伴う対応方式である[2]。学校における銃を使った悲劇的な暴力事件がメディアを賑わすに従い、ゼロトレランス方式は州や学校区の規則に幅広く取り入れられるようになった（Skiba,

---

訳注

2）　日本の学校における退学、停学、出席停止などの懲戒処分を、状況や文脈を考慮せず、機械的に適用する機運と考えてよい。

2013)。これらの学校方針は、初犯であっても厳しく強制的な罰則を与え、児童生徒を停学や退学などによって学校から迅速に退去させる。ゼロトレランスは一見、学校長や学校の組織全体が暴力と安全の問題に直面した際にとるべき適切な対応のように見える。一般的な学校方針として、薬物、タバコ、アルコール、武器を所持したり使ったりする児童生徒や、器物損壊や窃盗などの深刻な行動を示す児童生徒については、停学や退学、法が定める当局への呼び出しなど、厳しい懲罰的な制裁という結果が与えられる。ゼロトレランス方式は厳しい懲罰方針を採用し、初めての違反に対しても高い割合で停学や退学を命じる。残念なことに、ゼロトレランス方式は学校における主な使用範囲を、当初の犯罪や銃に関連する事件から、関心が高まるいじめや障害者ハラスメントへと広げ始めている。主要メディアが学校でのいじめについて取り上げるようになり、「いじめ自殺」への関心が高まったことを受けて、学校区はゼロトレランス方式の適用範囲を犯罪的または暴力的な行動を示す児童生徒だけでなく、いじめ行動を示す児童生徒にまで広げるようになった。全米 PTA（National Parent Teacher Association）は「いじめ問題の解決にむけて」という声明文（日付不明）で以下のように述べている。

　　　全米 PTA とその構成組織は、両親、児童生徒、そして学校の教職員に向けての教育に関わる文書、プログラムや企画を通じていじめ行動に対するゼロトレランスの雰囲気と、いじめ行動は家庭、学校、校庭、スクールバス、部活動、そして子どもが集まるそれ以外のいかなる場所においても許容されないという態度を実現するために努力する。

　この種の考え方は、いじめやハラスメントに対して厳しい懲罰的な方針をとることを重視しており、学校でのいじめの根本的な原因を予防するための、エビデンスに基づく積極的な介入を提供しない。ゼロトレランス方式においては、全米 PTA をはじめとする国内組織や、多くの学校区の長がとる立場は次のようなものである。児童生徒が特定の行動（例：いじめなど）を取ることを選んだ場合、将来的にそうした行動や事件を減らし、抑制し、全体の教育環境を改善するために、その児童生徒は厳しく不利な処罰を受けなくてはならない。しかしながら、このゼロトレランスという強い言葉によるレトリックは、事実を正確に伝えておらず、実際の児童生徒の成果に対してはむしろ逆効果であることを示している。米国教育省が発行する

「関係各位への書簡」（2014年1月8日付）において司法省（U.S. Department of Justice）とともに出した共同声明によれば、ゼロトレランス方式は児童生徒の学業成績の低下、行動上の問題の増加、退学率の上昇、そして少年事件の件数増加をもたらしたという。全米学校心理士協会（2010）によれば、ゼロトレランス方式は効果がなく、長い目でみると様々な不幸な結果、すなわち懲罰の実施における人種間の不均衡、退学率の上昇、学校風土の悪化、そして障害のある児童生徒へのネガティブな影響などを生み出す可能性がある。ゼロトレランス方式の効果についての研究は、これらの方針は効果がなく、失敗であったことを明らかにしている（Skiba et al., 2006）。

　ゼロトレランス方式は重く過度に厳しい処罰を用いるだけでなく、学校長や教職員の一部に「ゼロシンキング（思考停止）」をもたらす結果となった（Coloroso, 2008）。画一的で懲罰的な方針は、いじめやハラスメントという複雑で社会的な問題に対処する際に学校長が下す専門家としての常識的な判断を除去し、その選択肢を制限してしまう。これらの方針は、起こった事件の状況を調査する際に、学校長が専門家として判断を下す余地をほとんど残さない。この10年間、主要なメディアでは数多くの不当な退学や停学処分の例が報じられてきた。

・ハローキティのシャボン玉ピストルを持ち込んだ件で5歳児が停学処分を受けた
・7歳の男児がポップタルト（フィリング入りのパイクッキー）を銃の形に食べ進めた件で停学処分を受けた
・5歳児がレゴで銃をつくり、停学処分を受けた
・ナーフ銃（スポーツシューティング用のおもちゃの機関銃）のことを話していた児童が停学処分を受けた
・ネブラスカ州の学校が、耳が聞こえない3歳の男の子の手話のサインが銃の形に似過ぎていると主張した

　これらは極端な例ではあるが、学校が画一的で厳しい罰則を伴う規定を適用することを強制された場合、何が起こるかを明らかにしている。一例として、ある母親がネット上のある有名な掲示板に匿名で、ゼロトレランスといじめについて次のような投稿をしている。

　　ゼロトレランスが正解とは思えません。人生には白黒がつかない、グレーの部分が
　あるからです。娘は言葉によるいじめを受け、それに抵抗しようとして女の子の顔か
　ら、その手を払い除けました。娘が相手の生徒に手を出したというので、ゼロトレラ
　ンスの方針に則って３日間の停学処分が言い渡されました。娘は最上級生になるまで
　常に成績はオールＡ、校則違反の記録などもゼロだったのに、チームのキャプテンの
　地位を失い、それ以来、学校生活に苦しんでいます。

　この母親が明確に説明しているように、ゼロトレランス方式は銃に関連する暴力
からいじめ防止の問題へと拡散しているように見える。いじめ防止のためにゼロト
レランス方式に不当に依存する学校は、学校でのいじめやハラスメントを終わらせ
るためのリサーチベースドな介入の発展の障害となってきた。米国教育省ならびに
司法省（2014）は、学校における暴力や薬物乱用についても著効を示せなかったゼ
ロトレランス方式を広げるどころか終わらせるようにと、学校に対し提言している。
したがって、いじめや障害者ハラスメントに対処するためにゼロトレランス方式を
拡大することは勧められない。一見、いじめに対する厳しい懲罰的なアプローチは、
学校当局や、わが子に対するハラスメントに憤激している両親の目から見ると適切
な対応方法に思える。しかし、ゼロトレランス方式の皮を剥いていくと、現実には
いじめやハラスメントは複雑で社会的な問題であり、個々の児童生徒がもつ独自の
ニーズに基づいた包括的な対応が求められることがわかる。したがって、極端なゼ
ロトレランス方式を、学校におけるいじめやハラスメントに適用することは逆の効
果、すなわち停学や退学の増加をもたらす一方、学校でのいじめの割合については
実際的な効果を生まない可能性がある。ゼロトレランス方式には別の選択肢もある。
州や地域の基本方針やプログラムは、いじめ行動を示す児童生徒に対しては継続的
かつ予測可能で段階的な罰則を必ず含むこととされている。第９章で詳しく述べる
が、学校は児童生徒への支援、すなわち社会性情動学習（social-emotional learning:
SEL）やカウンセリングの実施、そしていじめやハラスメントの原因となっている
根本原因に対処することに自分たちの資源を用いなくてはならない。

強くなって、自分のために発言する勇気をもとう。覚えていてほしい。君が自分自身について幸せでいられない限り、他の人を幸せにすることなんてできない。君は悪口を言われるのがふさわしい存在なんかじゃないし、相手が間違っている。彼らより君のほうがずっと立派な人間だし、自分が強いということを忘れずに。追伸：Dudeの"I Know"という曲を聞いてみて。僕にとってはとても助けになった曲だ。

✓ 実行のためのチェックリスト

はい

・児童生徒が受ける４つのいじめの害とは何か、説明する　☐

・いじめと深い関わりのあるトラウマとは何か、説明する　☐

・トラウマ・インフォームドケアのパラメータとは何か、説明する　☐

・いじめやハラスメントが及ぼす長期的な影響を挙げる　☐

・いじめを減らす上で両親の参加が果たす役割について説明する　☐

・あなたの学校の停学・退学などの処分規定について評価する　☐

・あなたの学校の安全計画について振り返りを行なう。いじめやハラスメントに対する方針やプロトコルは含まれているか？　☐

第Ⅱ部

Respond　対応する

あなたはそのままで、完璧だ。話を聞く限り、あなたはとても素敵な女の子で、喜んで友だちになりたいような相手だ。人と違うというのはあなたがユニークで貴重な存在だということであり、あなたを学校で一番輝いている存在にしてくれるものだ。いじめっ子のせいで自分を変えようなどと思わないで。変わらなくてはならないのは彼らのほうで、あなたはそのままで素晴らしいのだから。

第4章
学校でのいじめを防止するための
調査研究に基づく介入

　いじめや障害者ハラスメントを防止するプログラムは各学校のおかれた状況、人数構成、学年レベルなどによって大きく異なる。しかし、すべてのプログラムは学問的な調査研究と、エビデンスベースドな学術研究に基づく介入を含むものでなければならない。学校におけるいじめについては、国内外で研究が進められているが、その端緒となったのは1980年代後半のダン・オルヴェウスの研究である。いじめやハラスメントに関する学問的な調査研究は、この10年ほどの間に出されたおびただしい数の州法や連邦の指導文書とともに、その数を増やしてきた。ピアレビューを受けた論文、オンライン上に提供された資料、そして学校の専門職が効果的な防止プログラムをつくるための、エビデンスベースドな介入についての手引きの公表などが増えている（アメリカ教育調査協会, 2013）。例えば、ファリントンとトフィ（2010）は「いじめと被害を減らすための学校プログラム」というメタ分析を実施した。彼らは公表された44のいじめ防止プログラムをレビューし、それぞれのプログラムにより共有された20の重要な要素を特定した。扱ったプログラムの完全なリストと、主な特徴については、以下のウェブサイトを参照のこと。

 http://www.campbellcollaboration.org

　メタ分析に加え、米国教育省、特別支援教育リハビリテーション局は、「いじめへの効果的な対処と防止のためのエビデンスベースドな実践」という副題を含む「関係各位への書簡」（2013）を発行している。文書は、先行研究の成果であり、すべての学校プログラムに適用可能な、9つのエビデンスベースドな実践を特定している（**表4.1**）。「関係各位への書簡」のコピーと、各対処法について詳細な説明を必要とする人は、米国教育省のウェブサイトから取得可能である。

*https://www2.ed.gov/policy/speced/guid/idea/memosdcltrs/bullyingdcl
-8-20-13.pdf*

 *https://www2.ed.gov/policy/speced/guid/idea/memosdcltrs/bullyingdcl-
enclosure-8-20-13.pdf*

表4.1　いじめの防止と対処－エビデンスに基づく効果的な実践

1．行動に関する包括的かつ重層的な枠組みを使用すること
2．適切な行動と対応の方法を教えること
3．大人による実効性のある管理を行なうこと
4．職員と児童生徒に対するトレーニングと継続的な支援を行なうこと
5．いじめに対処するうえで明確な方針を示し、適用すること
6．いじめ行動を監視し、追跡すること
7．いじめ事件が発生したときには両親に連絡をすること
8．現在進行中の心配事に対処すること
9．いじめを防止するための努力を長期間継続すること

出典：米国教育省,特別支援教育プログラム局（2015）「いじめの防止と対処のためのエビデンスに基づく効
　　果的な実践（*Effective evidence-based practices for preventing and addressing bullying*）」
　　https://www2.ed.gov/policy/speced/guid/idea/memosdcltrs/bullyingdcl-enclosure-8-20-13.pdf

いじめと障害者ハラスメントを防止し、対応するための９つの中核的な要素

　いじめ防止は、すべての学級や児童生徒に当てはめられる標準的なプロトコルを
もつという意味で厳密な科学ではないが、学校のいたるところで適用可能な共通の
テーマや実践は存在する。私は関連文献のレビュー、ファリントンとトフィ（2010）
によるメタ分析、米国教育省によって公開された情報などから、いじめや障害者ハ
ラスメントを防止し、これに対応するための９つの中核的な要素を特定した。９つ
の中核的な要素については、「介入の実践やプログラムにおけるもっとも重要で代
替不可能な要素」（Fixsen, Naoom, Blasé, Friedman, & Wallace, 2005, p.81）を参考
にしている。

　これらの中核的な要素の多くについては、後の章でもより詳しく論じていく。

　1．重層的な介入：いじめや障害者ハラスメントは学区ワイド、スクールワイド

な基本方針や取り組みから、学級レベルの活動、そして個人を対象とした介入を含むすべてのレベルで、適切に対処される必要がある。重層的で柔軟性のある枠組みとは、ポジティブな学校風土をつくり出すという共通のビジョンをもち、いじめの定義や、いじめハラスメント防止のための具体的な活動や手順を含む明文化された基本方針をもつことを含む。

2. 評価_{アセスメント}：調査、いじめを報告する書式、その他のデータ収集のツールを活用していじめ、ハラスメントの事件を監視、分析し、将来の教育実践に役立てる。効果的なプログラムの中核的な要素には、いじめ事件の規模、範囲や特徴を判断するためのデータを組織的に収集し、標準化された一貫的な評価ツール_{アセスメント}によって長期的な傾向を追跡することが含まれる。

3. ポジティブな学校風土：いじめとハラスメントに対する介入は、すべての児童生徒、職員そして両親が公平に、敬意をもって扱われるポジティブな学校風土を確立するという、より大きな最終目標の一部である。こうしたポジティブな学校風土は、児童生徒同士のつながりを支え、児童生徒と職員の間の信頼関係を構築する。

4. 社会性情動学習_{ソーシャルエモーショナルラーニング}：カリキュラムには社会性情動学習_{ソーシャルエモーショナルラーニング}（social-emotional learning: SEL）の最終目標や活動が埋め込まれ、児童生徒に社会性と情動のマネジメント、自己認知能力、問題解決スキルや対人交流スキルを習得する機会を日常的に提供する。社会性情動学習_{ソーシャルエモーショナルラーニング}のカリキュラムは、児童生徒のいさかいの根底に横たわる原因に対処し、他者理解能力をもつための一連のスキル、例えば他者の気持ちに共感する能力などを教えるように努める。

5. スキルに基づく学習：いじめ防止プログラムは、いじめに遭いやすい児童生徒、傍観者、そしていじめ行動を示す児童生徒に、適切なスキルを教える。個別の介入は、ソーシャルスキル、コミュニケーションスキル、自己主張をするスキル、その他いじめの存在_{プレバレンス}の減少のために必要とされるスキルを教えることを含む。

6. スタッフトレーニング：職員研修は、いじめやハラスメントを定義し、職員に対し、いじめ事件には即座に対応し、報告や調査といったフォローアップの手順を利用することを教える。スタッフトレーニングは、障害者ハラスメント、連邦ガイダンス文書や、障害者ハラスメントに関連する法律から派生する問題などを包含する。

7. 両親やコミュニティを巻き込むこと：効果的なプログラムは、両親やコミュニティの関係者との協力体制を確立する。学校安全チーム（school safety team：SST）あるいはいじめ防止の課題に取り組む組織のメンバーには、両親、コミュニティの関係者に加えて、いじめやハラスメントに遭うリスクが高い個々の児童生徒の集団が含まれる。両親の関与は、包括的なプログラムにおいて、学校の安全に関わる問題について連絡をすることから、いかなるいじめやハラスメントが起きた場合にも両親に知らせることまで、それぞれのステップを踏むなかで育てられていくものである。

8. ホットスポットの管理を行なう：いじめが起きやすい場所（ホットスポット）を特定し、その管理を改善することは、いじめ防止プログラムにおいて欠かせない要素である。いじめはスクールバスのバス停から教室までのどこでも発生する可能性があり、学校はいじめが発生しやすいホットスポット、例えば廊下、校庭、課外活動の場などをあらかじめ特定した場合、事前の警戒を怠らないようにするべきである。

9. 継続的な活動：いかなる教育プログラムも、その目標は、それを実施し、それについて説明責任をもつと同時に、長期間にわたって継続することである。学校長やクラスの担任が採用するいじめ防止のプログラムや手順は、すべての職員が高い水準の忠実性をもって継続しなくてはならない。

　学校でのいじめとハラスメントを防止する9つの中核的な要素は、先行研究が推奨する学校の教職員による対応の網羅的なリストを作成することを意図したものではない。このリストの目的は、学校職員がより簡単に調査研究にアクセスできるようにすることであり、そのことによってエビデンスベースドな実践が用いられるようになることを願っている。地域の学校長や学級レベルの教員は、両親や児童生徒のグループとともに、よりよい長期的な結果を確かなものにするために、学校独自のニーズや環境に応じてこの9つの中核的な要素に細かな修正を加えることが推奨される。本書の付録Aに、学校の委員会がそれぞれの中核的な要素について行動計画を作成する助けとなるよう、計画のためのマトリクスがついている。付録についている評価尺度は、学校職員がそれぞれの要素についての実施の度合いを振り返り、将来の計画における優先順位を決めるために役立てられるようにつくられている。

　学校を超えてこれらの9つの中核的な要素を一貫して実施するために、一部の州

の教育委員会や学校区では基本方針のモデルや指導文書を取り入れ、学校の教職員が調査と日々の学校現場での日常のギャップを埋める助けとなるようにしている。こうしたモデルプログラムは単なる法令や政策をまとめたものではなく、学校の教職員に教室における核となる成果や、調査に基づく実践的な介入を提供するものである。例えばメイン州、ニュージャージー州、マサチューセッツ州などは、州内の学校向けの指導マニュアルを導入している。そこには、州としてのいじめの定義や種類、ポジティブな学校風土をつくり出すためにできること、重層的な介入、両親に対する情報、傍観者への教育に関連する推奨事項、効果的な学級活動についての追加的なリソースなどが含まれる（**表4.2**）。

　こうしたステートワイドなモデルプログラムや書面によるガイドは、他の州や個々の学校区が、学校でのいじめ防止のための全体的な枠組みや手順を書く際に参考にし、テンプレートとして活用することが可能である。書面によるマニュアルを単一のプログラムにのみ依拠して書いたり、画一的なアプローチをすべての学校に適用したりすることは避けたほうがよい。個々の学校チームや管理職は、自分の学校の児童生徒独自のニーズに応じて、プログラムをつくり、カリキュラムを設計する機会を与えられるべきである。技術支援ガイド（technical assistance guide：TAG）は、教員と職員に、いじめを減らすための効果的なプログラムを実施するための明確なロードマップを提供する。**表4.3**は、学校の教職員に対する技術支援ガイドの目的について説明している。

　高校では、きつくなる部分もあるけれど、だんだんに状況はよくなっていくよ。僕の弟はやせっぽちの小さな子どもだったけれど、中学の間にぐんと成長して今では体重が180ポンド（81kg）もある。君の服のことは気の毒だし、力になれたらいいんだけど。リサイクルショップのオンラインをチェックしてみたら、何かいいものが見つかるかもしれない。僕はそこでセーターを買ったけれど、すごくよかったよ。それから、相手の子たちが近づいてきても、怖がる様子を見せないこと。反応しないこと。相手も不安定なのだし、2年もたてば、まったく気にもならないような話なのだから。

表4.2　州によるいじめハラスメント防止の技術支援ガイドの例

・イリノイ州　いじめ防止と介入のためのベストプラクティスマニュアル：
http://www.dupage.k12.il.us/main/anti-bullying/pdf/BestPracticesManual.pdf
・マサチューセッツ州　いじめ防止と介入のためのモデルプラン：
http://www.doe.mass.edu/bullying/#1
・ニュージャージー州　ハラスメント、脅迫といじめ：
http://www.state.nj.us/education/students/safety/behavior/hib/
・メイン州　いじめハラスメント防止のためのベストプラクティス：
http://maine.gov/doe/bullying/procedures/bestpractices.pdf

表4.3　技術支援ガイドとは？

　本書の文中に登場する技術支援ガイドは、いじめとハラスメントの防止と対応のための日常的な行動の手引きとして、学校の教職員に配布される文書を指す一般的な呼称である。これについて、学区ワイド、スクールワイドなチームは別の名前を使うことを選ぶこともできる。例えば、マニュアル、ハンドブック、フレームワーク、ツールキットなどである。その呼称にかかわらず、この文書は学校におけるいじめとハラスメントを効果的に、また測定可能な形で減少させることができるよう、中核的な要素に関する大枠と、明確な基準を提供するものでなければならない。技術支援ガイドは、連邦、州、そして地域の基本方針と手順の忠実な遵守を確かなものとするために作成され、導入されてきた（Swearer, Doces, Jones, & Collier, 2012）。技術支援ガイドや、それに類する書類なしには、学校長や職員は、学校におけるいじめを止めるための適切な準備体制をとることはできない。ステートワイドな、あるいは学区レベルの技術支援ガイドは、学校の職員、両親、児童生徒やコミュニティの関係者に以下のような内容を提供する。

・学区ワイドないじめ防止プログラムについての明確で、説得力のある理論的根拠
・いじめとハラスメントについての操作的な定義
・中核的な要素とエビデンスベースな実践についての説明
・実施に必要な教育上のリソース
・社会的に有効な活動や、年齢に合った介入
・手順のチェックリストや持続可能な指標
・教員、保護者、児童生徒のための測定可能な成果
・客観的で透明性があり、かつ継続可能な指標における多様な情報源

　プレ幼稚園から高校までの教職員には、高い厳密性と、結果を元にした説明責任とともに基本方針を実施するために、一貫したガイドと手順が必要である。

重層的な枠組み

　州の教育機関、管理者、自治体の長や教員は、学校を外部の脅威、例えば麻薬や武器、侵入者、気象に関連する災害、時には食中毒から守るために、相当な注意を払っている。一般的に学校は、安全かつ安心して学習ができる環境をつくり出すために、学校を守るための重層的なアプローチを導入している。重層的なアプローチ

とは、学校の構内のセキュリティの層、例えば学校の敷地をフェンスで囲うこと、ドアの施錠、監視カメラの設置、駐車スペースの監視、身分証明書、そして場合によっては金属探知機などから始まる。これらの手段は、児童生徒の安全を守り、危険から遠ざけるために導入されている（**図4.1**）。

　こうした重層的な安全手段の必要性について議論の余地はないが、学校の専門職員はさらに、児童生徒にとっての安全と安心を破壊する学校の内部の危険についても対応しなくてはならない。学術研究や影響力の大きい教育関連の団体、例えば米国学校心理士協会や全米教育協会などの指針にも示されているように、いじめ防止対策は、より広範で重層的な学校安全計画の一部分であるべきである。疾病対策センター（2014）によれば、いじめは学校における安全と安心に属する諸問題のなかでもっとも深刻なもののひとつである。米国の教育統計センターの「2012年版　学校における犯罪と安全」（2013）は、公立学校に通う児童生徒人口のうち暴力的な犯罪に巻き込まれている割合は3％足らずであるのに対し、おおよそ20〜28％の児童生徒がいじめっ子−被害者の力学に巻き込まれていると報告している。学校長や教員は、学校外の暴力や犯罪から児童生徒を守らなくてはならないが、同時に日々、何百万人もの児童生徒の学校生活における安全を破壊しているいじめの潜行的な特性に対し、高いレベルでの関与をもって調査を実施しなくてはならない。

　学校の専門職員が、校外と校内の両方から児童生徒の安全を確保するためには、いじめや障害者ハラスメントに対処し減少させることが必要であり、そのためには重層的な枠組みをつくることが中核的な要素となる。

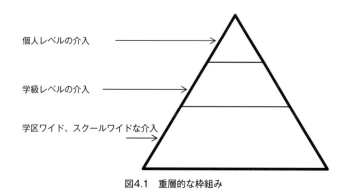

個人レベルの介入

学級レベルの介入

学区ワイド、スクールワイドな介入

図4.1　重層的な枠組み

　米国教育省（2013）は以下のような見解を示している。

　　児童生徒（障害のある児童生徒を含む）のいじめ問題を防止し、対処するためのエ
　ビデンスベースドな指導介入の戦略は、学校社会全体に対する包括的で重層的な行動
　の枠組みの一部として使用された場合、もっとも大きな効果を上げる（p.2）。

　米国教育省（2013）が推奨するこの重層的なアプローチについて、最初に詳しく
述べたのは1996年のウォーカーらによる先見的な論説である。最初に発表されたと
きのこの枠組みは、情緒面や行動上の不調を抱えた学齢期の子どもたちと青少年の
反社会的な行動上の問題を防ぎ、減少させるために使用された。オリジナルモデル
は、第1層、第2層、第3層の介入という3段階のアプローチから構成されていた。
この枠組みは現在ではその内容を拡張させ、ポジティブな行動介入と支援（positive
behavioral intervention and supports：PBIS）として幅広く活用されている。こう
した重層的な対応についてもっと詳しく知りたい読者は、「ポジティブな行動介入
と支援の実施のための青写真と自己評価（"Positive Behavioral Interventions and
Supports Implementation Blueprint and Self-Assessment"）」を参照するとよい。

 :https://www.pbis.org/blueprint/implementation-blueprint

　重層的な枠組みは、学校区や学校の環境における、様々なレベルの介入を提供す
る。

　1．学区ワイド、スクールワイドな介入
　　　学区ワイド、スクールワイドな実践は、障害のある児童生徒を含む、学校の
　　大多数の児童生徒を対象とするユニバーサルな介入に重点を置いている。いじ
　　めっ子−被害者の力学だけに厳密に的をしぼることは、学校のシステム全体に
　　おけるいじめとハラスメントの影響に対処するうえで、不十分である（Pepler
　　& Craig, 2000）。いじめを防止し、これに対処するための学区ワイド、スク
　　ールワイドなアプローチは、勇気あるリーダーや学校区の専門家が、書面による
　　統一的ないじめ防止の基本方針（技術支援ガイド）、手順やプロトコルを導入

することが出発点となる。

2．学級レベルの介入

　学校におけるいじめに対応するためには、影響力の強い教員やすべての学校
職員が即時に、かつ一貫して、学級レベルの介入を実施できることが必要であ
る。教室での介入は、日常のカリキュラムにおけるインクルーシブな活動を通
じて、反いじめのスキルを明確に教えることに重点を置いている。特別な小集
団レベル、あるいは学級レベルの戦略のなかには、年齢にあった
社会性情動学習のスキルのための授業、いじめへの意識の向上、ピアメンタ
リングや傍観者への教育などのカリキュラムをつくり上げることなどが含まれ
ている。

3．個人レベルの介入

　傍観者、いじめっ子、そして被害者については、それぞれのユニークなニー
ズに適合した、個別かつ標的をしぼった介入が必要である。個人レベルの介入
は、いじめっ子、被害者、そして傍観者に対してエビデンスベースドな支援や
サービスを提供することに重点を置いている。また、こうした個人レベルの介
入においては、障害のある児童生徒や仲間からの迫害に遭いやすい児童生徒を
介入の対象とする。

　米国教育省の発行する「関係各位への書簡」（2013）によれば、重層的な枠組み
は「すべての学年のレベル、特別支援教育と普通教育、そしてあらゆる学校の状況
を超えて」提携でき、適用できるものである（p.1）。

　　あなたが直面している状況について、気の毒に思います。私自身は
　　経験したことがないけれど、弟がそういう目に遭いました。やせっ
　　ぼちで弱いからという理由でね。いじめは大学に入るまで止まない
かもしれないけれど、時が来れば、あなたをいじめているやつらも、現実に打
ちのめされるときがきっと来ます。自分の身体の小ささを逆手にとって、女の
子の友だちをたくさんつくるのはどうかしら。女の子には母性本能みたいなも
のがあるので、きゃしゃで小さい存在は守りたくなるものだから。あなたの友
より

学区ワイド、スクールワイドな介入

　多くの教師や学校長にとって、いじめとハラスメントを防止するにあたって、すでにできあがった手軽なプログラムを探すという選択肢は非常に魅力的に感じられる可能性がある。児童生徒の安全に対する心配と関心から、学校長は即席の反いじめキャンペーン、例えば校内のあちこちにポスターを貼る、1回限りの全校集会を開く、市販のいじめ防止パッケージを購入する、といったことを始めてしまう場合がある。学校は、そういったプログラムが導入された場合に最終的な利益を享受する主な関係者を十分に参加させることのないまま、急いで新しい基本方針や手順を組み立てなければならないという圧力にさらされている。こうした形だけの対応や努力の姿勢は理解できるが、こと児童生徒の安全の問題に関しては、こうした活動は学校におけるいじめやハラスメントを減らしたり、ポジティブな学校風土や安全な学習環境をつくり出したりするといった、長い目で見た場合の児童生徒の成功に役立つ、長期的な目標の達成に最終的には結びつかない可能性がある。学校の専門職員がこの重要な問題に対して、戦略的なプランニング、評価^{アセスメント}、そして書面に表せる測定可能な成果などを伴い注意深くアプローチした場合、もっと慎重かつよく練られた行動計画が策定されるはずである。

　効果的ないじめ防止プログラムを開発するための第一歩は、先行調査を丹念に理解することから始まる。先に論じたように、学校におけるいじめ防止のテーマについてはピアレビューの記事が何千と存在する。いじめ防止プログラムの中核的な要素を導入する初期段階において、学校長やその他の職員は操作的に定義された実践と望まれる成果を伴うプログラムの活動内容と主要な機能を明記した技術支援ガイド^{テクニカル}ドを作成するという目標をもって、最新の調査研究に目を通すことが求められる（Fixsen et al., 2005）。なお、学区ワイドな一貫性を欠いていると、学校はポジティブな成果を持続させる可能性はまったくないままに、細かい様々なアプローチの断片を拾い集めることになる。

　市販のいじめ防止プログラムで、すべての学校、すべての学年、あるいはすべての児童生徒のもつ独特のニーズに適合するものを入手するのは困難である。さらに、「学校向けに販売されているプログラムには、科学的な根拠や効果によって実証されていないものも多く存在する。説得力があるにもかかわらず、生徒の行動に対する効果が認められないプログラムもある」（アメリカ教育調査協会, p.57）。したがっ

て、学校の職員のなかで誰が、学校の安全の問題に対処し、ポジティブな学校風土やいじめ防止プログラムを育てるエキスパートであるかを見極めるのは、学校長の重要な役割である。新しい教育プログラムを確認し、導入する責任者となった学校の教職員は、すべてのピアレビューの結果を十分に考慮し、自校の生徒たちの独特のニーズに適合する「ぴったりの（good fit）」プログラムを見つける必要がある。

市販の購入可能なプログラム

・ステップ・トゥ・リスペクト（Steps to Respect）
　このプログラムは、職員の意識を高め、社会性情動学習（ソーシャルエモーショナルラーニング）と傍観者への教育を促進するカリキュラムとなっている。訓練マニュアル、DVD、オンラインによるサポート、生徒への配布プリントなどがパッケージに含まれている。http://www.cfchildren.orgにて購入可能。

・オルヴェウスいじめ防止プログラム
　このプログラムは、学校レベル、学級レベル、個人レベルの介入を含む重層的なアプローチを採用している。こちらもDVD、学校調査、プリントアウト可能な素材、教師に対するレッスンなどがパッケージに含まれている。www.violencepreventionworks.orgにて購入できる。

　なお、本書では特定のプログラムを推薦することは目的としていない。プログラムを調査し、決定する責任をもつ学校の教職員で、市販の購入可能ないじめ防止や介入のプログラムについてさらなる情報を求めている人には、薬物乱用精神保健管理局のエビデンスベースドなプログラムと実践集が参考になるだろう。

 http://www.nrepp.samhsa.gov

　パッケージ化された市販のプログラムを購入することは、それが適切に実施され、測定可能な持続される成果を挙げることを確約するものではない。いじめと障害者ハラスメントの防止は、単独のプログラムで達成されるものはないし、すべての学校に適用可能な汎用性のあるモデルが存在するわけでもないということを忘れてはならない。学校は、その規模、社会経済的な状況、多様性、地理的な位置、その他

の要因によって様々に異なり、そのため、各学校とその児童生徒の個別のニーズに
適合するように柔軟性のある枠組みづくりと活動が特に重要となる。

私も過去にいじめられた経験がある。でも、そうした目に遭っているのは私だけではないということ、そして自分を幸せにできるのは自分だけだということに気づいた。私は再び立ち上がり、あの子たちの誰よりもよい人間になろうと心がけた。あなたに幸いがありますように、そして、そのうちにきっと事態は今よりよくなるということを忘れないで。

　どのようなプログラム、ツールキット、あるいは技術支援ガイドが導入されたか
にかかわりなく、いじめ防止が基本方針の付則条項、あるいは教師に対する付加的
な要求とみなされないようにすることが重要である。中核的な要素や用意された活
動は、学校全体の改善プランや、すでに確立され実行されている学校の安全対策や
プロトコルのなかに埋め込まれている。学校の年度途中に、様々な新しいプログラ
ムを導入し、実施するのは珍しいことではない。こうしたプログラムは、新しいカ
リキュラムを実施するもの（例えば、読書プログラムなど）、出席に関する指導方針、
カウンセリングや行動に関するプログラム、さらに成績評価システムの電子化など、
多岐にわたる。こうした追加的な付則プログラムについては、プログラムの忠実な
実行と遵守、時間を経たあとの持続可能性を欠くかもしれないという深刻なリスク
がある。第9章でも論ずるが、これは不幸なことである。なぜなら、いじめハラス
メントの防止にあたっては、プログラムの実施、遵守、そして持続可能性は、いじ
めの存在と児童生徒に及ぼす害を減少させるうえでもっとも重要なことだからであ
る。したがって、重層的ないじめ防止プログラムの作成と実施を行なう際には、学
校長は反いじめの議題を埋め込むことができる、すでに確立されている最新のプロ
グラムや学校での手順を確認するべきである。学校のいじめ防止プログラムは、そ
の学校の教育環境とミッションの一部として含まれた際に、もっとも大きな効果を
挙げることができる。例えば、ほとんどの学校には、校内での暴力や安全性、学校
の改善計画、学力の到達度向上、あるいは落第や退学の防止などの問題に焦点をし
ぼった、学校の専門家チームや教師と保護者から成る委員会などがある。これらの
すでに確立された校内のグループのミッションには互いに少なからず重なる部分が

あり、いじめハラスメント防止は、それらを縫い合わせる糸となり得る可能性をもっている。

ポジティブな学校風土をつくり出す

　ポジティブな学校風土を促進するための学区ワイド、スクールワイドな介入は、教師と児童生徒の間に強い絆と、すべての個人に対する尊敬の念を生む機会をつくり出す。ポジティブな学校風土をつくり出すことは、今日の教育における中心的な課題である。しかし、残念ながら、学校風土というものはしばしばあいまいで、客観的にとらえたり評価したりすることが難しい付則条項とみなされる場合がある。「大多数の学校長は学校風土を改革することが具体的にどういうことなのかを知らない」と米国学校風土センター（National School Climate Center）のセンター長であるジョナサン・コーエンは言う（2014, p.1）。ポジティブな学校風土は「学校のなかのすべての空間、そこにいるすべての人間を十分に包み込める包容力をもつ安全性という毛布」を提供する（Cole, Eisner, Gregory, & Ristuccia, 2013, p.21）。学校長や教員たちがポジティブな学校風土を確立するためには、共通のミッションと具体的なアクションステップが受け入れられていなくてはならない。米国教育省（2014）は、ポジティブな学校風土をつくり出すための3つの原則を提示している。

1. ポジティブな学校風土をつくり出し、いじめの防止に力を入れること。この原則には、学校の安心と安全を守るための包括的かつ重層的なアプローチを築き、実施すること、また書面でその達成目標やミッションについての説明をすべての関係者に行なうことが含まれる。社会性情動学習とエビデンスベースドな教育実践を推奨する。
2. 児童生徒の破壊的な行動に対処するための、明確、適切かつ一貫した期待と結果を確立すること。すべての職員と児童生徒が、尊敬と思いやり、ポジティブな信頼関係に基づいて扱われることを保証する。ポジティブな行動介入と支援の枠組みを支える。争いの解決や社会性に関わる問題の解消を含むすべてのレベルの介入に児童生徒を巻き込み、期待される行動について一貫した態度を示す。学校の活動に対する児童生徒の両親の関与を促し、学校方針や手続きについて周知をはかる。

3. 公平性と公正さ、継続的な改善を確かなものとする。データを元にした意思決定と継続的な改善計画を活用する。すべての職員が他者への敬意をもった実践を行ない、効果的な学級運営の技術を身につけられるように訓練する。

米国教育省の「指導の原則：学校風土と規律を改善するためのリソースガイド」のダウンロードと、より詳しい情報を求める際は以下を参照のこと。

 http://www.ed.gov/school-discipline

特別支援教育プログラム局のプロジェクト管理者、ルネ・ブラッドリーは、ポジティブな学校風土とネガティブな学校風土を区別するはっきりした特徴について詳述している。**表4.4**は、ポジティブな特徴とネガティブな特徴についてまとめた概要である（Bradley, 2014）。評論の完全版および、ルネ・ブラッドリーが学校風土について議論しているのを聞きたい人は、連邦いじめ防止サミットのオンラインウェブキャストで閲覧が可能である。

 http://edstream.ed.gov/webcast/Play/900a4030cb1249ed99b5f8f693f4e57b1d
（閲覧不可）

表4.4　ポジティブ／ネガティブな学校風土の特徴

ポジティブな学校風土	ネガティブな学校風土
・予測可能で首尾一貫した、公正な取り扱い	・リーダーシップの欠如
・大人が期待される行動のモデリングを行なうこと	・消極的な管理体制
・安全な学習環境	・排他的、規律重視の慣行
・児童生徒の活動への従事と参加の度合いが高いこと	・大人がネガティブなロールモデルとなること
・児童生徒による従順かつ協力的な態度	・児童生徒が活動に従事しない、あるいは無礼な態度をとること
	・ポイ捨て、落書き、設備や備品の破壊

出典：Bradley, R. (2014) によるパワーポイントのプレゼンテーション「どうすれば若者は変化を起こせるか？：青少年が他者を変える動機づけを行なうイメージ（*How can youth make a difference? Images from youth and young adults that motivated others to make a difference* (PowerPoint presentation)」．Retrieved from http://edstream.ed.gov/webcast/Play/900a4030cb1249ed99b5f8f693f4e57b1d

　インクルージョンの雰囲気をつくり出すことを重視し、学校を受容的な環境とする学校風土は障害のある児童生徒にとっても大きな利益となる（Thapa, Cohen, Guffey, & Higgins-D'Alessandro, 2013）。ポジティブな学校風土を促進するために、学校は、まず目標の設定から始め、ミッションステートメントを設計し、各目標に到達するための学校改善計画を文書化する必要がある。学校風土や安全な学習環境に言及するミッションステートメントは、「他人に親切にしましょう」といった単純なモットーを大きく上回るものであり、他者との関わりのなかにおける深い尊敬を奨励し、児童生徒の学習、学校のリーダーシップ、職員・児童生徒・管理者・保護者間のつながりを促し、高める（Cohen & Freiberg, 2013）。ポジティブなミッションステートメントは、職員、児童生徒、保護者、コミュニティのメンバーを含むすべての関係者の参画を求める。学校のミッションステートメントは、学校の指導における重要な原則を表明したものである。

　1．多様性、他者への敬意と安全な学習環境を育む学校
　2．思いやり深く献身的に、敬意をもって児童生徒に向き合う教員
　3．自己肯定感と寛容な考え方といった資質をもつ児童生徒

　米国学校風土協議会（The National School Climate Council）（2007）は、ポジティブな学校風土づくりのための主な原則を採用した学校区では、児童生徒の学習到達度の向上と、校内での暴力やいじめ件数の減少といった成果を得ていると報告した。さらに、この調査研究によれば、ポジティブな学校風土づくりに注力した学校では欠席率の低下、児童生徒のモチベーションの改善、そして攻撃やいじめ事件の減少がみられることが明らかになった（Thapa, Cohen, Guffey, & Higgins-D'Alessandro, 2013）。そして、悲しいことに、いじめに対処する際に、より大きな学校風土の問題として取り組まなかった学校では、児童生徒の課題への従事の度合いの低下や学業成績の不振といった結果を招いてしまう場合がある（全米学校心理士協会, 2012）。

このメッセージは生徒の両親と先生へのものです。生徒は学校で危険や孤独を感じるべきではありません。先生たちはみんな「大人」として、問題を解決すべきです。もしいじめが起こっているなら、その子たちを守るために動いてください。心配している友より

　ポジティブな学校風土をつくり出し、実現するための第一歩は、学校長や学級担任が学校という社会において、障害のある児童生徒を含むすべてのメンバーに対し、敬意をもった態度をとるモデルとなることである。学校の教職員のための具体的な戦略を以下にいくつか挙げる。

1. 児童生徒一人ひとりの名前を把握し、その家族や所属するコミュニティについて知る。
2. 児童生徒の家庭で時間をもつようにし、課外活動や地域のイベントに参加する。
3. 現在起こっているイベントや社会の問題について児童生徒と議論する。個人的な体験について、児童生徒と共有しあう。
4. 積極的に児童生徒の心配事を聞き、フィードバックを行なう。児童生徒に、自分の意見が尊重されていることが伝わるように、具体的な行動をとる。

　ポジティブな学校風土というのは、「象牙の塔」と呼ばれるような大学の学術研究や論文で示される抽象的な概念ではない。様々な評価ツールや児童生徒のデータによって計測が可能なものなのである。

社会性情動学習（Social- Emotional Learning）

　ポジティブな学校風土を重視して入念に設計され、組み立てられた学校のミッションをつくって実施することは、いじめに対応するうえで、学区ワイド、スクールワイドな重要な介入であることは事実であるが、これだけで十分であるとは言えない。他者への敬意とインクルージョンの力強い精神をよそに、児童生徒は毎日様々な問題や外的なストレッサーとともに登校し、それが学校の取り組みを妨げる可能性がある。例えば貧困、十代での妊娠、欠食、コミュニティにおける暴力、家族に

関するトラウマ、そしていじめなど、様々な要因が不安感を高め、児童生徒の学習を阻害する（Cole, Eisner, Gregory, & Ristuccia, 2005）。これらの問題はしばしば、学業面での成功の障壁となり、児童生徒が重要なカリキュラムに効果的に参加する能力をせばめる場合がある。児童生徒が実生活における困難に適切かつ十分に対処できず、学習する態勢になっていない場合に、教師が彼らを数学や読解の授業に集中させるのはほぼ不可能である。残念ながら、教師はしばしば、児童生徒が直面するこうした範囲の問題について支援し、社会的感情面での問題に対処し、さらに並行して学業面で高い到達度を維持するうえで、自分は準備不足だと感じている。

いじめや、その他の学校における安全に関わる社会的な、あるいは感情面での問題や心配ごとを抱える児童生徒や教師を支援するために、州の教育委員会や学校区レベルの管理責任者が社会性情動学習（ソーシャルエモーショナルラーニング）を教室でのカリキュラムに取り入れ始めている。スタンフォード大学教授であり、「日々のちょっとした親切」財団（Random Acts of Kindness Foundation）の講師のひとりであるネル・ノディングスは次のように述べている。

> 社会性情動学習（ソーシャルエモーショナルラーニング）は、教室における他のすべての活動の上に位置するものではない。すべての活動の底にあるべきものである。人が親切心や思いやり、献身、そして他人に対してどう振る舞うべきかを考えるために使う時間は非常に根本的な部分であり、そのため、結果として他のすべてのことが以前よりよくなる（Noddings, 2014）。

確立された社会性情動学習（ソーシャルエモーショナルラーニング）のカリキュラムは、すべての児童生徒に感情を理解し、調整するスキルを与え、他者への共感を育て、人間関係を構築し、自己管理や、教室という構造における自らのストレスを管理することを教える。このことは、児童生徒に、意味のある学習に従事するより大きな機会を与える。教育エージェンシーであるアカデミック・ソーシャル＆エモーショナルラーニング協力組織（コラボレーティブ）（CASEL）によれば、社会性情動学習（ソーシャルエモーショナルラーニング）プログラムの鍵となる要素は、いじめや外部のストレスといった児童生徒の心配ごとに対処するための生活スキルを教えることにあるという。教師のための指導ガイドなど、より多くの情報を求める人は、同団体のウェブサイトを訪問してほしい。

⊕ *http://www.casel.org*

　カリフォルニア州立サンノゼ大学教育学部の教授であるナンシー・マコーウィッ
ツ（2013）は「社会性情動学習{ソーシャルエモーショナルラーニング}は児童生徒に、教室における学問上の要求や学業
のタスクを達成するうえで必要な対人スキルを教える」という。効果的な
社会性情動学習{ソーシャルエモーショナルラーニング}プログラムは、学校区におけるプリ幼稚園（Pre-K）から高校生
までの学年に対応できるように設計されている。テキサス州、アラスカ州、オハイ
オ州、カリフォルニア州は、革新的な社会性情動学習{ソーシャルエモーショナルラーニング}の取り組みを始めている。
2004年にイリノイ州教育委員会は、すべての学年において標準的な
社会性情動学習{ソーシャルエモーショナルラーニング}の基準を導入することを決めた。イリノイ州教育委員会は、小学
校低学年から開始するこの取り組みにおいて、具体的な教育目標を定めるとともに、
児童生徒に関わる成果を測るための600以上もの項目をまとめている。イリノイ州
教育委員会の基準では、重要なスキルを教えるためのゴールとして、以下のような
項目が含まれる（Illinois State Board of Education, 2006）。

1. 目標①　自己認知能力と自己管理{セルフマネジメント}のスキルを伸ばし、学校と生活上の成功を
   獲得する：この目標を実現するためのスキルとしては、自分の感情と行動を
   特定し、管理すること、個人の資質と外部の支援を認識すること、自らを律
   すること、健全な方法で自分の感情を表現すること、個人的な、あるいは学
   業面での目標を達成するうえで必要となる表現スキルを示すことなどが含ま
   れる。

2. 目標②　ポジティブな人間関係を構築し、維持するために、他者理解能力と
   対人交流スキルを活用する：この目標の実現するためのスキルとしては、他
   者の感情や視点を理解すること、個人やグループ間の類似点や相違点を認識
   すること、コミュニケーションスキルや社会的スキルを用いて、他者と効果
   的に交流すること、他者とのいさかいを建設的な方法で防止し、対応し、解
   決するための能力を示すことなどが含まれる。

3. 目標③　意思決定のスキルや、個人、学校、コミュニティという文脈におけ
   る責任ある行動を示す：この目標を実現するためのスキルとしては、意思決

定の際に倫理観や安全性、社会的な要因を考慮しながらそれを行なうこと、日常的な学業面での、あるいは社会的な状況において責任ある対応ができるように意思決定スキルを活用すること、学校や社会という公共の福祉に貢献することなどが含まれる。

　初期の研究が示すエビデンスによれば、社会性情動学習^{ソーシャルエモーショナルラーニング}プログラムをカリキュラムに取り入れた学校では学業成績の向上、問題行動による事件件数の減少、そして社会的感情面でのスキルの著しい改善がみられたことが示唆されている（Durlak, Weissberg, Dymnicki, Taylor, & Schellinger, 2011; Rimm- Kaufman et al., 2014）。イリノイ州教育委員会（2006）は、以下のように報告している。

　　社会性情動学習^{ソーシャルエモーショナルラーニング}プログラムの導入は、子どもたちの標準テストにおける学習到達度に著しい改善をもたらした。さらに、統制群との比較において、社会性情動学習^{ソーシャルエモーショナルラーニング}プログラムに参加したほうのグループの児童生徒は、参加しなかった児童生徒に比べて、学校の出席率が著しくよく、教室内での破壊的な行動が少なく、学校を好きだと回答する割合が高く、学校での成績もよかった。

　さらに多くの情報を求める人はイリノイ州教育委員会のウェブサイトにおいて得られる。

---

 http://www.isbe.net/ils/social_emotional/standards.htm

　学校で採用されるカリキュラムの目的はいずれも、ポジティブな教育的成果をあげ、児童生徒に実社会に出る準備をすることを教え、高校を卒業したあとに進む学校や大学、将来の就職の機会において必要とされるスキルを熟考することにある。社会性情動学習^{ソーシャルエモーショナルラーニング}プログラムはこういった要望に応えるだけではなく、学校におけるいじめやハラスメントに対して効果的に対応するための統一的な戦略と学習を、障害のある者を含むすべての児童生徒に対して提供するものである。社会性情動学習^{ソーシャルエモーショナルラーニング}を学ばせるための学級レベルでの具体的な活動については、第5章で詳しく述べる。

学校安全チーム

　いじめや障害者ハラスメントを減らし、終わらせるためには、すべての学校職員、児童生徒、そして両親が高いレベルで関与することが求められる。学校の教職員やすでに確立されている教育チームは、学年相応の能力を開発し、プログラムの実施状況を監視し、必要な支援を判断し、成果を測定するために、学校安全チームを招集することを考えなくてはならない。学校安全チームは、包括的ないじめ防止マニュアルの作成、それに伴う様々な活動、手順書や標準的な実施のためのプロトコルなどを学校区の管理責任者や職員が作成する手助けができる。学校安全チームは危機管理チームやポジティブな学校風土づくりのための委員会、あるいは学校改善チームなどから派生して生まれ、いじめ防止の取り組みを、学校のより大きなミッションのなかに埋め込む場合もある。

　学校安全チームは学校におけるいじめを防ぎ、対応するための核となる要素を調査し、発展させ、実施する責務を負う。より大きな学校区においては全体の方向性を決める委員会や学区ワイドな専門調査団などがいじめを定義し、様々なエビデンスベースドな防止実践、カリキュラムの策定、調査の実施や職員研修の調整などに関わる可能性がある。小さな学校区においては、そこに学校安全チームを設置し、プログラムや活動の計画と実施を担当させる場合がある。すべてのチームの目標は、学校というコミュニティにおけるすべての妥当なグループや関係者からの意見を取りまとめ、児童生徒、両親、支援する教職員とコミュニティのメンバーの協力的なパートナーシップを通して、多様性を奨励することである。ここで不可欠なのは、いじめに遭うリスクが高いグループを代表する児童生徒が、学校のすべてのレベルのプログラムに関わり、学校安全チームにおいて意見を述べられるようにすることである。例えば、障害のある児童生徒やLGBTQの児童生徒は、学校安全チームに積極的に関わるべきであり、いじめやハラスメント防止のプログラム作成にあたっては、あらゆる側面において強い発言権をもつべきである。学校安全チームは、トップダウン方式を排し、児童生徒主導の活動を目立たせることが重要である。例えば、学校は外部のエージェンシーを雇って、生徒会やその他の青少年による組織などの支援を全く受けない、単発の全校集会を開くといったことをやめるべきである。児童生徒は、思いやり週間のためのモットーをつくることから、多様性と寛容を表すための学校カラーの選定に至るまで、様々な意思決定に関わるべきである。

学校安全チームが行なうべきこととして、以下が挙げられる。

・すべてのタイプのいじめやハラスメントについて、最新の国の基準を取り入れつつ、学区ワイドな定義を確立し、言明すること（疾病対策センター, 2014）。技術支援ガイドを執筆、配布し、いじめ防止、ポジティブな学校風土、そしてすべての学年におけるエビデンスベースドな介入に重点をおいた基本方針やプロトコルを明確にする。

・学校での年度を通じて実施できるようコーディネートされた一連の活動を準備する。「人に親切に」「悪口はやめよう」といった一般的な介入はしないようにする。これらは悪くないように聞こえるかもしれないが、あいまいで操作的に示される定義に欠け、一貫性のない励ましへとつながってしまう。児童生徒や教職員の短期的な優先課題のリストを書くと同時に、長期的な取り組みを進めていく。

・定期的にすべての関係者で集まり、進行中のいじめ防止の取り組みの進行を評価し、デザインする。中学、高校の生徒を学校安全チームに参加するように招くことは特に重要である。彼らは傍観者の意識を啓発するプログラムにおいて非常に重要な役割を果たす。いじめ防止キャンペーンの校内リーダーとして生徒を巻き込むことは、仲間を啓発し、学校の社会的風土をポジティブな方向に大きく変える可能性がある（Davis & Nixon, 2014）。

・採用され、書面にされたプログラムについては厳格な実施と説明責任が果たされるようにする。また、プログラムの評価システムや実施のチェックリストを作成し、すべての教職員がこれを固く遵守するようにする。

・いじめ事件を報告し、調査し、対応するための測定可能なステップを導入し、すべての関係者に公開可能な、透明性の高い報告書を提供する。

・いじめ防止プログラムを実施する際には、すべての段階において他の教育チーム、両親による組織、コミュニティの関係者と協力して取り組む。

・学校の職員が効果的に社会的スキルを教えるために必要となる授業計画のサンプルや教育目標のリスト、活動や教材などを供給する。

・質が高くエビデンスベースドなリソース、ウェブサイト、書籍、チラシやパンフレット、マニュアルなどを職員や児童生徒、両親に紹介し、広める。

・いじめ基本方針やプログラムが効果的に実施されているということを示すデータを収集し、分析し、監視を続ける。数値化できる目標やベンチマークは学校

改善計画の一部として年度ごとに振り返り、検証されるべきである。

・要約すると、学校安全チームは実施された基本方針とプログラムの持続可能性を力強く擁護すると同時に、すべての職員と両親に向けて、インクルーシブなメッセージを送るべきである。

　学校の書棚にはしばしば手引きや学校方針の書類が雑然と打ち捨てられている。したがって、技術支援ガイド^{テクニカル}がこうした書棚に捨て置かれる新たなマニュアルにならないようにするのが、学校安全チームの仕事のひとつである。

> 先生に話して、同級生の君への虐待をどうにかしてもらうべきだと思う。席を前のほうに替えてもらうのもいいかもれしない。友だちに味方してもらい、いじめっ子から守ってもらうように頼むとか。僕ならそうすると思う。こうしたアイディアが君の助けになりますように。

保護者の参加

　重層的ないじめハラスメント防止プログラムにおいて、保護者の参加は核となる要素であり、学校安全チームによって、技術支援ガイドの一部として位置づけられるべきものである。その第一歩は、保護者の代表を学校安全チームに加入させ、協力と意思決定の共有を確かなものにするところから始まる。ファリントンとトフィ（2010）によれば、調査に基づく包括的なプログラムのなかで、保護者の参加やペアレントトレーニングは、いじめの件数を顕著に減らし、児童生徒の学業成績を向上させる重要な取り組みであるという。保護者を、いじめや障害者ハラスメントと闘う力強いパートナーへと変えていくための支援には、注意深い計画と継続的な実施が求められる。学校長や教員はいじめに関する意識の向上、傍観者への教育、そして障害のある児童生徒に対するハラスメント防止などすべての領域に、保護者が積極的に関与できるように、機会を計画的に設ける必要がある。

　保護者のポジティブな参加を実現することは、どの学校においても文字どおりに導入できることだが、一律にあてはめられるようなプロトコルではない。ジョンズホプキンス大学の学校・家庭・地域連携センターの役員であるジョイス・エプスタ

イン博士は、学校長や学校安全チーム、そして学級担任が、保護者、家庭、そして
コミュニティの関係者とのパートナーシップを築き上げることを支援するための枠
組みをつくり上げた。このモデルは、学校や地域ごとの独自のニーズを土台に、両
親の参画を促進し、特化（カスタマイズ）するために、学校区や様々な学年のレベルを超えて活用で
きるものとなっている。これについてもっと詳しく知りたい人は、ジョンズホプキ
ンス大学、学校・家庭・地域連携センター（National Center on School, Family,
and Community Partnerships）のウェブサイトを参照のこと。

 http://www.csos.jhu.edu/p2000/center.htm

エプスタイン（2009）の枠組みに提示された6つのタイプの両親の参加は以下の
通りである。

1. ペアレンティング：子どもを支え、家庭外で受けるストレスを最小限に抑え
   ることができるような家庭環境を整え、維持できるように家族を支援する。
・障害への気づきや、自分の子の障害に関わるヒントについて、専門家（エキスパート）によるア
　ドバイスを提供する。
・コミュニティにおける障害者向けサービスのリソースや書籍のリスト、他の国
　の言語で書かれた素材などを提供する（http://www.parentcenterhub.org）。
・学校のコンピュータ室や図書室を夕方に開放し、両親がネットいじめやイン
　ターネットの保護者規制プログラムなどについて学べるようにする。
・家庭内における争いの仲裁や問題解決の技術について、ペアレントトレーニン
　グの機会やヒントを与える。
・支援とトレーニングのための材料を提供する。両親に対して無料でオンライン
　上のトレーニングを提供する全国レベル、州レベルの様々なエージェンシーが
　ある。両親は助けを求めるのに積極的ではなかったり、学校まで足を運ぶこと
　は難しかったりする場合がある。アクセスが容易なオンライン上のトレーニン
　グの提供は、ペアレントトレーニングと支援を行なううえで効果的な選択肢の
　ひとつとなり得る。例えば、オハイオ州自閉症・障害者センター（Ohio
　Center for Autism and Low Incidence）は特別な支援を要する個人に対する
　いじめをどのように防止できるかについて、両親が学習するためのオンライン

動画の配信、情報や文書の提供を無料で行なっている。

http://ww.ocali.org

2．コミュニケーションを取ること：両親や保護者にとって最適な手段を使って双方向のコミュニケーションがとれるようにする。

・各家庭に両親や保護者の連絡先と効果的にコミュニケーションがとれる手段について調査、確認する（例：Eメール、手紙、電話、面談など）。

・学校の年度のはじめには教員から両親にコンタクトをとるようにさせ、コミュニケーションの確立、学校方針の共有、質問への回答ができるようにする。

・両親が心配事を相談し、学校からの情報やニュースを受け取れるような気軽なイベントの機会をつくり、声をかける（例：スクールカウンセラーとドーナツや朝食を取る、校長やその他の学校の指導者が、事務所を開放し、短時間の面談などのため出入りできるようにするなど）。

・チラシ、お知らせ、学校便り、その他の手段を用いて、いじめハラスメント防止の情報や、介入のために両親がとることのできるステップについて伝える。

3．ボランティア：両親や家族に対し、学校や課外活動のボランティアへの参加を呼びかけ、学校が彼らを歓迎し、その助けを積極的に求めているという雰囲気をつくり出す。

・教室での本の読み聞かせやホットスポットの追加的な管理のためのボランティアを呼びかける。

・家族やボランティアによるファミリーリソースセンターやアカデミックセンターをつくり、運営する。

・ボランティアのチューター、支援者やメンターの仕事について積極的に宣伝する。学校安全チームに参加してくれる両親を勧誘し、会議のスケジュールについて柔軟に対応する。学校におけるボランティアについての情報を周知する。

・両親に対し、学校におけるニーズに関する調査を行なうとともに、PTAなどの組織を通じて、または月間表彰をされた児童生徒を招くピザパーティーでのホスト役など、両親が学校に貢献できる実行可能なオプションを特定する。

・学校の図書館に、多様性への理解や他者への敬意を育てるような子ども向けの本を寄贈する。
・両親を、多様なトピック、文化的体験を語るゲストスピーカーとして招き、話をしてもらう。

4．家庭における学習：宿題をはじめとする児童生徒の家庭学習や、いじめなど学校に関連する他の問題について、家族による効果的な手助けの方法について情報を提供し、支援する。
・ウェブサイトをたちあげ、簡単に実行できるいじめ防止や社会性情動学習^{ソーシャルエモーショナルラーニング}の活動を紹介する。
・ペアレンティングのスタイルに的をしぼった放課後の指導プログラムを勧める。
・わが子がいじめの被害に遭ったときに、どのように助けるかについてのオンライン上のリソースについて知らせる文書を送る。
・両親に対し、1週間ごとに児童生徒の進歩がわかるように、評価の紙をまとめたフォルダを送る。翌週以降の行事予定に関する重要なお知らせなどもこのなかに入れる。

5．意思決定：学校としての意思決定をする際に、両親を加える。保護者のリーダーを育て、学校に助言する立場になる機会を両親に与える。
・学校安全チームやその他の助言的ポストにつく機会を提案する文書を両親宛てに送る。
・調査を実施し、カリキュラムの設計やその他の学校関連の問題について具体的なフィードバックや意見を求める。
・対面式の会議に出席することができない両親のために、オンラインのネットワークをつくり、彼らが心配事や意見を述べることができるようにする。
・両親のコミュニティのなかで、学校の改革やいじめハラスメント防止プログラムの実施についてロビー活動を行なうことのできるエキスパートを探し求め、特定する。

6．コミュニティとの連携：コミュニティのリソースや組織の調整を行ない、学

　　校のプログラムをより堅固なものにする。

・学校のウェブサイトや地域のメディアを活用して、学校の具体的なニーズと、専門家とのパートナーシップを結ぶ機会についての情報を公開する。

・学校のいじめ防止プログラムに、寄付をしてくれそうな企業や市民団体を探す。

・障害のある児童生徒やその両親が利用できる地域のリソースに脚光をあてた地域博覧会を開催する。

・両親やコミュニティの関係者から、多様性を支持する絵画やポスター、その他教室に置くのに適した素材の提供を募る。

・地域の企業などに、ポスターやシールを作成するための印刷サービスについての協力を求める。

　研究者ジョイス・エプスタインによる、両親の参加に関する研究成果のまとめを見たい人は次のサイトを訪問してほしい。

 http://www.csos.jhu.edu/p2000/nnps_model/school/sixtypes/6types.htm

　研究によれば、両親の関与はいじめ防止プログラムにおける不可欠な要素であり、エプスタインモデルは子どもの学校において両親が意味のある参加ができるようにするための枠組みを提供している。学校は、家族や関係者と協力して取り組みを行なうことで、教室の壁をはるかに超えて、強いつながりを築くことができる。

ペアレントトレーニング

　両親を十分な情報をもつ参加者とし、積極的にプログラムに関与させるためには、学校長は彼らに、質の高いペアレントトレーニングを受けられる機会を保証しなくてはならない。このことは、両親の積極的で意義深い参加と効果的な習慣を促す方向に作用し、両親が様々な領域で子どもの成長によい影響を与える助けとなる（**表4.5**）。ペアレントトレーニングの最終目標は、両親の学習スタイルや希望に合った方法で、実践的なヒントを伴う情報を組み立て、それを伝達することである。

　ペアレントトレーニングを提供する際は、出張や旅行、仕事の都合など、その時々

表4.5　ペアレントトレーニングの主題

・いじめやハラスメント、その予防のための学校方針を定義する。
・ネットいじめを含むいじめの型（タイプ）を振り返る。
・いじめが及ぼす影響と、自宅でのいじめの兆候の見分け方を特定する。
・文化的な多様性、寛容さと受け入れられるボキャブラリーを教える。
・子どもといじめについて話し合う場合のやり方のヒントを与える。
・いじめに対する適切な対応の仕方を教える。
・傍観者への教育を行なう。
・親がいじめを報告する際の手順、フォローアップや届け出を行なう際の詳細についての情報。

表4.6　障害のある児童生徒が被害に遭っていることを示す兆候

・睡眠や食事のパターンの変化：子どもの食べる量が減る、食欲が低下している、食事を抜く、怖い夢をみる、眠れないことがあるか。
・学校に行くことを拒否する：子どもが学校に行くことを避けて、これまでは見られなかった不従順な行動を示すようになっているか。学校に行く時間になると、子どもが癇癪を起こすことがあるか。
・原因不明のケガやあざ：学校で過ごす時間中に傷や殴られた跡をつくってきたり、破れた洋服を着て帰ってきたりすることがあるか。
・持ち物の紛失や損傷：子どものリュックやその他の学校用品、例えば教科書や電子機器が壊されていることがあるか。
・子どもの情緒面での変化：子どもが不機嫌で無口だったり、触られることを嫌がったり、不安そうだったりすることがあるか。くよくよしている、逃避的である、自分を傷つける、抑うつ状態にあることがあるか。
・自宅での攻撃性の増加：子どもが家族やきょうだいに対して暴力などの攻撃性を急に示すようになったか。

の様々な個人的な要望に左右される。オンライン上のウェビナー、学校が発行する冊子、直接顔を合わせる会議などを組み合わせることで様々なトレーニングの形式が可能となる。トレーニングの形式だけでなく、学校長はさらにトレーニングの期間、場所、時間帯、そして個々の学校コミュニティごとに異なる、独自の主題について考える必要がある。トレーニングに関する両親の希望を調査することは、学校の職員が、家庭のニーズに基づく効果的な学習の機会をつくり出す助けとなる。

　校長や教師は、学校でのいじめに対する学校方針や手順に関する一般的なトレーニングに加えて、特別な支援を要する子どもの両親に対する、障害者ハラスメントについての特別なトレーニングも行なわなくてはならない。定型発達の子どもたちは、両親や教師に対し、いじめを（例えば言葉で）報告するスキルがあるかもしれないが、障害のある子どもたちは、その報告ができない場合がある。より重度の障害やコミュニケーションの遅れがある児童生徒の場合は、大人にいじめやハラスメ

ントについて言葉で報告することは不可能かもしれない。したがって、ペアレントトレーニングは、いじめの兆候の見分け方と、自分の子が障害者ハラスメントの被害者となっているという疑いをもった場合に、どのように対応すべきかについての情報を含めるべきである。ペアレントトレーニングは、障害者ハラスメントの被害を受けている兆候をどのように見つけるかに重点をおく必要がある（**表4.6**）。

　両親は、子どもをもっともよく知る存在であり、原因不明の変化にも敏感に気づく。両親は子どもの行動や感情の観察者となるよう、トレーニングされるべきである。これらの兆候は決して無視されてはならず、両親は自分たちが観察したことを文書に記録し、何か懸念が生じたときは学校の職員に率直に話をする必要がある。両親は学校と連携して動くことで、学校でのいじめを減らし、支援を要する児童生徒が被害に遭うことを防ぐうえで、著しく大きな役割を果たすことができる。

　学校区の責任者と学校安全チームは、両親がいじめやハラスメントの防止や教育をとりまく問題に積極的に関わることができるように、効果的かつ体系的な学習の機会をつくり出し、提供するべきである。

　両親の参加に関するさらなる情報と、トレーニングのための教材を求める人のためには、疾病対策センターが手引き、データ表、学校での両親の参加を促進するための段階的な活動などについてまとめている。

 http://www.cdc.gov/healthyyouth/protective/parent_engagement.htm

スタッフトレーニング

　全米教育協会の実施した調査によれば、学校職員の98％が、いじめ事件が発生したときに介入する責任が自分にあると信じている。しかし、いじめ防止に関するトレーニングを受けたことがあると回答した職員は調査対象の46％に過ぎなかった（Bradshaw, Waasdorp, O'Brennan, & Gulemietova, 2013）。さらに、自分の学校のいじめ防止プログラムにおいて防止の手段を講じるのに直接関わったという専門職員の割合はわずか39％であった。教員はしばしば、児童生徒を守らなくてはならないと感じている一方で、何がいじめ行為にあたるかということすら認識できていない場合がある。一例として、学校の教職員は様々なレベルの「関係性のいじめ」、

例えば、①誰かの評判を落とす、②誰かを排除する、③誰かをはずかしめる、についてうまく理解できていない場合がある。教師が自分は介入していると信じていても、教師の行為とそれについての児童生徒による評価（アセスメント）の間には乖離が生じている場合がある。キャラら（1995）の調査によれば、調査の対象となった児童生徒のうち、先生たちは「ほとんどいつも」いじめを止めるために介入してくれると回答した児童生徒は25％に過ぎなかった。この研究結果を考慮して、学校は教員の研修を行ない、教師たちの認識する介入と、児童生徒が観察する現実との乖離について対処しなくてはならない。教員が効果的かつ効率的にいじめやハラスメントの防止と減少に関わる機会を増やすために、学校長や学校安全チームのメンバーは学区ワイド、スクールワイドな職員研修と、専門職としての継続的な学習コミュニティを導入する必要がある。すべての学校職員、すなわち管理職、学級指導に関わるスタッフ、カフェテリアや栄養管理のスタッフ、カウンセラーやセラピスト、その他児童生徒と直接接するすべての職員が、いじめハラスメント防止のための継続的かつ徹底した職員研修を受けることが求められる。

　さらに、学校区としては、学校のプログラムや職務の一部分についての契約を結ぶか、代理的に責任を負うすべての当事者（すなわちコーチあるいは通訳）の行動あるいは行為について、責任がある。そうした学校キャンパス直属ではない人々についてもトレーニングの方法が開発され、実施されなくてはならない。「関係各位への書簡」（米国教育省）は、障害のある児童生徒の法的な保護について、すべての職員が適切な研修を受けているべきであるとしている。さらに、米国教育省は次のような見解を示している。

　　障害のある児童生徒に向けられる可能性がある様々な形態のいじめ（社会的な孤立、巧妙な操作、条件つきの友情、搾取的な行動など）や、これらの児童生徒のもつ独特の脆弱性をすべての教職員が正しく認識できるように援助するうえで、トレーニングは必要不可欠である（2013, p.4）。

　教師や職員がすべてのレベルのいじめやハラスメントと、効果的な介入についての明確なトレーニングを受けていれば、いじめの存在（プレバレンス）を大きく減らし、学業成績を大きく押し上げる可能性がある（アメリカ教育調査協会, 2014）。学校と学校安全チームは、すべての職員がいじめやハラスメントの事件を防ぎ、適切に対応できる

よう、指導とトレーニングを実施する責任がある。**表4.7**は、スタッフトレーニングの包括的な目標をまとめたものである。

表4.7　スタッフトレーニングの目標

・職員の意識を向上させ、いじめやハラスメントについての彼らの思い込みや固定観念を調査する。
・いじめの定義を行ない、児童生徒をいじめや虐待のリスクにさらす潜在的な要素は何かを特定する。
・いじめが、被害者の学業成績と長期にわたる情緒面や精神保健に与える影響について説明する。
　いじめを経験している児童生徒、特にいじめ事件について報告ができない可能性がある知的障害やコミュニケーション面での障害のある児童生徒が示す兆候を特定する。
・初期段階のいじめや障害者ハラスメントの言語的・非言語的な兆候を見つける。こうした兆候は関係性のいじめや、その他の微弱な形態のハラスメントと関係するためである。
・一般的な子どものけんかと、いじめやハラスメントの事件を見分ける。
・学級におけるいじめ防止の戦略と、職員と児童生徒の間に他者の尊重と社会性情動学習を増進する、年齢に合った活動を見つける。
・有効なカリキュラム活動や授業について、カリキュラムの分野を超えて話し合う。得られた知見を、他のカリキュラム分野においても統合する。
・いじめ事件に対処する標準的なプロトコルを振り返り、マスターする。具体的な報告の手段を含む。
・いじめ事件に対する適切な対応方法について、コーチし、モデリングを行なう。
・学校のデータやアセスメント調査の内容を振り返り、データに基づく意思決定を共有する。

　学区ワイドなトレーニングによって、すべての職員は、いじめ事件を防ぎ、対応するという自分の役割に安心感と自信をもつことができる。職員研修によって、職員はいじめや障害者ハラスメントの例と、通常の子ども同士のけんかやからかいの例を見分けることができるようになる。くり返しになるが、すべての小競り合いがいじめであるわけではない。したがって、学校の教職員が気軽で友好的なからかいといじめを識別できるように訓練することが大切である。

　1．長年の友だちに向かって「そのシャツ、ダサっ」と言う。
　2．身体障害のある生徒に向かって、「そのシャツを着ていると"知恵おくれ"っぽくみえる」と言う。

　2の発言は明らかにいじめであり、障害者ハラスメントである可能性もある。こうした場合、すべての職員は即座に介入を行なうよう訓練され、自分の任務としなくてはならない。スタッフトレーニングは、教員にこうした事件を区別し、迅速に対応できるスキルを提供する。意地悪で嫌がらせめいた発言に対する教師や大人の

対応の欠如は、「悪口を言っても構わない」というメッセージを送り、今後発生しうる障害者ハラスメントや言葉での侮辱に暗黙の承認を与えてしまう。いじめへの対応をしない教師は「いじめ行動に加担し、支持している」のである（Thapa, Cohen, Guffey, & Higgins-D'Alessandro, 2013, p.6）。全米教育協会の報告にもあるように、ほとんどの学校職員はいじめ事件にどのように一貫して、効果的に対応したらよいかについての職員研修を受けていない。デイビスとニクソン（2014）の調査によれば、自分がいじめられていると大人に相談した児童生徒の4人に1人が、あなたが振る舞い方を改めれば、いじめは起きないのではないか、と言われたという。例えば、特別支援教育を受けている児童生徒は、大人は「起こっていること（いじめ）を無視したり、（被害）生徒に振る舞い方を変えるようにアドバイスしたり、自分自身で問題を解決するように言ったりする」など、いじめへの対応について否定的な反応を示すことが多いと報告している（p.111）。

　教師がいじめに適切に対応することは、スクールワイド、学区ワイドないじめ対策のもっとも重要な要素のひとつであると考えられる（Strohmeier & Noam, 2012）。したがって、スタッフトレーニングには、直接的な指導つきの練習、コーチング、モデリング、適切な対応についてのフィードバックなどを必ず含めなければならない。学校長や学校安全チームは書面の標準的なプロトコルとともに、いじめ事件を目撃したときにすべての教職員が厳守すべき対応方法のチェックリストを提供するべきである。例えば、職員のプロトコルにはいじめ行為が発生した状況下で職員が守るべき簡単な3つのステップについての台本を含めてもよい。

　「止める-話す-退去させる」の3ステップについて考えてみる。

ステップ①「ストップ」　いじめ事件を止める
・平静を保ったまま、あなたが目撃した児童生徒の行動を断固たる口調によって止める。確信に満ちた態度を見せ、直接的な状況を落ち着かせる。
・言葉に頼らず、行動によって効果的にコミュニケーションをとる。ただし、相手を指さしたり、パーソナルスペースを侵したりといった、明らかに脅すような行動はとらないように注意する。
・いじめっ子、被害者それぞれとアイコンタクトをとる。
・身体的ないじめが発生した場合は直接的な安全上のニーズがないかを確認し、

危険にさらされている児童生徒をその場から離す。

ステップ②「トーク」　児童生徒と話す

・児童生徒の行動を特定し、その行動に適切な名前をつける。率直かつ中立的な声のトーンでこれを伝える。

・学校のルールや方針、行動についての規則を引用し、児童生徒がどの部分に違反したのかを示す。明記された学校方針と、それによって期待される行動を児童生徒に思い出させる。例えば「あなたは彼女を"知恵おくれ"と呼んだけれど、それは学校の行動規則に違反しており、わが校ではいじめと判断します」といった伝え方をする。

・平静な態度でいじめっ子に話しかけ、非難したり、事実について言い争ったりしない。そのことについての深い議論は避けるように努める。最初に目撃した行動から離れて、別の事件についての議論を始めないこと。謝罪を求めないこと。そのことが児童生徒をさらに興奮させ、事態をエスカレートさせる恐れがあるからである。

・非難や状況をさらに刺激し、悪化させる可能性のある発言をしないようにする。例えば「一体何をやっているのよ！」「またあなたなの？」「そんな言いかたで人を呼んでいいと思っているの？」など。

・発言は中立的、その問題についてのみ、短く行なうこと。この場は何が起こったのか詳細に調べたり、目撃者の証言を得たりする場ではない。調査とフォローアップはあとから行なわれるものである。

・教師は、いじめの傍観者や被害者にとって、他者への敬意と簡潔さ、中立的な態度と威圧的ではないボディランゲージをもって、いじめ事件に対応するロールモデルである。

ステップ③「ウォーク」　退去させる

・児童生徒たちが次に向かうべき場所を指示する。それが教室であるか、校長室であるかは攻撃の深刻さによる。

・児童生徒たちをその場から立ち去るよう導く際に、児童生徒を触ってはならない。

・被害者が安全であることを確かめ、必要があれば次の目的地まで付き添う。い

じめや事件が起こった場所には引き続き監視が必要なので、その場から完全には立ち去らない。ただし、いじめっ子と一対一で対峙する状況は終わらせ、その場を離れる。

・発生した事件についてはその後のフォローアップを行なう。いじめっ子に話をし、児童生徒の行動規範についての学校の方針を再確認する。必要があれば文書による記録をファイルに残し、調査を行ない、障害者ハラスメントが起こったかどうかを判断し、被害者に対する報復やさらなるハラスメントを防ぐ（第8章）。

・いじめが疑われる事件のあと、学校の教職員は被害者に手を差し伸べ、彼らの話を聞き、助言を与えることを含む支援を行なう必要がある（Davis & Nixon, 2014）。被害者の心配していることを共有し、支える。

　上記の職員向けプロトコル「止める‐話す‐退去させる」は、学校で働く大人を援助するためにつくられた、いじめ事件が起こった際の一般的な対応マニュアルである。特別支援教育プログラム局が、ロスら（2008）と共同で「止める‐立ち去る‐話す」プログラムと呼ばれる傍観者および児童生徒向けのプログラムを開発したが、これと混同しないよう注意が必要である。

http://www.pbis.org/common/pbisresources/publications/bullyprevention_ES.pdf

　いじめっ子‐被害者‐傍観者が関わる事件に対して、大人が適切なリアクションをとることは、学校におけるいじめやハラスメントの全般的な存在を減少させるうえで著しい効果を与える（Strohmeier & Noam, 2012）。いじめ事件に対する効果的な対応というのは簡潔なものであり、長時間にわたる議論や授業の延長を要するものではない。ほんの数秒しかかからない場合もある。複雑な社会的関係性や仲間対仲間の交流の文脈を職員の側が読み誤るケースもあり得る。したがって、即座に直接的で公平かつ中立的な対応をすることは、児童生徒を尊重しているというメッセージを送り、事件に関わった者すべてに、大人が見ており、一貫してポジティブでアクティブな管理をしているということを念押しするうえでは十分であるともいえる（Ross, Horner, & Stiller, 2008）。

　いじめ防止のための職員研修の目標は、すべての職員がいじめに対処する能力をもち、学校方針に対する小さなルール違反をも抑止するように、素早く効果的に介入を行なうことができ、同時に校内のいかなる場所でいじめ事件が起こっても介入を行なえることを保証することである。学校長や学校安全チームは、すべての職員に対し、児童生徒の安全に関して油断なく、緊張感をもつ必要性があることを伝えなくてはならない。学校長は、新しい戦略を導入することに抵抗を示す可能性のある者を特定する必要がある。職員のなかには過去の自らの指導経験や根拠となる文書（例えば、膨大な数の事務書類）、あるいは「いじめはごく正常な子ども時代の一部分であり、子どもをたくましくする」といった意見などを拠り所として、抵抗を示す者もいるからである。職員のなかで、学校方針やプロトコルに限定的にしか従わない職員に対しては、追加的な指導と行動のフィードバックが与えられるべきである。教員は専門的な学習体制や職員用のメンタープログラムの一員であるべきであり、追加的な支援を求める教員に対しては、例えば全米安全学習環境センター（National Center on Safe Supportive Learning Environments）からの情報や、同センターの学校職員向け訓練ツールキット（「安全で互いを尊敬しあう環境をわが国の教室に」）などが提供されるべきである。

　この訓練ツールキットには、教室でのいじめに対処するための2つのオンライン・モジュールと、学校の教職員のための具体的な戦略が含まれている。

http://safesupportivelearning.ed.gov/creating-safe-and-respectful-environment-our-nations-classrooms-training-toolkit

スタッフトレーニングのメソッド

　いじめやハラスメントの事件を減らすには、質の高い、定期的に計画された職員研修とスタッフトレーニングが必要である。職員研修を計画し、実施する際に、学校長と学校安全チームはトレーニングの種類と期間、度合いなどについて注意深く検討しなくてはならない。1回きりの、30分ほどの放課後のレクチャーで学校区の反いじめ方針について振り返るだけでは、学校の教職員が効果的にいじめに対処するうえで求められる水準の専門知識やスキルは獲得できない。スタッフトレーニングは様々な情報源、書かれた台本、ビデオ動画による例示、レクチャー、ロールプ

レイング、直接的なフィードバックなどの活動を積極的に統合することによって運営される。第9章で言及するように、適切かつ効果的なトレーニングの欠如は、職員の忠実性を大きく減少させ、最終的には、潜在的には効果的であった教育プログラムの成果を大きく損なう（Carroll et al., 2007）。もし教員たちが高いレベルのトレーニングを受けておらず、学校でのいじめを止め、ポジティブな教室の環境を維持するためのエビデンスベースドな介入を実施するためのスキルをもたない場合、プログラムは標準以下であると考えられ、継続的なものとはなり得ない。適切な支援がないと、学校の職員は「やってみたけれども、うまくいかなかった」という決まり文句に立ち戻ることになる。バンブリック・サントヨ（2010）によれば、プログラムの実施において高い水準を達成するとともに、意味のある職員研修を行なうためには、次のようなステップを踏んでいくことが必要であるという。

・いじめや障害者ハラスメントに関する調査研究や存在（プレバレンス）、専門用語などについて明確かつ具体的に説明するような講義を提供する。
・いじめ防止のエキスパートの協力を得て、質の高いトレーニングを保証する。これらのエキスパートはいじめ防止に関する調査研究に慣れており、研究の結果を、教師としての日常的な行動にどのように落とし込んでいけばよいかについて、通訳のような役割を果たしてくれる。学校区の教職員がいじめと必要な複雑な介入についての深い知識をもつエキスパートを見つけるのは難しいかもしれない。「ストップいじめ」サイト（StopBullying.gov）では、いじめ防止の分野におけるエキスパートの探し方、選び方についてのガイドを掲載している。

 http://www.stopbullying.gov/news/media/help/index.html

・エビデンスベースドな実践や参加型の学習活動（例えば、ロールプレイングやいじめが起こった際の介入の仕方など）について、指導つきの練習を提供する。さらに追加的なトレーニングが必要な個々のスタッフに対しては、そのパフォーマンスについてのフィードバックを与える。
・教師が実際にクラスで適用できる新しいアイディアや機会について、検討やブレインストーミングを行ない、適用したケースについては、フィードバックの

機会を設ける。

・似たような児童生徒の人数構成をもつ他の学校区におけるケーススタディなど
　を基に、個別の状況を共有しやすくし、実施のうえで生じうる障壁を特定する。
　いじめ防止についての教材や実践的な授業をつくる機会を提供する。

・様々な形式のトレーニング、例えば直接的な教育セミナー、メンタリング、グ
　ループ学習、専門職による学習サークル、ウェビナーなどを利用する。ウェビ
　ナーやポッドキャスト、その他のオンラインでのトレーニングも、学校区が効
　率よくいじめやハラスメント防止に関する職員へのトレーニングを行なううえ
　で魅力的なツールである。ただ、1回きりの、60分間のいじめ防止ウェビナー
　では、学校におけるいじめの発生率の減少には結びつかない。

　いじめ防止プログラムを効果的なものとするためには、全職員に対する質の高い
職員研修を定期的に行なうことが必要となる。

その女の子たちはいじめっ子だ。彼女たちに対してはただ、皮肉っ
ぽい態度をとればいい。きっときくはず。それからこのことは言わ
せてほしい。あなたは今のままで十分に素敵だ。女の子はみんな、
内側も外側も美しいんだ。

学区ワイド、スクールワイドな追加的介入

　効果的な学区ワイド、スクールワイドないじめ防止プログラムをつくり、実施す
るうえで核となる要素は、まず書面による技術支援ガイド（テクニカル）あるいは成功事例マニュ
アルを書くことから始まる。これには、ポジティブな学校風土をつくり出すこと、
社会性情動学習（ソーシャルエモーショナルラーニング）の活動を実施すること、いじめの定義と性質を理解すること、両
親の参加を促すこと、そしてスタッフトレーニングを重視した柔軟性のある枠組み
が示されている。これらの主要点に加え、以下のような活動や介入が併せて検討さ
れるべきである。これらの実践のほとんどが学校会計からの追加支出や教師の指導
時間の減少を必要としない。

1. 学校のウェブサイトと技術の活用

　ほとんどの学校がすでに独自のウェブサイトをもっているが、これを学校方針の公開やいじめハラスメント防止の手順の周知を効果的に行なうために活用できる。学校のウェブサイトは両親や児童生徒に対して、いじめや障害者ハラスメントの定義について明確な情報を提供できる。また、学校におけるいじめハラスメント防止のための手順を明確に示すことができる。米国教育省（2013）は、学校のウェブサイト上に学校方針や手順を提示することは、学校のいじめ防止プログラムに関する情報を周知させる効果的な方法であるとしている。ウェブサイトに、いじめの報告を行なうための詳細な方法や、学校でのいじめに対する適切なステップを提示することができる。学校のウェブサイトでこうした情報を共有することで、学校長たちは追加的な費用負担なしに、安全な学習環境をつくり出すことの重要性を強調し、これを改善することができる。学校安全チームは、様々な情報技術を活用したオプションを取り入れることで、学年のレベルに応じた情報を広め、児童生徒やその両親とコミュニケーションをとり、近く催されるイベントの情報や、いじめハラスメントに関する重要な学校方針や手順、その他の学校の安全に関わる問題（例えば通学路の安全など）について、全校宛てのテキストメッセージを通じて、迅速に連絡することができる。加えて、学校安全チームは、オンライン上に短い動画や音声つきのパワーポイントによるプレゼンテーションをアップロードし、学校の反いじめプログラムの説明や、いじめの兆候を両親が見分け、対応するための有用なヒントを紹介することもできる。

2. スクールワイドな集会

　いじめ防止のために開く1回限り全校集会や、いじめ防止月間の「団結の日」といったイベントは、重層的で包括的なアプローチの代替とはならないものの、児童生徒や職員にポジティブな実りをもたらす場合もある。スクールワイドな集会は、いじめ防止に必要とされる広範囲にわたる持続可能性をもつものではないが、一定の利益は期待できる。全校集会は新たな取り組みに熱意を吹き込むうえで手っ取り早く簡便な方法である。集会の目的は、ただ単に児童生徒の行動規範を復習したり、脅しの戦術をつくり出したりすることではなく、お互いを尊敬しあい、多様性を大いに尊重するというメッセージを送ることにある。ファリントンとトフィ（2010）は、全校集会はエビデンスベースドないじめ防

止プログラムの中核的な要素のひとつであり、「介入プログラムの開始」を正式にアナウンスするとともに、「新しい学校方針への児童生徒の意識を高める」役割を果たすことができるとしている（p.64）。最適な集会のテーマを選択するためには、学校長や児童生徒を含む学校安全チームは、次の３点に留意する必要がある（Agatson, 2014）。①全校集会の運営を外部の機関に費用を支払って委託する場合は、事前にパフォーマンスの下見をし、効果を確かめる。②力強くポジティブなメッセージを与えることができる集会を開き、すべての関係者が参加できるようにする。③いじめが自殺の原因となるといったメッセージを伝える集会にならないようにする。というのは、こうした議論は、具体的かつ的をしぼった質問に回答できるように高い技術訓練を経た大人の指導の下、小さな集団で行なうのが適切だからである。スクールワイドな集会の開催にあたっては、すべての段階で児童生徒の積極的な参加が組み込まれているべきである。また、集会が障害のある児童生徒のアクセシビリティに配慮し、彼らがきちんと参加できていることも大切である。いじめ防止の集会においては、いじめの及ぼす影響と、どのようにいじめを止めるかについて具体的かつ詳細に話すことのできる講師を招くことも考えられる。NPO法人「わが校では認めない（Not in Our School）」は、教育者向けに、オンライン上で無料の学校集会のためのキットを提供している。同キットには、児童生徒のための台本、パワーポイントによるプレゼンテーション用スライド資料、そして幼稚園から小学生の各学年を対象とした効果的な全校集会のための手引きが含まれている。

 https://www.niot.org/nios/assemblykit

3．募金活動

　募金活動はスクールワイドな介入方法のひとつであるが、全校集会の性質に似て、学校側の追加的な費用負担なしに、学校の精神を高め、児童生徒の参加を大きく促す効果が期待できる。例えば、スペシャルオリンピックスでは"retarded（知恵おくれ）"という言葉について、「その言葉を終わらせるためにその言葉を広めよう（Spread the Word to End the Word）」というキャンペーンを展開した。彼らは児童生徒に、その言葉を使わないという誓約に署名しても

らうという、実施が容易な学校向けプログラムをつくり出した。昼休みや始業前、放課後などに児童生徒や教師たちに「知恵おくれ」という言葉の撲滅を支持するという誓約書にサインする機会をつくるという方法は、そのために授業時間を削減する必要もなく行なうことができる簡便な意識啓発キャンペーンである。

 http://www.r-word.org

　これらのキャンペーンは、生徒会活動の一部として展開されたり、他の委員会活動のプロジェクトとして実施されたりしている。学校長は、募金活動において積極的な役割を果たすべきであり、校長や教員が現在進行形の関与を示すために署名を行なっている姿を写真やビデオで撮り、公開するといったことを行なうべきである。

 すぐに親や先生に相談して。いじめっ子たちの行動を、あなたは受け入れるつもりはないと話して。「知恵おくれ」なんていうレッテルを認めないで。あなたはそれよりずっと素晴らしい存在なのだから彼らにあなたを定義させないで。自信をもって、そしてできれば授業中は前のほうの席に座ること。

4．ソーシャルメディア

　多くの学校が、学校のウェブサイトだけでなく、学校通信やそれ以外のソーシャルメディアを児童生徒や両親との情報共有の手段として活用している。それは、これらが簡便で、費用があまりかからない方法だからである（Farrington & Ttofi, 2010）。学校通信では、学校のいじめ防止活動について強調し、各関係者への協力依頼や、将来の活動に関するアイディアや新しい考え方の源となるような言葉の募集などを行なうべきである。児童生徒、両親、そして教職員に学校のソーシャルメディアにポジティブなメッセージの投稿を依頼しよう。フェイスブックやツイッターなどのオンライン・ソーシャルメディアは、費用をあまりかけずにいじめ防止への意識を高め、それに関連する生きた情報を児

童生徒、保護者、教職員間で共有する、効果的な方法である。薬物乱用精神保健管理局は、"KnowBullying"というアプリケーションを開発し、両親向けに、いじめの警告サインや、子どもといじめについて話をするときの会話の切り出し方についての情報を提供している。

 http://store.samhsa.gov/apps/bullying

5．掲示物

　ポジティブなメッセージの書かれたポスター、誓約キャンペーンなどのバナー、そしていじめ防止の標語（スローガン）などを子どもたちに作製させ、それが実際に目にすることができる環境をつくることも望ましい。市販の「いじめはやめよう」といったポスターを学校の廊下に貼るのは、やや一般的で、児童生徒の参加度が低い。児童生徒がポスターの絵を書く、詩をつくる、ミュージックビデオや学校のロゴをつくるなど、安全で互いを尊重しあう学校環境をつくるというミッションに彼らを巻き込み、鼓舞するための様々な手作業をする機会はいくらでもある。他者への敬意やいじめ防止キャンペーンなどに関わる表現活動は、校内の児童生徒たちがもつ、独特の個性を反映したものであるべきである。

6．ホットスポットにおける管理の強化

　上述したような創造的で費用のかかる児童生徒や教師向けの活動に加えて、学校の教職員は、エビデンスベースドないじめ防止プログラムの一環として、ホットスポットにおける管理を全校の基本方針として確立すべきである（Farrington & Ttofi, 2010）。ホットスポットとは、校舎の内外に物理的に存在する、いじめがもっとも起こりやすい場所のことである。ホットスポットには、構造化されていない共有スペース、例えばトイレや校庭、カフェテリア、ロッカールーム、廊下や課外活動の場などが含まれる。そこではしばしばいじめが気づかれず、潜行しやすい。騒々しいカフェテリアでは、言葉によるからかいなどが隠されてしまいがちである。また校庭はその場所の性質上、児童生徒たちの身体的な動きが大きく、いじめ行為を特定するのが難しい。2013年の「関係各位への書簡」によれば、大人による管理は、早期の介入と望ましい行動の

モデリングをするうえで、大切な役割を果たしているという。すべての職員は、緊張感をもってホットスポットを監視し児童生徒の安全を確保しなくてはならない。大人による管理の質のレベルは、児童生徒の不安感や学校全体の雰囲気にも影響を与える（Thapa, Cohen, Guffey, & Higgins-D'Alessandro, 2013）。いじめ問題のエキスパートであるアラン・ビーン（2009）は、基本的な管理のガイドラインとして次のような点を挙げている。

・公的なエリアの管理をしているとき、決していじめを無視しないこと。
・常に全体を見渡し、見張ること。
・クリップボードなどの道具を常に携行し、具体的な事件について書き留められるようにしておくこと。
・非言語的ないじめの兆候に常に集中し、注意を払うこと。
・敬意をもった態度で、児童生徒に学校の規則について、思い出させること。
・怒っている児童生徒に手を触れたり、感情をあおったりしないこと。
・学校の物理的なレイアウト図をつくり、事件が見過ごされやすい場所を特定し、専門のスタッフにこうしたホットスポットにおける児童生徒の行動の管理や監視を指示することが有益な場合もある。

　ホットスポットを特定し、その管理を行なううえで積極的な役割を果たすように職員を訓練することは、学校の安全性を高め、いじめを減らす可能性がある。なかでも、スクールバスの運転手に対する具体的なトレーニングの重要性は、いくら強調してもし過ぎることはない。児童生徒による最悪の行動の何割かはスクールバスのなかで起こる。米国教育省は、報告されたいじめ件数の約8％程度がスクールバスのなかで起こるとしており（米国教育統計局, 2011）、究極のホットスポットのひとつであるといえる。生徒たちは、管理の目がないこと、生徒同士の距離が近いこと、そして運転手がバスを停めてまで行動を起こすことはあまりないという事実をいいことに、いじめ行為を行ないやすい。学校長と交通会社の管理職は、スクールバスの運転手に対して、バスの車内でいじめが起こった場合にどのように行動するかの実践ガイドと、両親や学校長への事後報告などについての手引きとともに、効果的な訓練方法を準備し、実施しなくてならない。米国教育省は、「わが国のスクールバスにおいて、安全で他者への敬意をもった環境をつくり出すために」というバス運転手の訓練用ツールキットを開発した。キットはスクールバス内でのいじめに

対処するための２つの組み立てユニットから成る。具体的には、バスの運転手が児童生徒と意味のある人間関係を養うことを助けるとともに、スクールバスのなかに、ポジティブな雰囲気をつくり出すことの助けとなるように設計されている。より詳しく知りたい人は、訓練用ガイド、パワーポイントのスライド資料、配布資料などが以下のウェブサイトからダウンロードできる。

 http://safesupportivelearning.ed.gov/creating-safe-and-respectful-environment-our-nations-school-buses-training-toolkit

　なお、これらの具体的で効果的な学区ワイド、スクールワイドな活動は、介入のすべてを網羅的に挙げたリストではない。学校長や学校安全チームは活発に議論を行ない、自分たちの学校の児童生徒の人数構成やコミュニティの独自のニーズに合った児童生徒活動をつくり出し、発展させていくべきである。児童生徒や関係者を巻き込みながらスクールワイドな介入を考え、実行していくことは、学校におけるいじめやハラスメントに効果的に対応するうえで無限の可能性があるドアを開けることになる。

✓ 実行のためのチェックリスト

はい

・いじめやハラスメントを防ぐための重層的な介入について定義する　☐

・ポジティブな学校風土を促進するために必要な３つの指導の原則を挙げる　☐

・社会性情動学習（ソーシャルエモーショナルラーニング）を教えるための授業計画をつくる　☐

・学校安全チームが達成すべき目標をリストアップする　☐

・いじめ事件に遭遇したときの対応方法として「止める（ストップ）−話す（トーク）−退去させる（ウォーク）」の３つのステップを習得する　☐

・生徒会や児童生徒によるサークルなどと共同で全校集会を企画する　☐

・ホットスポットにおける管理を増やす　☐

・両親の参加を促すための６つの方法について振り返る　☐

第5章
学級レベルの介入

　学区ワイド、スクールワイドな基本方針と手順は、入念な調査を基に策定され、普及することが望ましいが、この複雑なレベルでの学校改善を計画するには相当の時間がかかり、職員や関係者による数限りない連携会議が必要となる。残念ながら、前文で触れたミシェルのような生徒や、学校でいじめに遭っている何百万人もの児童生徒に待っている時間はない。学級の担任は、教育政策というゆっくりとしか動かない機械を障壁と感じる必要もなければ、『他者の沈黙』を永続させる必要もない。ゲイジら（2014）によれば、教師が信頼できる、愛情深い、他者への敬意をもつ人物であると感じられている場合、リスクの高い児童生徒に対するいじめが減少する。教師は、自分たちが、学校におけるいじめを減らす上で決定的な役割を果たしていることを認識しなくてはならない。教師一人ひとりが、児童生徒を虐待とトラウマから助け出し、これを減少させる力をもっているのである。

　プロの指導者とは、実行することに重きを置くものである。教師は、学校におけるいじめやハラスメントを防ぐために、一貫した実践的なエビデンスに基づく練習法を常に思いつき、実行する準備ができていなくてはならない。全米教育協会（2010）によれば、調査に対し98％の教師が、学校でのいじめを止めさせ、いじめ防止の解決策の一部となるのは自分の職務だと信じていると回答した。これらの教師、そしてその他の学校現場の最前線で働く人々、例えばカウンセラーや関連サービスの職員、補助職員などが、学級レベルでいじめに取り組んだとき、巨大な進歩とポジティブで直接的な成果を獲得できる。ダン・オルヴェウス（1993）が、学校の教師の重要性について「いじめの動きを防止し、抑制すると同時に、そうした行動を社会的により受容可能な道筋へと誘導するうえで決定的な要素である」（p.46）と語ってから20年以上がたつ。愛情深く信頼できる大人（例えば教師）の役割と影響力は決して軽視できるものではない。

> **教師の定義**
>
> 　本書の目的に鑑み、文中で言及している「教師」には、一般教育と特別支援教育の教員だけでなく、特別な支援を要する児童生徒に直接指導を行なう関連サービス職員、カウンセラーや補助職員を含む。

教師の役割

　学級レベルでのいじめやハラスメント防止のための介入の成功は、教師がいじめを止（と）めるという決意をしたときに始まる。ひとりの献身的な学級担当の教師の情熱は、そのクラスをポジティブな方向に導くことができる。学区ワイド、スクールワイドな介入と同様、学級レベルの介入においてもかかる費用面での負担はわずかで、追加の予算措置はほとんど必要ないが、教師の関与は大いに必要となる。教師にとっての第一歩は、自分たちがいじめ事件を減らす上で、児童生徒の生活においてどれほど強力な役割を果たしているかを認めることである。成功する教師は、寛容さを教えるロールモデルであり、児童生徒一人ひとりの興味や家族について知り、深い関係を築くべく日々努力を重ねることで、向社会的なスキルを示す存在である。

　あなたが今、学校でくぐり抜けなければならないことについて、本当に気の毒に思うよ。学校がひどい場所になることがあることは、私もよく知っている、特に嫌な人に囲まれている場合はね。先生に話そう。私は何人かの先生に打ち明けて、ずっと楽になったよ。手を伸ばして助けを求めさえすれば、驚くほど事態は変わるよ。あなたの友だちより。

ポジティブな学習環境

　全校集会やいじめ防止月間の「団結の日」、あるいは学校のウェブサイトに反いじめのヒントを掲載する、といったことは、スクールワイドないじめ防止プランのなかで必要な活動ではあるが、思いやり深く献身的な教師による日々のサポートは、ポジティブな学習環境を強化する助けとなる。ポジティブな学校風土は、教師によ

る心からの賞賛、学級の意思決定に児童生徒を関わらせること、ポジティブな人間関係を育てること、そして児童生徒を学習のプロセスに積極的に関与させることの実践から始まる。教師が学級のトーンを決め、能力や特別支援の必要性にかかわりなく、学級内のすべての児童生徒の間に安全で対等な人間関係が生まれるかを決定づけるのである。残念なことに、先にも述べたように、権威ある位置にいる教師や大人が、それとは知らないながらも、嬉しくない言葉による叱責をくり返すことや、児童生徒に害を与えるような一連の行為によっていじめっ子となり、障害のある児童生徒に対してハラスメントを行なう場合がある。障害由来のユニークな特性をもつ児童生徒の一部が、挑戦的行動によってクラスの環境や他の児童生徒の学習を妨げる場合があるのは間違いない。軽度から中度の行動障害の例としては、授業中の不規則な発言、そわそわし、離席してしまうこと、授業中ぼんやりすること、課題への関心の欠如、そして持ち物の整理整頓ができないことなどが含まれる。児童生徒のこうした振る舞いに苛立つ教師や補助職員は、ネガティブな言葉による叱責をくり返し行なってしまい、ネガティブな学習環境を生み出してしまうとともに、生徒と教師の関係をも損なってしまうことがある。第2章で登場した学習障害の男の子ジェイソンの例では、彼の小さな行動上の問題を修正するのに、教師はクラス全体の前で、言葉による叱責をすることのみに頼っていた。これらの行動障害に対し、教師はネガティブで好ましくない注目をくり返し与え、結果的には彼の行動を教師の注目によって強化しただけに終わった。さらに他の児童に、ジェイソンへのネガティブな先入観を植えつける原因ともなった（例えば「あいつはトラブルメーカーだ」）。不幸なことに、この教師は彼の障害の一部である特性を言葉で同定し、名前をつけていた（例えば、混乱、不注意、課題から気持ちがそれてしまうこと、そして衝動性）。「教師たちは、児童生徒に正しい動機づけをさせたかった、あるいは適正な懲罰措置、正しい学級運営をしただけだと自らの行動を正当化するかもしれない」（Sylvester, 2011）。残念ながら、障害のある児童生徒にこうした種類の叱責の言葉をくり返し向けることは、新しいスキルを教えるうえで効果的な方法ではなく、児童生徒に不安感を与え、教師を忌避する気持ちへとつながりかねない。したがって、積極的な学級運営の手法を導入することは、ポジティブな学級環境をもたらすとともに、教室での小さな違反に対して、教師が不適切な反応をすることを防ぐ効果がある。

　教師が児童生徒との関係を育み、他者を尊重するポジティブな学級環境を維持す

るためには、具体的な学級運営のテクニックについて、実施を検討しなくてはならない。教師は学級全体の環境についてよくよく振り返り、次のことを自らに問いかけなくてはならない。

・クラスの雰囲気がネガティブで、言葉による非難や叱責が多いか。
・児童生徒が高い割合で、課題への不従事な行動を示しているか。
・教師による強化（例：社会的な賞賛など）の頻度が低いか。
・教師は学校の一日の終わりには、たいてい疲れてイライラしているか。特定の児童生徒に対して辛抱強さを失いつつあるか。
・障害のある児童生徒が、教師によって小さな違反を指摘される標的になっているか。

　これらの問いに対して、ひとつでも「はい」があった場合には、幼稚園から高校までのすべての教師について、学級運営とポジティブな学級環境の確立のために次のような実践的な戦略が推奨される。年度の初めからこうした実践をごく忠実に行なうことによって、ポジティブな学習環境が確保され、すべての児童生徒が安全に学ぶ態勢に入ることができる。

1. 教師がポジティブな社会的交流とすべての児童生徒に敬意を払う手本となる。相手への敬意が感じられる言葉遣いをし、学年のレベルにあった声のトーンで話す（例：高校生はディズニー映画のような調子で話しかけられたくはない）。ちょっとした妨害行動をしている児童生徒に対して、決して声を荒らげたり言い争ったりしない。もっとポジティブな声のトーンで話すことによって、行動の状況がエスカレートすることを防げる。

2. 低レベルな行動を監視し、即時かつ効果的な介入を行なう（例：授業中の居眠りや携帯電話の操作など）。常に学習環境を見渡し、児童生徒からの苛立ちや混乱のサインや非言語のシグナルについて注意を払う。介入のために適切な手段を取るべきかを判断する（例：その児童生徒を立たせ、プリントを配付するのを手伝わせる、職員室にメモを届けるお使いを頼む、ホワイトボードの前に出させて問題を解かせる、出席を取るのを手伝わせるなど）。一部

の邪魔をするような行動については、計画的な消去により、無視するべきであるということを忘れてはならない。消去は、過去に強化された行動について、強化を与えることをやめるためのエビデンスベースドな介入である。例えば、算数の授業中にくり返し鼻歌を歌ってしまう生徒に対し、教師はその都度「静かに座っていなさい」と言葉で注意を向けさせようとしていたとする。詳細な評価(アセスメント)と教師による熟考の結果、教師は自らの言葉による注意が、生徒の行動を注目により強化していたのだと判断した。教師は、その行動を消去することを決め、他の生徒の学習を妨害してはいないという判断の下、教室での鼻歌を無視するようにした。消去プログラムは、一貫してかつ完全に実行すればリサーチベースドなプログラムである。なお、消去プログラムの不完全な実施は、行動をさらに悪化させる原因となる。児童生徒は教師の注目を獲得するために、ちょっとした妨害行動をエスカレートさせる場合があるためである。

3. 日常のルーティンを維持し、生産的で一貫した手順を守って児童生徒を指導する。標準操作手順書（standard operating procedures: SOP）は、教室という構造のなかで、児童生徒が自立して効率的に過ごせるよう指導するために確立されたプログラムである。こうした一貫的な手順を確立するとともに、これが学校での年度を通じて活用され、小・中学校を通して、さらにクラスの性質（例えば微積分を学ぶ早期履修クラスと、初歩の代数Ⅰを学ぶクラス）にかかわらず適用されているかどうか、振り返りを行なう。クラスのスケジュールは標準操作手順書のなかでも決定的に重要なツールである。スケジュールが明示されていることによって、児童生徒はクラスで期待されていることの習得が容易になり、効率的かつ効果的な移行が可能となる。授業開始業前のルーティンすなわち、トイレの使い方、ロッカーへ行くこと、宿題を提出すること、といった手順を明示する。下校前のルーティンも同様である。さらに、児童生徒は自分が困っているときや、教師が他の児童生徒に関わったりしているときに、どのように助けを求めたらいいのかも学ぶ必要がある。仲間(ピア)に頼むべきか、それとも次の課題にとりかかるべきか、あるいは座って待っていたほうがいいのか？　標準操作手順書ではどのように動くべきかを、すべての児童生徒が、年度を通じて利用できるように定義され、実

践と振り返りが実施されるべきである。

4．スケジュールのなかで、児童生徒が活動に従事していない「ダウンタイム」
　　を最小限にする。多くの教員がすぐに実感する通り、児童生徒が課題に取り
　　組んだり教員が指導したりしている時間における空白時間は、児童生徒の課
　　題への不従事または不適切な行動を増やすことにしかならず、学級内の問題
　　へとつながりかねない。児童生徒が高い水準で課題に従事できるようなスケ
　　ジュールと、実際に作業にとりかかっている時間を最大限に増やせるような
　　多様な授業を組み立てるべきである。他の児童生徒が課題を完成させたり、
　　教師が授業の準備をしたり、間に合わせの教材をかき集めたりするのを静か
　　に、辛抱強く待つというスキルを習得している児童生徒はめったにいない。
　　授業の中断時や、児童生徒が課題を早く終わらせた際に与えることができる、
　　意味のある活動を複数用意しておくべきである。児童生徒が授業内容を早く
　　終わらせてしまったときに従事できる代替可能なクロージング活動を 3 ～ 5
　　つは準備しておく。スケジュールにおける隙間は、社会性情動学習のプロ
　　ジェクトやスクールワイドないじめ防止活動に児童生徒を関わらせる絶好の
　　機会である。

5．ルールと例外を定める。ルールは肯定的に、例とともに定義する（例：座学
　　の際は静かに着席している、質問する際は挙手をする、席に留まる、など）。
　　それぞれのルールは操作的に定義できるまで細分化し、適切なステップに落
　　とし込む。宿題を提出する、というルールを例にすると、ステップは次のよ
　　うになる：①授業開始後 5 分以内に宿題を提出する、②宿題を最後まで終わ
　　らせたか、名前を書いたかをチェックする、③ファイリングキャビネットの
　　黄色いフォルダのなかに宿題を入れる、④宿題チェック用の名簿の自分の欄
　　に印をつける。標準操作手順書の準備をするのは、学校の年度初めには各ルー
　　ルと対応する手順を書き出すのに時間を取られるが、代わりに 1 年を通じて
　　教師がこうたずねるたびに生じる混乱と行き違いを防ぐことができる。「あ
　　なたの宿題はどこ？」。

6．クラスワイドな正の強化システムをつくり、すべての児童生徒に適用する。

向社会的で適切な行動を教えることを重視し、「よい行動探し」をするように心がける。トークン・エコノミー・システムはどの学年レベルにおいても導入でき、高い効果を示す。小学校の教師は、児童が難問に正解をしたときや規則を守った行動を示したときにしばしばシールを活用するが、これは中学生にとってはたいした強化子とはならない。若者を教える教師が、学習における強化とポジティブな影響についての科学を理解することが重要である。おもちゃのお金、ポーカーのチップ、色のついたチケットなどは適切なスキルを示す児童生徒に対して、その行動を強化するとともに、他のすべての児童生徒に動機を与える簡単な方法である。トークンは、ちょっとしたモノや活動に引き換えられる。活動の例としては、先生の椅子に座らせてもらえる、自由時間を余分にもらえる、授業の終わりにかける音楽を選ばせてもらえる、仲良しととなり同士になる、列の一番前に並ばせてもらえる、あるいは「今週の模範生」として特別な待遇を受ける、といったことである。常時、肯定的なフィードバックを提供することが望ましく、児童生徒の適切な行為に光をあてるため、児童生徒の両親宛てに手紙を持ち帰らせるということも含まれる。

7．学校における軽微な違反からより深刻な犯罪にいたるまで、それぞれの程度に応じた結果を設定し、公表する。職員室への呼び出しは、授業時間と学業上の指導の削減という結果につながるものであり、最後の手段として用いられるべきものであることを忘れてはならない（米国教育省，2014, p.6）。第6章で詳しく触れるが、教室から追い出された児童生徒は、停学や留年の可能性が高まるだけでなく、学校を卒業できなかったり、少年法の制度のお世話になったりする可能性すら高くなる（米国司法省，米国教育省，2014）。職員室への呼び出し経由の選択肢ではなく、児童生徒を教室内に留めた上で、包括的かつ段階的な行動介入を行なうことが必須である。

8．頻繁な賞賛と継続的なフィードバックを与える。授業中に鼻歌を歌ってしまう児童生徒に対しては、教師は児童生徒が鼻歌を歌っていないとき、あるいは静かに座っているときには、頻繁に強化子を与えるべきである。授業中、教室で期待されることをしている児童生徒を特定し、目指すべき行動に適切

な名前をつけることで強化する。例えば「ジェイソンは私のほうをまっすぐ見ていて、とてもいいわ」「シャロン、黄色いフォルダにきちんと宿題を入れられたね、素晴らしい！」「いいぞ、マーシャル！　静かに座っているね！」など。教師が観察可能で望ましい行動に適切な名前をつけ、ポジティブな言葉による賛辞を送ることは、児童生徒に適切な行動、教室で期待されることを教えることになる。教師が言葉による賛辞を「よくできました」だけに留めてしまうと、児童生徒は適切な標的行動を意識できない場合がある。教師は強化システムについて検証を行ない、常にすべての児童生徒をその対象としなくてはならない。1回の授業時間中に、適切なスキルを示している児童生徒を、あなたは何回認識できただろうか？　言葉による賞賛の回数と、あなたが指示を出したり、言葉で児童生徒を叱ったりした回数を比較してみよう。データを集め、分析したあとで、教師は、児童生徒が一日のルーティンの一部として強化子を稼ぐことができる機会を増やせるように考えるべきである。

　これらの基本的な学級運営の戦略によって、すべての教師が穏やかで互いを尊敬し合う教室環境を維持することができ、児童生徒は安心した気持ちで学習態勢に入ることができる。教師が、教室環境や他の生徒の学習を妨害するような、児童生徒による無数の行動に直面しているのは間違いない。教師は、学級の雰囲気に対処し、児童生徒が学習できる安全な空間をつくり出すことに多大な配慮をしなければならない。これらの学級運営のテクニックを忠実に守りながら導入することは、児童生徒の成果を約束するとともに教師の不満を減らし、すべての児童生徒が尊重され、意味のある学習に取り組むことができるポジティブで生産的かつ効率的な学級をつくり出す。教師は自らの実践や児童生徒との相互作用を注意深く振り返り、児童生徒への虐待がまったくない、安全な学習環境を保証しなくてならない。

　特記すべきこととしては、障害があり、学習を邪魔するような妨害行動を見せる児童生徒については、多くの専門分野にまたがるチームが、機能的行動アセスメント（FBA）を行ない、児童生徒の個別の教育プログラム（IEP）またはリハビリテーション法第504条プランの一部として行動介入計画（BIP）を作成することが求められる場合がある。このタイプの評価は直接的なデータの収集、問題行動の機能や目的の分析、そして、代替的な、あるいは別の選択肢となる行動を教える行動介入

計画を作ることへとつながっていく。機能的行動アセスメントは、不服従や、高い割合で教室内での不良な行動を示す児童生徒に、ポジティブで具体的な行動上の支援や活用を決めるうえで効果的である。さらなる学級運営のための介入については付録Bを参照のこと。

昔、たしか僕が4年生くらいの頃、着ている服のことでからかわれた。僕はずっと友だちが少なくて、誰も僕に話しかけなくなった。本当に悲しい気持ちになって落ち込んだ。相手の機嫌をとっても仕方がない。君に対して意地悪で、何かするたびに色々と文句をつけてくるやつらがいると思う。でも、今、僕には信じられないくらい素晴らしい友だちのグループがいて、僕の人生を助けてくれている。僕はいろいろなことがうまくいかないときは、物事はきっと良くなるということを忘れないようにしている。

社会性情動学習
（ソーシャルエモーショナルラーニング）

　先に述べたように、社会性情動学習（ソーシャルエモーショナルラーニング）は、エビデンスベースドないじめ防止プログラムの中核的な要素である。系統だった社会性情動学習（ソーシャルエモーショナルラーニング）プログラムは学校風土を改善し、児童生徒の不良な行動を減少させる（Durlak, Weissberg, Dymnicki, Taylor, & Schellinger, 2011）。社会性情動学習（ソーシャルエモーショナルラーニング）プログラムは学業の習得を妨害しないだけでなく、成績を向上させる効果がある（Rimm-Kaufman et al., 2014）。効果的な社会性情動学習（ソーシャルエモーショナルラーニング）プログラムは、児童生徒の自己認知能力を高め、感情を表現する能力、関係性維持構築スキルと多様性への理解、争いを解決するスキルや責任ある意思決定を行なう能力などを向上させることに焦点をしぼっている。社会性情動学習（ソーシャルエモーショナルラーニング）プログラムは、児童生徒に尊敬や他者理解などのポジティブな行動を教える上で効果的であり、その結果として学級内での仲間（ピア）同士の争いが減り、ポジティブな教室の学習環境が生み出される。

　社会性情動学習（ソーシャルエモーショナルラーニング）のカリキュラムが州や地域の教育行政機関によって導入されている場合もあるが、学級の担任は日々の授業計画のなかに、社会性情動学習（ソーシャルエモーショナルラーニング）の目標を独自に取り入れることもできる。学級レベルにおいては、担任教師は標準的な学習プログラムのなかに、他者を尊重すること、寛容さを教えること、そして児童

生徒による問題解決を重視したこれらの活動を組み込むことが可能である。学級に
社会性情動学習の目標を習得させる伝統的な手法としては、講義、グループディスカッション、直接指導、指導つきの練習、ロールプレイング、プロンプトやモデリングなどがある。教師は、新しく獲得した社会性情動学習のスキルを児童生徒がくり返し、建設的なフィードバックつきで練習する機会を得られるように、授業を組み立てるべきである。例えば、もし児童生徒が不安や苛立ちという感情の認知を学習する場合、教師はストレスを減少させるための手順とともに、難しい（適切な）クラスへの移動、テストを受けるといった手段もあることを児童生徒に思い出させることができる。

　社会性情動学習の活動は、けんかの解決のための話し合いを導いたり、児童生徒の自立を促したりする際に、学級の担任が日常的に行なっていることと部分的に重なる。アカデミック・ソーシャル＆エモーショナルラーニング協力組織（CASEL）の代表、ロジャー・ワイスバーグ博士は学校のすべての職員が、次の単純なルール「SAFE」をたどることによって、社会性情動学習のスキルを教えることが可能になるとしている（Weissberg, 2013）。

S　連続的な活動

A　アクティブラーニングでスキルを練習する

F　スキルの発展に時間をあてる

E　明確なターゲットスキルを設定する

　教師は、学校の年間カレンダーに計画された連続的な活動によって社会性情動学習スキルを教えるための具体的な時間を書き込み、明確にすることを選んでもよい。月ごとに、感情の制御やいじめ、他者との関係の構築維持などを標的とする教育目標を設定し、指導を行なう。また、月に２、３回、短い授業を行なったり、あるいは言語や文学、社会科学やそれ以外の分野のカリキュラムに指導つきのディスカッションを盛り込んだりすることもできる。

　アカデミック・ソーシャル＆エモーショナルラーニング協力組織のプロジェクト責任者であるルース・クロス（2013）によれば、社会性情動学習の指導は必ずしも事前に明確に設定し、準備できるものばかりではないという。自然な状況下での指導（Naturalistic teaching）は、実生活での状況のなかで展開し、児童生徒に選

択肢を与え、しばしば児童生徒の行動をきっかけとし、その時点で問題となっていることを取り扱う。自然な状況下での指導はリサーチベースドな技法であり、以下の単純なガイドラインに従って実施される（Franzone, 2009）。

1. 教師は、あらゆる状況下で自発的に起こる児童生徒間の議論や教えることができる瞬間をみつけ、観察する。カフェテリアで口論となった2人の生徒がいれば、学校職員は2、3分の時間をとって、問題を解決するための手順をその場で話し合い、敬意ある言葉遣いのモデルとなることができる。

2. 児童生徒からの問題提起や、アイディアを発展させていくことを教師は許容する。児童生徒は毎日の学校生活で起こる問題や争いを取り上げ、可能な解決方法について意見を出し合う。学級内の議論への参加、アイディアの共有を通じて、児童生徒に問題解決スキルや争いの仲裁についてブレインストーミングを行なわせる。

3. 教師は、社会性情動学習（ソーシャルエモーショナルラーニング）のカリキュラムや学校安全チームがつくった類似のゴールへ進むような様々なテーマ（例えば、寛容と多様性を教えるなど）について、児童生徒が前向きに議論を行なえるように指導と手助けを行なう。

4. 教師は意味のある文章の引用、架空の登場人物からのアイディア、漫画でけんかの場面を描いた部分、特定の話題を扱ったメディアの記事、あるいは児童生徒からの意見などを基に議論を行なわせてもよい。

5. クラス内の議論において発言しようとしない児童生徒に対しては、教師は質問をしたり、いくつかの選択肢から答えを選ばせたりすることによってプロンプトを行なう。ルーシーがチャーリー・ブラウンからボールを取りあげた上、彼が転ぶのを見て笑うというのは正しいことだと思う？　ルーシーはチャーリー・ブラウンにボールを蹴るチャンスを与えるべきだと思う？　ライナスは、ルーシーがボールを取りあげるのを見たときどうするべきだった？　ライナスはチャーリー・ブラウンのために、どのように抵抗できたかしら？　児童生徒の問題解決スキルを育て、日々の問題に解決策を見つけられるように手助けを行なう。

6. 社会性情動学習（ソーシャルエモーショナルラーニング）の目標に向けて、児童生徒の自発的な行動に沿って教えるという手法は、学校長やカウンセラー、そしてその他の支援スタッフによって、児童生徒間のやり取りが生じるあらゆる時間と場所、すなわち始業前か

ら放課後までの終日、学校の廊下、カフェテリア、図書室などにおいて活用される。児童生徒に交代や順番を守ること、他人に対してポジティブな対応をすること、困ったときは助けを求めること、そしてグループで活動することなどを教える機会は、学校での一日の間に何度も起こるはずである。学校のすべての教職員は、社会性情動学習〔ソーシャルエモーショナルラーニング〕を教える上で「すべての場所が適切な場所だ」（Weissberg, 2013）というモットーを守るべきである。

　学校に関わる各種の専門職員は、いじめ、力の不均衡、悪口や社会的排除といった問題について話し合い、教えることができる瞬間を特定することで、社会性情動学習〔ソーシャルエモーショナルラーニング〕のカリキュラムを学校全体の環境に拡散することができる。
　社会性情動学習〔ソーシャルエモーショナルラーニング〕のカリキュラムの持続可能性を確保するうえで、学校安全チームからの支援は不可欠である。書面にした授業計画や、技術〔テクニカル〕支援ガイドを含む指導例などを提供することは、カリキュラムを実施する助けとなる。学校安全チームは学校の内外の教師の授業計画のサンプルや、その他のオンライン上のリソース（例えば、シェア・マイ・レッスン・ドットコムは幼稚園から高校までの教師向けの授業計画や教材を提供している）からの情報を収集し、整理し、現場の教師に分け与えることが求められる。

 http://www.sharemylesson.com

　国内の様々な組織が、教室において社会性情動学習〔ソーシャルエモーショナルラーニング〕を行なおうとする教師向けの教材や授業計画をオンライン上で、無料で提供している。例えば、イリノイ州教育委員会は、すべての学年レベルにおいて教師が社会性情動学習〔ソーシャルエモーショナルラーニング〕を教え、授業計画を作る助けとなる600以上もの具体的に記述された項目をまとめている。小学校向けの授業計画は、児童本人の感情と行動を特定し、制御できるようにすることに焦点がしぼられるべきである。一連の授業のなかで、教師には次のような取り組みが求められる。

1. 感情（例：嬉しい、驚いた、悲しい、腹立たしい、誇らしい、怖いなど）を「表情」や写真から見分ける

2．話のなかの登場人物の感情に名前をつける

3．自分自身の気持ちを鎮(しず)める方法をみつける

4．自分が話のなかの登場人物と同じように感じた経験について表現する

5．教室や学校のルールについて話し合う

6．スピーチをする、絵や文章をかくといったことを通じて、文脈のなかの感情を共有し合う

　上記の6つの記述項目は、現行の授業のなかに簡単に組み込むことができ、保健体育、美術や音楽といった広い範囲の授業で取り入れることも可能である。美術のプロジェクトとして、児童生徒一人ひとりに細長い紙を渡し、そこに自分が認めてもらった、褒められた、あるいは人から助けてもらったときに湧き上がった感情や気分について書かせ、それを輪飾りにするというものがある。輪を互いにつなぎあわせ、教室内に飾ることによって、他者への敬意と親切な行動の視覚的なリマインダーとすることができる。このプロジェクトは簡単に実施できる上に、費用もかからず、共感の気持ちと他者との関係構築の重要性を教える上で効果的である。この輪飾りのプロジェクトについてさらに情報を求める人は全米いじめ防止センターのウェブサイトを訪問してほしい。

 http://www.pacer.org/bullying/wewillgen/classroom-activities/project-connect.asp
（閲覧不可）

　社会性情動学習(ソーシャルエモーショナルラーニング)はすべての学年レベルに対して適切であり、必要であるということを忘れてはならない。中高生は、成長し成熟するに従って、社会的・感情面での重要な問題について、定期的な指導とコーチングが求められる。青少年は、①他者の気持ちや視点を理解する、②意思決定の際に倫理面での安全性や社会的な要素を考慮する、③自分の感情や行動を確認し制御できるようにすることができるよう、ポジティブかつ積極的な指導を受ける必要がある（イリノイ州教育委員会, 2004）。これらの重要な社会性情動学習(ソーシャルエモーショナルラーニング)スキルを青少年に教える機会は、学校での一日のなかで何度も発生するはずである。

　社会性情動学習(ソーシャルエモーショナルラーニング)のカリキュラムを日々の実践のなかに導入するためには追加的なプランニングと指導が必要となる。オレゴン大学のケネス・メレル博士が開発し

たストロング・キッズプログラムは、子どもと青少年に社会性や情動面のスキルを教え、レジリエンスを促進し、強みを伸ばし、協調スキルを高めるために設計されている。ストロング・キッズプログラムは教師に社会性情動学習^{ソーシャルエモーショナルラーニング}のカリキュラムを教えるための実践的な授業プランや生徒ができる活動、配付用プリントなどを提供している。

 http://strongkids.uoregon.edu/index.html

　社会性情動学習^{ソーシャルエモーショナルラーニング}のレッスンは定型発達の児童生徒にとってのみ、重要なわけではない。こういった練習は、社会面、感情面そして行動面で著しい不具合を感じているかもしれない障害のある児童生徒にとって、特に重要である。第6章で詳しく論じるように、障害のある児童生徒は、社会面や感情面での目標に向けて、直接的、定期的かつ一貫した指導を必要とする。日々の状況のなかで社会性情動学習^{ソーシャルエモーショナルラーニング}を教える機会をつくり出すことは、すべての児童生徒の利益となるだけでなく、障害のある児童生徒が一般的な教育環境のなかで重要なスキルを習得する上で大きな助けとなる。

> 君がADDだというのは気の毒だ。大変だろうね。君が人と違うからっていじめる人たちは間違っている。人と違うというのはいいことなんだから。君をいじめる人たちは、自分がADDだったらどう思うのか、何かものを言う前に考えるべきだ。これを切り抜けていくのは大変だよね、ぼくが力になれたらいいんだけど。

いじめを防止するスキルを教える

　社会性情動学習^{ソーシャルエモーショナルラーニング}の目標とレッスンを日常のカリキュラムに取り入れることに加えて、教師は、学校長やカウンセラー、学校心理士やソーシャルワーカーの支援も受けながら、いじめに対する具体的な方針や手順、そしていじめやハラスメントの事件に対応するための一般的な安全事項について系統立てて教える機会をつくりだ

し、実行しなくてはならない。カリキュラムのなかで、いじめ防止の授業計画をまとめあげることは、エビデンスベースドな防止プログラムのなかの中核的な要素である。様々な領域にまたがる指導は、例えば関係性のいじめのような社会的な問題に対処する際に使う方法で、学習した別々のスキルを他の環境下でも般化させることを助ける手法である。例えば、障害への知識について読書のクラスで扱ったあと、社会奉仕プロジェクトの一環として募金活動を行ない、さらに下級生に対して多様性と寛容さに関するスピーチをする機会を設ける、といった方法である。学校の技術支援ガイドには、いじめ防止のスキルをすべての児童生徒に教えることが含まれている。目標としては以下のような項目が挙げられる。

・児童生徒にいじめの定義と、いじめ行動のサインをどのように認識するのかについて教える。学校のルールと段階的な罰則を明示し、確認する。
・児童生徒にいじめと通常の子ども同士のけんかの違いを事例つきで教え、両者を区別できるようにする。児童生徒は個人的な例を通じて学習する。児童生徒に様々なけんかやもめ事の例を出させ、何がいじめの構成要素となるのかを判定させる。
・いじめ行動の型を明らかにする。特定のいじめ行動の例をあげ、児童生徒に具体的なシナリオを作らせる。例えば「言葉によるいじめ」には、悪口や、個人の見た目、障害、個性、人種や民族に基づいてしつこくからかいの標的にすること、その他の無礼で害となる言葉による批評を行なうこと、などが含まれる。
・誰かが助けを必要としているかどうかを見分ける手順、どのようにいじめを報告するか、どのように被害者を支えるかを教える。
・学校方針や手順書を確認する。活発なロールプレイングや台本を通じて、上級生から下級生に、学校の方針や手順について訓練させる。上級生に、傍観者用のクイズを出させ、学校のポリシーや事例、いじめ事件に効果的に対応する戦略について振り返る。クイズは、きちんとした読み物のレベルに修正し、仲間の行動の仕方についての議論の材料とすることもできる。クイズの具体例については「アイズ・オン・ブリイング（Eyes on Bullying）」のツールキットからも得ることができる。

https://www.eyesonbullying.org/

・児童生徒に、傍観者の役割と責任について教える。このなかには、傍観者の定義と、傍観者がどのように効果的に介入を行ない、いじめやハラスメントの被害者を救うことができるかについて教えることが含まれる。

・学校の年度を通して、定期的に、児童生徒の年齢にあった様々な種類の授業を行なう。教師は月に2、3回、短い活動（所要時間15〜20分間）を実施できるように、内容を考える。これらの活動には、いじめと、いじめの型（タイプ）を定義することや、学校方針の確認、傍観者の意識の向上、いじめ事件をどのように報告するか、といったことが含まれる。他の新しいスキルを教えるときと同様に、反いじめカリキュラムのそれぞれの領域について、教師は様々な手法を選んで教えるべきである。

・文化的な多様性について学ぶ活動や、寛容さを教えることによって、児童生徒の被害者に対する感度を上げる。他の児童生徒への共感と援助を教える。コミュニティのメンバーから、様々な異なる集団を代表するゲストを講演者として招くことで、個人的ないじめに関わる体験や、児童生徒がいかに効果的に介入できるかについての話が聞ける。

・いじめ防止の指導については、様々な学習スタイルに対応できるようにデザインする。教師たちは、障害のある児童生徒がこの活動に参加できていることを確認しなければならない。

　反いじめ教育を導入することで、必修科目を習得させるための指導時間が奪われることはなく、結果的には仲間（ピア）による小さな虐待やいじめ行動が減少する（Beebe, 2014）。反いじめ活動は、さらにカリキュラムを横断して、国語の授業を経由して文学、作文、スピーチ、さらに社会科や社会奉仕プロジェクト、美術、演劇、音楽やマルチメディアプロジェクトなどへと統合していくことができる。例えば、年上の生徒の社会奉仕プロジェクトとして、反いじめのチラシをつくり、小学校で配付するといった活動も考えられる。もっと年齢の小さい児童は、学校のモットーやロゴを考え、学校に掲示することで貢献できるかもしれない。

　国語の授業や文学プロジェクトは、いじめ防止の概念やレッスンへとつながる道具として発展してきた。いじめ問題のエキスパートであるダン・オルヴェウス（1993）は、「文学作品のゴールはいじめの被害者に対する児童生徒の共感を増し、その事件のメカニズムをいくらかでも明らかにすることだ」と述べている。複雑な社会的問題について教える際に文学作品を用いる手法はしばしば「読書療法（ビブリオセラピー）」と呼ばれ、注意深く選ばれた本を用いて、児童生徒に問題解決、視点の置き方、多様性を受け入れることを支援し、児童生徒の知識や、とれる態度を拡大させるものである（Gavigan & Kurtts, 2011）。一般的な学級において、読書療法（ビブリオセラピー）や年齢相応の文学作品を活用して他者への寛容や反いじめの手順について教えることは、エビデンスベースドないじめ防止プログラムの中核をなす要素である（Farrington & Ttofi, 2010）。いじめ防止と寛容さに焦点をしぼった文学作品や読書は、児童生徒に以下のような効果をもたらす。

- ・他者の視点から見たシナリオを読むことによって、仲間（ピア）や自分自身を批判することなく、自分が下す決断の影響について、自己認識を育てることができる。
- ・逆境や争いに苦しんでいる作品のなかの人物について深く分析することで、争いごとについての様々な側面を観察し、多様な視点を探ることができるとともに、拙速な判断を下すことを防ぐことができるようになる。
- ・本のなかの登場人物を通じて、自分の知らなかった世界について認識し、異なる意見、様々な選択肢、文化的な多様性が存在することを理解する。

　学校の教職員が教室で読める、いじめに関する作品リストを含む文学作品のリソースはたくさんある（Swearer, Espelage, & Napolitano, 2009）。多様性や社会性情動学習（ソーシャルエモーショナルラーニング）、いじめについて理解するために文学作品を用いることは、児童生徒に登場人物の気持ちの状態を感じることや代替の選択肢を模索すること、作品のメッセージを自分の人生に取り入れることなどを可能にする。

　文章を書く活動もまた、いじめに対する意識を高め、教室内での具体的な反いじ

訳注
1)　本書の前文の末尾に記載した通り、「親愛なるアビー（Dear Abby）」は、1950年代から続くアメリカの人生相談コラムである。本文中に登場する吹き出しマークのついたコメントは、同コラムに寄せる形で書かれた架空の相談（付録Cの例を参照）に対し、実在する250人の中高生が書いた返信である。

め行動を教えるために利用できる日常的なカリキュラムの一部である。文章を書く
授業の内容としては、詩、記事、あるいはいじめの被害者への手紙のサンプルを、
アドバイスをつけて書くというものもある。例えば、少し年齢が上の児童生徒であ
れば、「親愛なるアビー（Dear Abby）」[1]のフォーマットを使って、年下の子ども
たちからの、廊下やカフェテリア、バスのなかでのいじめにどう対応したらいいか、
という相談への返事を書かせることもできる（付録Cに相談の見本を掲載）。この
タイプの、フォーマットを使う、課題に従った作文活動は、安全な伝達手段を用い
つつ、個人の責任感と創作力を承認することができる。その他の簡単な文章創作活
動としては、クラスの反いじめキャンペーンのためのモットーを、みんなでブレイ
ンストーミングしながら決める、というものもある。年上の生徒たちが、下級生向
けに、ネットいじめやオンラインでのハラスメントについてのパンフレットを執筆、
作成することもできる。過去の自分のいじめの体験談や、どうすれば学校でのいじ
めをなくせるかについての説明文を書くという方法もある。文章を書く活動の目標
は、児童生徒に自分の意見を表現する創作面での出口を提供し、批判的思考（クリティカルシンキング）のスキ
ルを伸ばすことである。

周りの子すべてが敵みたいな気がしてしまうのはよく理解できるけ
れど、実際はそうじゃない。周りになんと言われても、自分のこと
を好きでいてほしい。いじめっ子のことは無視して、どんな形であれ、
相手にしないことをお勧めする。それでもいじめが止まない場合は、相手に、
彼らのしていることは自分を傷つけていると説明してみよう。あなたの視点が
これで少し変わると嬉しいんだけれど。事態はきっとまもなく良くなる、信じ
てほしい。頭をしゃんと上げて。あなたには輝く未来が待っているんだから。

マルチメディアを活用したプロジェクトは、児童生徒に、自分の個性を技術（テクノロジー）と芸
術を通して表現することを可能にする。映像美術のプロジェクトは、児童生徒がい
じめや学校の安全に対する自分の感情について内省することを励まし、児童生徒に
適切な手段を選ばせることで学習や作業に従事できる時間を増やす。美術や音楽の
プロジェクト、ミュージックビデオやソーシャルメディアを通じた公共広告などは、
児童生徒が学校生活において体験しているかもしれない困難に対する個人的な省察
を支えるものとなり得る。障害のある児童生徒で、学業面で困難を感じている場合

に、芸術や音楽、絵画などが、自らの感情を探り、経験とともに学ぶことの出口として重要になる場合もある（表5.1）。これらの教室レベルの介入のゴールは、発達上適切な活動を通じて、いじめの実態について探究するとともに、いじめが及ぼす影響について深く考えられる確立した環境を提供することである。

　流行している映画、テレビ番組、ドキュメンタリー番組などは、教室における指導を支援する別の強力なメディアである。児童生徒の年齢に合った映画やテレビ番組をみて、そのなかで社会的排除、ネットいじめ、障害者へのハラスメントがどう描かれているかを通じ、教師は以下の問いを投げかけることができる。

・被害者や英雄（ヒーロー）はどのように描かれているか？
・映画の登場人物は現実にいそうか？　児童生徒に、人物像について批判的に考えてみるように促す。
・どのような争いごとが起こり、どのように解決したか。
・登場人物たちはどのような選択をしたか？　その選択について評価してみる。

表5.1　美術、音楽、その他の形式のメディア表現を用いていじめ防止のプロジェクトに取り組んだ事例

・いじめ防止についてのミュージックビデオ
・傍観者の意識向上についての公共広告
・いじめ被害に遭ったときの気持ちを表現するCG画像
・争いごとを解決する方法についての、パワーポイントを使ったプレゼンテーション
・思いやりという学校のモットーを表現するポスター
・親切な言葉の例を紹介する漫画
・多様性について深く思索する詩

　ミーン・ガールズやハリー・ポッター、やや古典となるがバック・トゥ・ザ・フューチャーなどの映画のなかでは、様々ないじめ事件が描写されており、児童生徒に、画面のこちら側という安全な環境の下、じっくり考えた上で虐待に対応する機会を与えてくれる。グリーや、ザ・シンプソンズなどのテレビ番組は、児童生徒に人間同士の関係や問題解決について力強いイメージを与え、様々な異なる角度からの社会的なシナリオを検討する助けとなる。いじめのシナリオを描写するビデオを使用することで、児童生徒は登場人物に感情移入すると同時に、自分自身の学校生活について並行して考えることができる。学校の教職員が、多様なものの見方を教える

ために活用できる、各学年の児童生徒にとって年齢相応で安全な映画やテレビ番組は非常にたくさんある。NPO法人ティーチングトレランスは、教室で多様性について扱いたい教員のための教材を提供している。映画やテレビ番組を授業で使い、学校におけるステレオタイプや様々な役割について職員や児童生徒に検証させる授業計画書が無料でダウンロードできる。

 http://www.teachingtolerance.org

　テレビ番組や映画に加えて、2011年に学校でのいじめに関する力強いドキュメンタリー映画が発表された。ドキュメンタリー映画『いじめ（Bully）』[2]は、学校でいじめに遭った生徒や両親の生活に密着し、そのなかで日常的な攻撃や深刻なハラスメントに直面している生徒が、自分の生の感情について語っている。監督のリー・ハーシュは、自分も子どもの頃にいじめの被害を受け、社会に対していじめの問題に正面から取り組み、子どもたちの学校生活をもっとよいものにしていくよう啓発を行なっている。同映画に触発され、始まった運動「The Bully Project」は、教師、両親、児童生徒に様々なビデオの素材とそれを観るための装置、そしてそれを基に児童生徒や職員が取り組める活動例などを供給している。

 http://www.thebullyproject.com

> **【教室で観る映画やビデオについて】**
> 　教師は、教室で観るビデオについては入念かつ注意深く全体を通して点検し、適切なものを提供するようにしなくてはならない。学校安全チームはいじめやハラスメントの問題を扱ったもので、児童生徒の年齢に合った映画、本、ビデオのリストを集め、承認を行なうべきである。

訳注────────
2)　全米の様々な町でいじめに遭っている５人のティーンエイジャーの日常を記録し、大きな反響を呼んだドキュメンタリー映画（アメリカ、2011年）。日本では劇場未公開だが、NHKのBS世界のドキュメンタリー「追いつめられて〜アメリカ　いじめの実態〜」（全２回）として、2013年以降、数回再放送されている。

いじめというのはひどい体験だけれど、いじめっ子は弱いと思う子にしか攻撃しない。だから強くなろう。あなたを見下す人ではなく、あなたを認め、気持ちを引き上げてくれる人とだけつきあおう。信じて欲しい、いい人はきっと周りにいるから。親切な態度で相手をやっつけ、自信をもって。自分の心に気持ちを集中させよう。

クラスミーティング

　中学校では、リーダーシップ活動や社会性情動学習、目標の設定やその他のグループ活動についてクラスで話し合い、教師の助言を受ける学級活動の時間を設けるのは一般的なことである。小学校ではこうした話し合いについては朝の会や、クラスミーティングなどとして定期的に時間が設定され、ピアメンタリング活動やけんかの解決、コミュニケーションスキル、社会性のある行動を褒める、といったことを議論する時間となることもある。こうしたクラスミーティングや学級活動の時間は、クラスにその時点で起きている問題について情報を共有し、議論できる機会となる。教師は話し合いの手助けはするものの、直接のリーダーシップは児童生徒が取り、議題や話題を発展させていく。クラスミーティングは教師にとって、自分が子どもだった頃にしたけんかについての思い出話や、他の児童生徒から孤立した気持ちになったり迫害されたりしたときの体験談を語り、児童生徒と共有する機会となる。児童生徒は、自分自身の経験について思い出させてくれるような個人的な体験談を聞くことを喜ぶ。教師はクラスミーティングや学級活動を運営するときには、以下のような、いくつかの簡単なルールを守るとよい。

1. 枠組みとテーマをつくり、児童生徒に与えられた制限時間とともに、書いて提示する。ミーティングのなかで児童生徒が様々な役割と責任を体験する機会を作る（例：タイムキーパー、司会、書記など）。

2. 児童生徒にディスカッションのトピックについて検討させ、決めることを許可する。教師は社会性情動学習のカリキュラムや、その他のリソース、例えばNPO法人ティーチングトレランスなどの団体の提供する素材から、議題を抽出してくることもできる。

3．指導つきのディスカッションが円滑に進むように手助けをし、その時々の問題を解決すること、異なる意見を認めること、グループのなかでコンセンサスを育てることなどができるよう努める。

4．ポジティブな言葉遣いと口調で話し、問題解決の手本^{モデル}となる行動をとる。

5．社会性情動学習^{ソーシャルエモーショナルラーニング}の活動、例えばストレスマネジメントの技術などを取り入れる。

6．適切な解決策を形成し、評価方法を確認する。

　クラスミーティングや学級活動^{アドバイザリーピリオド}での話し合いは、思いやりや他者への敬意を実際に示している児童生徒を認識し、強化する素晴らしい方法である。教師と児童生徒は、ポジティブな経験や「バケツを満たす人」の存在を確認し、共有することができる（Rath & Clifton, 2004）。「バケツを満たす人」という概念は、教育心理学者のドナルド・クリフトン博士によって最初に唱えられ、個人が示す思いやり、他者への敬意、忍耐強さ、その他のポジティブな行動を表現するためにつくり出された。「バケツ」は、あなたの精神面や感情面を指し、それが満たされるというのは、あなたがさらに大きな自信や安心感を得られることを意味する。「バケツを満たす人」をはじめとする、思いやりや他者への敬意に焦点をしぼった学級レベルでの新たな取り組みは、教師が児童生徒に共感や気遣い、寛容さを教えるチャンスとなる。教師は優しさや思いやりある行動の手本^{モデル}を児童生徒に見せるために、掲示板をつくったり、パワーポイントを使ったプレゼンテーションを行なったりしてもよい。児童生徒に社会的な行動を示した仲間^{ピア}の名前を挙げさせ、賞賛するということは、クラスミーティングの議題のひとつとなる。ハーバード大学教育学部の大学院の「思いやりを普通に（Making Caring Common）」プロジェクトによると、子どもたちと一緒に取り組む両親や大人は、思いやりと倫理感のある児童生徒を育てる鍵になるという。同プロジェクトの「私たちが育てなければならない子どもたち」では、他者を助ける機会を作ること、様々な視点や物の見方があるということ、感情をコントロールすることなどに焦点をしぼることを推奨している（Weissbound, Jones, Ross, Kahn, Russell, 2014）。「思いやりを普通に」プロジェクトのウェブサイトから、もっと多くの情報が得られる。

http://sites.gse.harvard.edu/making-caring-common （閲覧不可）

さらに、思いやりや他者をいたわる行動を促す別の国内プログラムとして、「積極的な思いやり（Actively Caring for People）」プロジェクトがある。このプロジェクトは、思いやり深く相互に助け合う、共感的な文化を学校やビジネス、組織や社会全体に確立することを目指す大規模な運動である。積極的に相手を思いやる行動や支えようとする意識の結果として人々の間に生まれるポジティブな交流は、互いの行動を強化する効果があり、積極的に他者をいたわる文化へと導く。このプロジェクトは、学校におけるいじめ行動を減らすための努力として、教師や学校に、個人の人格に強さや社会・感情面の能力を育てるビデオや活動プランを提供している。これらの活動やディスカッションはクラスミーティングや学級活動（アドバイザリーピリオド）の一部分として行なうことができる。このプロジェクトのウェブサイトは以下の通り。

 http://www.ac4p.org

「バケツを満たす人」「日々のちょっとした親切（random acts of kindness）」[3]といった、いたわりと共感の概念を促進させる教師は、適切な行動を強化し、学業面での成果だけではなく、ポジティブな学校風土における中核的な原理を大いに尊重する。クラスミーティングやホームルーム、啓発活動や学級活動（アドバイザリーピリオド）の時間は、学校のいじめ防止プログラムに取り組む絶好の機会である。

訳注———
3）　米作家、環境活動家のアン・ハーバートが提唱した考え方で、"Practice random acts of kindness and senseless acts of beauty"「日々のちょっとした親切と無意識の美しい行ないを実践しなさい」というもの。この考え方を推進するための財団が設立されるなど、見返りを求めず、ちょっとした親切な行ないを日常的に心がけるというポジティブな社会活動のベースとなっている。

✓ | 実行のためのチェックリスト

はい

・他者を尊重するポジティブな学級環境をつくり出す上で必要な原理　☐
　を特定する

・学校での一日を通じてすべての児童生徒が同等に正の強化を受けら　☐
　れるようにする

・児童生徒に感情のコントロールに焦点をしぼった社会性情動学習　☐
　を指導する

・いじめ防止の授業において読書療法を推進する　☐

・職員や児童生徒の親切な行動についてブレインストーミングを行なう　☐

第6章
個人レベルの介入

　いじめハラスメント防止のための重層的な枠組みの頂上には、対象となるグループに対する個別の介入が置かれる。こうしたグループには、特別にデザインされ、実施されるユニークな介入が求められる。先にも述べたように、傍観者−被害者−いじめっ子の力学は流動的で、学校での年度が変わるにつれ、あるいは同じ年度のなかでも、移り変わっていく可能性がある。本書の目的に鑑み、ここではそれぞれのグループを切り分け、具体的で効果的な介入についてまとめている。しかし、実際にはそれぞれのグループは互いにかなり重なっている。いじめ行動を示す児童生徒は、別の事件では傍観者かもしれない。いじめの被害者が立場を変えて、他の児童生徒をいじめることもある。学校長や教師は、様々な対象となるグループについて理解し、すべての児童生徒に対する介入を確立する必要がある。その介入は、ポジティブな学校風土をつくり出し、いじめやハラスメントを減らすという学校全体のミッションと一体であり、そこから切り離されたり、断片化されたりするものではない。

> 友だちが学校でいじめられているのを見るのは辛いよね。でも、本当の友だちなら、あなたはその子のために闘わなくてはいけない。その子がパーティに呼ばれないなら、あなたがパーティを開いて呼んであげて！　その子がいじめられているのに何もせず、笑っていないで。あなたはその子のために行動を起こさなくては。

傍観者

　いじめや障害者ハラスメントは学校の安全上の問題であり、いじめに直接的な関わりをもった児童生徒だけでなく、校内の他の児童生徒にもネガティブな影響を与

える。傍観者とは、いじめ事件を目撃する者のことである。先に述べたように、身体的暴力、言葉によるハラスメント、威嚇などを含むいじめ事件は、頻繁に仲間の目の前で起こる。研究者は、いじめの85％は、傍観者がいるなかで発生すると推計している（Pepler & Craig, 2000）。リバーズら（2009）の研究によれば、調査対象となった児童生徒の63％が、過去9週間の間にいじめを目撃したと報告している。学校長、教員、そして両親はいじめが及ぼすネガティブな影響について認識し、毎日のように学校でいじめを目撃している数多くの児童生徒に、対応しなくてはならない。いじめの被害者が、いじめによる直接的なインパクトから、ネガティブな影響を経験する可能性があるのと同様に、傍観者もまた、長期にわたる悪影響を経験する可能性がある。傍観者が受けるネガティブな影響の範囲は抑うつ、罪悪感、不安、怒り、その他の精神保健上の問題にまでおよぶ場合がある（Rivers, Poteat, Noret, & Ashurst, 2009）。したがって、学校の教職員が、傍観者の意識向上を含む効果的ないじめハラスメント防止プログラムを設計、実施し、低学年の頃からトレーニングを始めることが重要である。

　傍観者への教育は、エビデンスベースドなプログラムの中核的な要素であり、効果的なトレーニングによって、傍観者はいじめに効果的に介入できるようになる（Polanin, Espelage, & Pigott, 2012; Farrington & Ttofi, 2010）。レイニーとハリントンによれば「傍観者がいじめられた子を助けようとすることは、しばしばそのいじめを止める上で効果的である」（p.39）。学校が使用しているいじめ防止プログラムが市販のものであれ、学校独自に作成した技術支援ガイドであれ、傍観者の意識向上を有効に教える手順とリソースを教職員に提供することは、学校安全チームと学校長の責任の一部である。

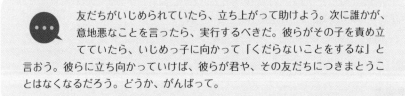

友だちがいじめられていたら、立ち上がって助けよう。次に誰かが、意地悪なことを言ったら、実行するべきだ。彼らがその子を責め立てていたら、いじめっ子に向かって「くだらないことをするな」と言おう。彼らに立ち向かっていけば、彼らが君や、その友だちにつきまとうことはなくなるだろう。どうか、がんばって。

　個人の集まりがいじめ事件を目撃し、誰も介入しないと、心理学者がいうところ

の「傍観者効果」が生じるという。傍観者効果とは、緊急事態下で、個人が行動を起こすことを妨げられていると感じることをいう。責任感は薄まり、個人は自分の役割や、介入する責任について、確信がもてなくなる（Latane & Darley, 1968）。学校でいじめを目撃した児童生徒においても、傍観者効果は生じる。例えば、障害のある児童生徒が小突かれ、馬鹿呼ばわりされているのを大勢の児童生徒が目撃し、しかし、誰もそれを止めたり介入したりできなかったとする。傍観者たちは、誰か他の人に介入の責任があるように感じたり、被害者のために一歩を踏み出すことに恐怖心を覚えたりする場合がある。近年の調査では、ほとんどの児童生徒が、いじめ事件の最中に「助けようとすると思う」と回答したが、実際にいじめに介入をしたことがある児童生徒の割合はその4分の1であった（Syversten, Flanagan, & Stout, 2009）。児童生徒は、いじめや障害者ハラスメントを目撃したときに、行動を起こすことをいくつかの理由から阻害されている。その理由のなかには、意識と教育の欠如が含まれる。

　すべての傍観者が同じように反応するわけではなく、いじめ事件における傍観者がどのような役割を演じるかに寄与する要因は様々である。傍観者は、いじめに対してどのように反応するか、カテゴリー分けされることがある。例えば、オルヴェウス（1993）は傍観者について「消極タイプ」「見物人」「追従者（フォロワー）」「擁護者」といった名前をつけている。

- 「消極タイプ」の傍観者は、いじめに加わることはしないが、その事件を眺めていたり、そばに立っていたりすることでいじめっ子を支えている。消極タイプの傍観者は自分が声を上げることにいじめを止める効果があると思っておらず、そのためしばしばそばに立って眺めているのである。
- 「見物人」は事件に尻込みし、立場を明らかにすることを避け、いじめ行為を無視しようとする。「消極タイプの傍観者」と同様に、介入に必要なスキルを欠いている場合がある。
- 「追従者（フォロワー）」は、いじめっ子を支持していることを表面に出して、悪口や身体的暴力を含む攻撃的な行動を示し、いじめに加担する。追従者（フォロワー）は仲間（ピア）の圧力に屈しており、いじめっ子と友だちになりたいと思っている場合がある。
- 「擁護者」は、いじめっ子に異議を申し立て、いじめに介入しようとする。いくつかの米国内の組織が、擁護者の役割について、いじめに対して立ち上がっ

　ていることから「行動を起こす人（upstander）」という名前を提案している。

　傍観者が「消極タイプ」であれ「擁護者」であれ、彼らが自分の役割と行動を起こす責任のレベルを理解することは困難な可能性がある。いじめ事件が起こっている最中に、間に割って入ることは、傍観者にとって恐怖心を感じさせる場合があり、また争いや報復を恐れる気持ちも当然起こる。傍観者が自らの安全を心配するのは当然である。また、彼らはいじめっ子の「追従者（フォロワー）」となって仲間（ピア）の集団のなかでの社会的な地位を向上させたいと願うかもしれない。先にも述べたように、いじめっ子は学校内でも「かっこいい子」や人気のある児童生徒である場合がある。自分よりも力や地位をもっている児童生徒が行なっているいじめに介入し、それをうまく止めさせるには、非常に高い技術（スキル）と自信が必要である。傍観者がいじめに介入しない有効な理由はいくつもあるが、例えば、報復への恐れや社会的スキルの欠如などもそれにあたる。教育者は、他者を貶め、時に攻撃する行為を目撃した児童生徒が直面する困難な役割について理解する必要がある。

　いじめは、しばしばくり返される歓迎されない行為であり、個人間の力の不均衡を見せつける。そして、事件を眺めている数多くの傍観者のために、仲間（ピア）のポジティブな影響の下、いじめ行動はしばしば維持され、長期にわたってくり返される。傍観者は、いじめっ子に対してたとえ微弱にであっても反応し、強化することでいじめを再発生させるという影響を与える（Salmivalli, 2010）。簡単に言えば、いじめっ子の行動は、傍観者の関心と事件に対する反応によって強化され、そこからさらに力を得ているのである（Rose, 2013）。オコーネルら（1999）は仲間（ピア）の時間の75％は、いじめっ子に強化を与えることに費やされていることを発見した。したがって、傍観者の個人的な反応ひとつがいじめ行為を是認し、将来さらに事件を増加させるかもしれないということを教えることが大切であり、傍観者を力づけるための教育が大切である。意地の悪い侮辱の言葉に一緒になって笑うこと、あるいは生徒のリュックが学校のトイレに放り込まれるのをただ眺めていることは、いじめっ子を賞賛しているとも解釈できるのである。傍観者に社会的責任を自覚させることは、自分の行動が学校におけるポジティブな学校風土、他の児童生徒への暴力や疎外にいかに影響を与えるかについての彼らの意識を向上させる。

私のアドバイスは希望を失うな、ということです。相手のことで頭をいっぱいにしないこと。あなたと同じように友だちを探し求めている子が絶対にいるはずです。それから、あなたを守ってくれる友だちを探すこと。彼らがあなたのために闘ってくれるかもしれません。

傍観者へのトレーニング

　入手可能な児童生徒向けの傍観者へのトレーニングプログラムは数多くある。ビープロックスプログラム（Be-Proxs）は、幼稚園用に設計され、導入されているプログラムで、非常に大きな成果を挙げている（Alasker & Valkanover, 2012）。

　このプログラムの成果として、教師の態度と、いじめが発生したときに児童生徒が示す反応の著しい変化がデモンストレーションにより示された。NPO法人コミュティフォーチルドレンは調査研究に基づく中学生向けのセカンドステップというプログラムを開発し、このなかには傍観者へのトレーニングも含まれている。同プログラムはビデオと生徒の実践により他者への共感、コミュニケーション、感情のコントロール、そして問題解決スキルなどを学ぶ内容となっている。

 http://www.cfchildren.org/second-step/middle-school.aspx

　この他に、フィンランドでもキーヴァプログラム（KiVa）と呼ばれる効果的な傍観者へのトレーニングプログラムが開発されている。キーヴァプログラムでは、グループディスカッション、ロールプレイング活動やどのようにいじめを防ぐかについてのビデオを観るといった方法で、実際に学校でいじめが起こったときに、児童生徒がとるべきアクションステップについてトレーニングを行なう（Strohmeier & Noam, 2012）。このプログラムは、リサーチベースドな介入であり、学校ごとにこれを複製し、また障害のある児童生徒に関する部分については修正を加えることができる。

http://www.kivaprogram.net

傍観者用プロトコル

　学校長は、学校安全チームとともに、あらかじめパッケージされた既製のプログラムを購入することもできるし、技術支援ガイドの一部として、独自の傍観者用プロトコルを作成することもできる。職員用のプロトコルと同様、傍観者用プロトコルは、いじめ事件の最中、およびその後に傍観者が取ることのできるアクションステップを示すものである。正式なトレーニングを受けていない場合、ほとんどの児童生徒が声を上げたり、適切かつ安全にいじめに介入したりすることができない（Wright, 2003）。傍観者用プロトコルのもっとも大切な目標は、児童生徒の安全を確保することである。その場で暴力が振るわれている場合、そして傍観者に危害を加えられる恐れがある場合、児童生徒は介入をすべきではないということは明記され、明確に理解される必要がある。傍観者への教育プログラムは、児童生徒に直接的で攻撃的な対立を思いとどまらせるものでなくてはならない。傍観者は、自分にはいじめ事件に対処する方法としていくつもの選択肢があることを理解することが重要である。いじめっ子に対して、身体的に立ち向かえと勧めたり求めたりすることは、傍観者に不安を与える恐れがある（Brackett & Rivers, 2014）。傍観者用プロトコルを開発し、学校に導入することで、児童生徒は安全にいじめ防止に参加することを促され、またハラスメントやいじめ事件に気づいたときにとることができるシンプルで具体的な手順を提供される。例えば、私たちは火事の際には「止まって、伏せて、這って」という安全のための標語を思い出す。傍観者用プロトコルも同様に、学校での年度を通して、練習セッションとともに全児童生徒に教え、広めていくべきものである。

　先述したように、ロスら（2008）と特別支援教育プログラム局が開発した、止める－立ち去る－話すプログラムは児童生徒、あるいは傍観者にいじめ事件に対応するためのプロトコルを提供している。特別支援教育プログラム局のいじめ防止とポジティブな行動介入と支援（Bully Prevention in Positive Behavioral Interventions and Supports: BP-PBS）プログラムでは、その一部としてオンライ

ン上で利用可能なツールキットを提供している。同プログラムは、小中学校の児童
生徒に、いじめを経験したり目撃したりした場合にとるべき具体的なプロトコルを
明確に教える内容となっている。止める−立ち去る−話す<ruby>止める<rt>ストップ</rt></ruby>−<ruby>立ち去る<rt>ウォーク</rt></ruby>−<ruby>話す<rt>トーク</rt></ruby>プログラムは、傍観者用
プロトコルを示すだけでなく、学校全体でポジティブな行動を支援するモデルのな
かにいじめの問題を配置しており、教職員の訓練や実際に起こっている問題対処へ
の支援も含まれている。特別支援教育プログラム局はまた、中高校生向けに「敬意
を期待する（Expect Respect）」プログラムを発行しており、すべての児童生徒と
職員が、お互いを尊敬し合う雰囲気をつくるというスクールワイドなプログラムに
おいて確実にその一員となることを重視している（Stiller, Nese, Tomlanovich,
Horner & Ross, 2013）。この2つのオンライン・ツールキットはいずれも職員向け
のトレーニングの教材と生徒への授業プランを提供しており、次のウェブサイトで
見ることが可能である。

 https://www.pbis.org/school/bully-prevention

　もっとも効果的な傍観者への教育プログラムは、ゴールの範囲とアクションス
テップを明白に示すものである。以下のような例が挙げられる。

- いやがらせを、初期の段階のうちに認識し、探知する。生徒たちが、どのよう
  にしていじめが始まるか、そしていじめが発生したときに、どのような点に注
  目すべきかを理解していることが重要である。攻撃や力、支配についての言語
  的、非言語的なサインは何か。いじめっ子がしばしば使うフレーズや、いじめ
  がもっとも起こりやすいホットスポットを特定する。
- いじめには介入し、それを<ruby>止<rt>と</rt></ruby>める。傍観者への教育プログラムでは、第一に、
  児童生徒は自分が安全に介入できるか、代わりに即座に大人や権威ある人に知
  らせるべきかを認識できるように教えなくてはならない。生徒自身が介入して
  も安全だと判断した場合、一連のユニバーサルなプロトコルが実施される。
  <ruby>止める<rt>ストップ</rt></ruby>−<ruby>立ち去る<rt>ウォーク</rt></ruby>−<ruby>話す<rt>トーク</rt></ruby>プログラムで用いられているような手振り（例えば、
  手をパーにして広げ、前につき出す）など、介入の戦略について議論を行なう。
  指導つきのグループディスカッションを通じて、年齢に合った介入スキルを特

定する。傍観者はどのように対応すべきか。与えられた状況下で傍観者がとれる適切な行為は色々ある。デイビスとニクソン（2014）は、いじめの被害に遭った児童生徒に、その最中、「もっとも助けとなった仲間（ビア）の行動」は何かを尋ねている。

・一緒にいて、ともに時間を過ごしてくれる
・学校で話しかけ、励ましてくれる
・本人がその場から離れるのを助けてくれる
・話を聞いてくれる
・アドバイスをくれる
・家を訪ねてくれる
・本人が大人に話すのを助けてくれる

　小学校、中学校、高校の児童生徒から得られたこれらの結果は、いじめの被害者が仲間（ビア）の支えを求めていること、そしてその内容としては、彼らと一緒に時間を過ごすこと、彼らがその場から逃げるのを助けることが含まれるということを明らかにしている。いじめの被害に遭った児童生徒の大多数が、もっとも助けとなる行為は傍観者による支援だと回答している。したがって、学級担任の教師はクラスミーティングや学級活動（アドバイザリーピリオド）における指導の一環として、問題解決に向けての児童生徒の行為を取り扱うべきである。教師は、児童生徒の年齢に合ったシナリオをブレインストーミングによってつくり、考え得る様々な対応について児童生徒にロールプレイングをさせることが奨励される。

・いじめの被害者に対する共感の気持ちを育て、彼らを支援する。障害のある児童生徒の一部は、攻撃的、あるいは他者の気に触る行動を示し、そのことが仲間（ビア）に共感を抱かせにくくする場合がある。いじめの被害者となる児童生徒は学校社会における地位が低く、あまり好かれていなかったり人気がなかったりする場合がある。障害への知識を深めるプログラムが、児童生徒に、障害のある人のユニークな個性について教えてくれる。傍観者への教育プログラムは多様性と寛容さについてのトレーニングも含まれており、様々な障害についての一般的な特徴について議論するとともに、他者のユニークな違いについてのよ

りよい理解を育てるためのシミュレーション活動を行なう。

・傍観者へのトレーニングを行なっている最中に、児童生徒に「いじめっ子」という名前をつけることがないようにする。教師は、すべての児童生徒に対し、思いやりと敬意を込めた言葉遣いをする手本とならなくてはならず、仲間からしばしば拒否されている児童生徒については特にそうである。教師がすべての児童生徒に対して愛情深く敬意をもった行動を示すと、攻撃的な行動を示す場合がある児童生徒に対する仲間の拒否反応が少なくなるという（Ragozzino & Obrien, 2009；Davis & Nixon, 2014）。

・年度ごとの評価や児童生徒への調査を基に、効果的で持続可能な傍観者への教育プログラムをつくる。第7章でも議論していくが、児童生徒に直接、プログラムが効果的かどうかを尋ね、どの部分が弱いかを特定することは、プログラムを改良し続ける上で、また説明責任の点においても重要である。

　学校長や学校安全チームが選んだ傍観者用の対応プロトコルがどのようなものであれ、ルールは短く、覚えやすく、すべての児童生徒に当てはまるものでなくてはならない。目標は、障害のある児童生徒を含むすべての傍観者がいじめ事件への対応の手順を理解すること、またそのスキルを実際の環境において般化できるようにすることである。

　傍観者へのトレーニングは、児童生徒の年齢、学校の置かれている地理的状況、児童生徒の独特なニーズによって大きく異なる。学校区の長は、傍観者への教育ガイダンスの大枠をつくり、各学校の学校安全チームやその他の関係者がプログラムを独自性のあるものに修正できるようにするべきである。各校は学校の目標やロゴなどによくあったプロトコルを選ぶことができる。例えば、学校のマスコットがライオンなら、傍観者用プロトコルはROAR（うなり声）がよいかもしれない：respond（対応する）、offer help（助けを申し出る）、use assertive language（アサーティブに話す）、report to an adult（大人に報告する）など。マスコットや印象的なスローガンは、学年レベルから学校の間で、共通の言語の枠組みを与える。中学校や高校の生徒は、テクノロジーや映像制作を活用した傍観者への教育プロトコルにおける意思決定の過程に積極的に加わっている。中高生は、学校の廊下などによく掲示されているスローガン、例えば「報告しないのは、支持するのと同じ」「立ち上がって、手を貸して」といったモットーを考え出すことができる。これらのス

ローガンは児童生徒にいじめ事件において、自分自身が大人に報告するという役割を果たし、いじめやハラスメントの被害者を助けることを思い出させるためのものである。日々のルーティンや学校の文化のなかにプロトコルや標語を埋め込むことで、よりよい成果や長期にわたる持続可能性がもたらされる。

あなたは友だちのために立ち上がるべきです。周囲の人に何かを言われてもそれが何でしょう？　辛いときでも、あの子のそばにいてあげてほしいのです。私は自分で自分のために立ち上がりました。のっぽでニキビのある私にとってそれは大変なことだったけれど、必ず善は悪に勝つのです。

　ほとんどの傍観者用プロトコルや傍観者へのトレーニングの授業プランには、いじめ事件を大人に報告することを勧めるという要素が含まれている。残念ながら、これは古くから私たちの文化に存在する「告げ口屋になるな」という規範に逆らうものである。子どもは小さい頃から大人によって何度も「告げ口屋は嫌われる」と聞かされてきた。「告げ口をする」ことと「行動を起こす人になる」ことの意味の違いを教え、再定義する責任は教員と両親にある。現在進行中のいじめ防止プログラムでは、カリキュラムのなかで両者の違いについて教えている。

【告げ口屋　VS　行動を起こす人】
　告げ口屋：他人をトラブルに陥れることを望んでいる人
　行動を起こす人：仲間をトラブルから救い出し、相手の友だちになることを
　　　　　　　　　　望んでいる人

　両者の違いを教えるためには、正確な該当例、非該当例を提示しながらの直接的な指導と、指導つきのディスカッションが必要である。児童生徒は、他人を困った目に合わせるためだけに大人に事実を言いつけるのはよくないということを知らなくてはならない（例：「先生、キャシーが教室でガムを噛んでいます」）。同時に、誰かをトラブルから救う目的のためには、大人の助けを求めにいくことは正しいと

いうことを知るべきである（例：「ジェイソンのリュックを誰かがトイレに放り込みました」）。他人を困った目にあわせるために大人に告げ口をしたり言いつけたりすることはたしなめられるべきであり、その一方で、事件を報告することは励まされるべきである。グレー部分があるこれらの概念やルールを児童生徒が理解できるように支援し、導くためには、様々な見本が使われる。以下はそれらの例の一部である。

- ・「カフェテリアで列に割り込んだ子がいる」（告げ口屋）
- ・「食べている途中の昼食の載った他の子のトレイを、ゴミ箱に突っ込んだ子がいる」（行動を起こす人）
- ・「教室で携帯電話を取り出している子がいた」（告げ口屋）
- ・「ネット上で嘘のプロフィールをつくり、性的なコンテンツをあげた子がいる」（行動を起こす人）

　幼少期から長く続いてきた告げ口についての基準を変えるのは難しいことだが、教員は、「告げ口屋 VS 行動を起こす人」といった共通の言葉を児童生徒に教えることから始め、児童生徒がつくり出したシナリオなどによる具体例を提示するといい。視覚的なリマインダー、例えば教室に貼るポスターなども、このメッセージを児童生徒に伝える助けとなるだろう。

　傍観者へのトレーニングにあたっては年齢や認知レベルに応じて、様々な指導方法が活用される。学校安全チームや担任の教師は、すべてのトレーニングについて、障害のある児童生徒についてもインクルージョンが確保されるように個別の調整をすべきである。導入したプロトコルとトレーニングの教材に対しては、平等なアクセスが担保されるように、適切な調整や修正が行なわれる。他の新しいスキルを児童生徒に教えるときと同様に、定期的にくり返しスケジュール化された授業時間をとることで、新しいスキルを学習する児童生徒の成果は向上する。文学活動、作文コンテスト、芸術講座、バナーづくり、マルチメディアを活用したプロジェクトは、傍観者にいじめ行動を探知し、事件に適切に対応することを教える効果的で創造的な方法である。教師は、児童生徒に、学校が取り入れているプロトコルのそれぞれのステップについて、何度もロールプレイで練習する機会を与えるべきである。そして、児童生徒が必要な手順を覚えるまで、具体的なコーチングとフィードバック

を与えなくてはならない。

ピアメンタリング

　効果的な傍観者への教育を支えるために、ピアメンタリングはしばしば導入される
プログラムである。学校におけるいじめを防ぐ上で、仲間の正式な関与は重要な
要素である（Farrington & Ttofi, 2010）。ピアメンタリングは、児童生徒の間に多
様性への理解、仲間同士のポジティブな交流を促進するための構造化されたグルー
プである（Janney & Snell, 2006）。仲間によるロールモデルやピアメンタリングは、
学校における社会規範を確固たるものにし、また互いを尊敬し合う学校風土をつく
り出す上でポジティブな効果がある。特に中学校においては、仲間によるポジティ
ブなサポートは、いじめの被害を著しく減少させるということが調査研究によって
明らかにされている（Gage, Prykanowski, & Larson, 2014）。また、被害者を守る
ように訓練されたピアメンターによって、いじめの被害による最終的な影響や、被
害者が感じる不安、抑うつ感情や社会的な孤立感が減少するということが示されて
いる（Salmivalli, 2010）。

　ピアメンタリングプログラムはいくつかのモデルを用いてつくり出される。学校
安全チームや生徒会は協力体制を築き、グループを結成するために、仲間をスカウ
トすることができる。学校長や教員は、ピアメンタリングプログラムの全体像を確
立し、次のような問題に対処していかなくてはならない。

・大人のアドバイザーを決める

・児童生徒のセレクションの基準を決める

・児童生徒をスカウトする

・要請書をつくる

・インタビューを実施する

・保護者に知らせる

・トレーニングを行ない、フィードバックを与える

・ピアメンターに、現状の評価レビューを与える

　障害のある子の平等な権利を主張する保護者団体（Parent Advocacy Coalition

for Equal Rights': PACER's) の全米いじめ防止センターは「ウィー・ウィル世代（We Will Generation）」プログラムを作成し、教室で行なえる活動や資源、そして仲間を助けるためのポジティブな行動をとれるように児童生徒やピアメンターを教育し、啓発する上で推奨されるビデオなどを提供している。この団体はまた「いじめに対して団結する学校のためのイベントガイド」を発行し、教員やピアグループに対し、いじめ防止キャンペーンを成功させるためのデザイン、実施についての細かいマニュアルを提供している。より詳しく知りたい場合は同団体のウェブサイトを訪問してほしい。

 http://www.pacer.org/bullying

　正式なピアメンタリングプログラムは定期的にミーティングを開き、小集団と大集団両方のための活動を選び実施する。ジャニーとスネル（2006）によれば、ピアメンタリングプログラムの目標は次のようなことである。

・多様性について児童生徒を教育する
・児童生徒の無関心を共感へと変える
・積極的なチームづくり活動を重視する
・上級生からの知識を受け継いでいくことで、活動に持続可能性をもたせる
・障害のある児童生徒のニーズを理解し、伝える
・ポジティブな態度と多様性を推奨する

　それに加えて、障害のある児童生徒に特化して組織されたピアメンタリングプログラムもある。選抜された児童生徒は、障害のある児童生徒の教室でのチューターや学校の一日のなかであまり構造化されていない活動時間帯（例えば、昼休みや始業前、放課後など）に一緒に時間を過ごす社会的な仲間として、訓練を受ける。仲間によるロールモデルやピアメンタリングは、学校という複雑な社会的環境における児童生徒のナビゲーターとなるとき、支えと援助を提供できる。「ベスト・バディーズ（Best Buddies）」は、障害のある子どもとその仲間の友情関係に重きをおいたピアメンタリングプログラムである。

http://www.bestuddies.org

　これらのプログラムは、参加している児童生徒に、社会的な責任をもたせることで、仲間とポジティブな関係を築く機会を与えるものである。障害のある児童生徒もまた、いじめやハラスメントに直面している下級生のメンターとなることができる。ピアメンターになることで、障害のある児童生徒が学校において活動的な役割を果たすことを後押しされ、自信を深められるという効果も期待できる。

　ピアメンタリングプログラムは、ポジティブな学校風土を強め、児童生徒に多様性について教え、仲間と団結して立ち上がる力を与える（Carter et al., 2013）。学校の教職員でピアメンタリングのネットワークをつくることを積極的に求めている人には、多くのリソースや確立した正式なプログラムと支援が入手可能である。米国学校風土センターは「行動を起こす人・イン・アクション」というツールキットを著し、多様性について教え、障害のある児童生徒とない児童生徒のポジティブな交流の機会をつくり出すための授業プランや訓練の教材を提供している。

http://www.schoolclimate.org/bullybust/upstander

　学校長は、児童生徒のグループとブレインストーミングを行ない、学校の名前やマスコットを用いて、児童生徒一人ひとりが「いじめっ子ではなく、友だちになる」ことを目指した、より気軽で格式張らないピアグループをつくることもできる（例えば、「ラングレーのランチ隊」や「ロバートの休み時間大使」など）。こうしたグループは正式なピアグループのように確立したカリキュラム、定期的なミーティングやスクールワイドなイベントを運営するといったことはせず、一般的な学習環境のなかで友情を育てることのほうに重点をおいている。カフェテリアの特定のテーブル、校庭の特定のベンチ、または休み時間を過ごせる指定された場所を「友だちゾーン」とし、社会性やコミュニケーションの面で困難を抱え、安全に食事をしたり外遊びをしたりしたい児童生徒のために確保している学校もある。プログラムの構造のレベルは異なっても、ピアメンタリングの最終的な目標は、互いを思いやる

友情を育てること、違いを支持すること、そしてインクルージョンと受容の機会をつくり出すことである。これらのプログラムは効果的であるだけでなく、追加的な予算措置や指導時間をほとんど必要としない。

> もしかしたら、あなたは自分で自分のために立ち上がらなくてはならないかもしれない。周りの子は、いじめっ子が怖くて、あなたを助けてくれないかもしれない。あるいは、言うべき言葉を思いつかないのかも。からかわれるのは嫌なことだけれど、きっと事態はよくなる。頑張って勉強すれば、そのうちあなたは卒業し、今の嫌なことすべてとおさらばできる。愛をこめて、あなたの友より

　仲間による仲裁プログラムは、ピアメンタリングプログラムとは異なる。仲間による仲裁プログラムは、けんかを平和的に解決できるように児童生徒を訓練するもので、規則に則って教員や校長によって下される、伝統的な懲罰の手続きに対する、代替的な選択肢となるものである。一部の学校では、仲間による仲裁プログラムをいじめのような、児童生徒間のもめ事にも適用している。しかし、米国教育省の『いじめの防止と介入についての失敗』によれば、いじめはけんかではなく虐待の一形態である。児童生徒による仲裁は、いじめに直面させられている児童生徒の被害をさらに大きくする恐れがある。それに加えて、障害のある児童生徒は、面と向かって問題を説明し、話し合うために必要なコミュニケーションや適応スキルを欠いている場合があり、いじめっ子と対峙させられ、被害をもたらした事件を振り返らされることで、最終的にさらにトラウマを負ってしまう可能性がある。この点に関する政府の出した教育概要については以下のウェブサイトから入手可能である。

http://www.stopbullying.gov/prevention/at-school/educate/misdirections-in-prevention.pdf（閲覧不可）

いじめ行動を示す児童生徒（いじめっ子）

　「傍観者」「いじめっ子」あるいは「被害者」といったレッテルは文献においてはしばしば用いられる（本書もそのひとつである）が、事態をミスリードしてしまう

可能性があり、使用には注意が必要である。レイニーとリンバー（2013）によれば、いじめ行動を示す児童生徒は「悪い子」ではなく、固定化されたレッテルによって同定されるべきではない。児童生徒に「いじめっ子」という名前をつけることは、いじめの発生に寄与する、より大きな生態学的な要因や、学校という環境下で起こるけんかの数多くの原因などを注意深く検証することなしに、いじめ事件の全責任を児童生徒に負わせることになる。児童生徒がいじめ行動を示すのに寄与する可能性がある要因はたくさんあるため、学校の教職員は児童生徒にすべての非を負わせたり、欠点を探したりするのではなく、学校風土、仲間の影響、ペアレンティングのスタイルなど他の側面についてもよく考慮しなくてはならない。

　さらに、障害のある児童生徒がいじめ行動を示す場合もある。知的障害または、社会性や感情、コミュニケーションスキルの面で障害があるために、社会的に受け入れられる行動に対する理解を欠き、いじめ行動を示す児童生徒がいる。ローズら（2011）によれば、障害のある児童生徒で、いじめ行動を示す者は、社会的なコミュニケーションスキルにおいて課題があり、仲間によってネガティブな注意引きの行動を学習していることがしばしばある。別の研究では、障害のある児童生徒の38.1％が、他の児童生徒をいじめたことがあると回答している（Swearer, Wang, Magg, Siebecker, & Frerichs, 2012）。

　障害のある児童生徒が、いじめ行動を示すことに寄与する要因はいくつかある。これらの児童生徒が、しばしば年齢に応じた適切なソーシャルスキルを身につけていないために、悪口をいう、人を押しのける、言葉で相手をあざけるといったことをする場合がある。マサチューセッツ州小中学校教育局の発表した「いじめ防止と介入に関するリソース」によれば、障害のある児童生徒は「攻撃者になるリスクと、標的にされるリスク、両方の危険性がある」。そうした児童生徒は過去に、大人の目からはわからない方法でいじめられたり、排除されたりしたことがあり、「やられる前にやれ」という心構えでいる場合もある（2011, p.5）。障害のある児童生徒は仲間のグループに感化されやすく、一般的な教育環境で見かける仲間の行動を模倣する場合もある。2013年の「関係各位への書簡」は、「いじめ行動に関与した児童生徒に障害がある場合には、個別の教育プログラムの検討チームは、その児童生徒の個別の教育プログラムを再検証し、不適切な行動に対処するために、追加的な支援やサービスが必要かどうかを判断するべきだ」としている（p.3）。個別の教育プログラムの検討チームは、その児童生徒がいじめ行動を示した理由や目的を必ず

調査しなければならず、さらに機能的行動アセスメントを行なう場合もある。機能的行動アセスメントは、問題行動と先行刺激、あるいはその行動を維持させている結果との機能的な関係を明らかにする体系的なプロセスである。教育チームはその上で、行動介入計画をたて、児童生徒がポジティブな行動を学習することを支援し、代替手段と適切な代替スキルを教えていく。

　その児童生徒について、個別の教育プログラムが作成されていない、あるいはリハビリテーション法第504条プランの対象外である場合、学校の専門チームは個人記録を丹念に振り返り、本人が特別支援教育を受けるのに適格かどうかを判断し、チャイルドファインド（Child Find）で求められている行動を取ることが当然の義務となる。チャイルドファインドは、障害があり、特別支援や関連するサービスを必要としている疑いがある児童生徒について、学校が特定し、評価を行なうことを求めた連邦法規である（個別障害者教育法, 2004）。児童生徒が高い頻度で反社会的行動や、その他の型（タイプ）のいじめ行動を示している場合、学校は複数の分野の専門家からなるチームを結成し、その児童生徒が特別支援教育を受けることが適格であるか、それらの行動が障害に関係するものかを判断するために積極的に行動する義務がある。チャイルドファインドは早期介入サービスのため、年少の子どもたちを対象とすることが多いが、21歳までの児童生徒についても適用が可能である。障害の徴候や影響は、児童生徒の年齢が上がるにしたがって変化する場合がある。例えば、6歳の子どもが軽度の自閉スペクトラム症という診断を精神科医から受けたものの、学校の複数の専門分野からなる教育チームや両親は、その時点では特別支援教育の必要はないと判断したとする。5年後、子どもは11歳になり、仲間（ピア）への度重なるいじめを含む、より深刻な行動をとるようになっていた。この児童が特別支援教育による支援を受けるのに適格であるかもしれないということを合理的に知ったこの時点で、学校の個別の教育プログラムチームは、チャイルドファインドの手順に従って再召集され、この児童が現時点では個別障害者教育法やリハビリテーション法第504条に定められた特別支援教育や関連サービスを受けるのに適格であるという決定を下すべきである。

　先に述べたように、ある児童生徒が学校でいじめ行動を示すことに寄与する要因はいくつかある。学校長や学校安全チームは、学校で高い割合でいじめが発生している場合、その原因として、いじめっ子−被害者の力学だけでなく、全体のいじめの割合に寄与しそうな、他の要因についても意味のある検証を行なうよう、調査の

範囲を広げるべきである。いじめ行動は何もないところでは発生しないため、学校の教職員は、学校という環境がこの行動を支える上で著しい役割を果たしていることを理解しなくてはならない。学校当局は、いじめ行動を示す児童生徒への処罰を考える前に、児童生徒の行動の根っこに存在する原因としての学校の文化や風土について、まず検証を行ない、効果的に対処する必要がある。いじめ行動は、学校という大きな社会的構造を反映するものであり、いじめの割合が高い学校にはネガティブな環境が伴っている（Gage, Prykanowski, & Larson, 2014）。学校は、積極的ないじめ防止に焦点をあてた具体的な活動、教師と児童生徒のつながり、児童生徒と職員の間の敬意などを育て、実施してきたか。米国教育省は『指導のための原理：学校風土と規律を向上させるためのリソース』（2014）において、いじめが発生した際の懲罰手段の必要性を減らすために、校区の職員たちに「意図的に努力してポジティブな学校風土をつくり出す」ことに傾注するようアドバイスしている。学校におけるいじめの発生率が高いということは、より大きな学校全体の問題のシグナルかもしれず、プログラムと活動の計画から実施まで、高いレベルでの関与と実行力を伴った学校改善計画の必要性を表している可能性がある。

　この他に、いじめ行動の増加に寄与する要因としては、個人的なトラウマや、児童生徒の学校内の行動にネガティブな影響を与える学校外での出来事などが考えられる。コミュニティにおける暴力、家族の死、その他の社会的な圧力が、児童生徒の学校内での行動に影響を与える場合がある。学校におけるいじめ行動に対処するためには両親の支えと気づきが重要となる。両親は、家庭での環境を振り返り、子どもに対していじめについて話をする必要がある。不幸なことに、暴力的なコミュニティや、両親が激しい体罰を利用する家庭で生活している子どももいる。両親が攻撃的な行動のモデルとなっている場合もあり、児童生徒は争いが起きたときの適切な解決方法について、ロールモデルをもっていない可能性がある。これらの外的な力について考慮し、認めることなしに、学校の教職員がこれらのより大きな問題について、十分に標的を定めた、両親への効果的な個別介入を行なうことはできない。

君の抱えている問題はよくわかるよ。昔、僕が小学生だった頃、友だちがいて、その子もいじめられていた。ぼくはいじめっ子に立ち向かっていった。正しいことだったと思う。そのあと、奴らがぼくに構ってくることはなかったけれど、その友だちへのいじめは本当にはなくならなかった。でも前ほどひどくはなくなったかな。幸運を祈るよ。

段階的な罰則

　いじめ行動を示す児童生徒に対する罰則規定について検討するとき、学校長や学校安全チームは、いじめ行為に対する懲罰措置に関係する学校方針や手続き、生徒の行動規範などをよく振り返る必要がある。学校方針はいじめについて定義するだけではなく、いじめ行動を示す児童生徒に対する段階的な罰則についての輪郭を描くものである。

　文書化された基本方針について、州および連邦法上のコンプライアンスを守っているか、また児童生徒の発達のために適切な措置をとっているかなどを学校安全チームは注意深く検証しなくてはならない。例えば、学校に遅刻したことで、児童生徒に停学を命じるのは合理的ではない。また、学校がゼロトレランス方式をとっているからといって、いじめっ子から身を守ろうと抵抗した子を停学にするのも合理的ではない。他人をいじめる児童生徒に対する学校の懲罰手順は、児童生徒および両親がアクセスできる言葉で書かれている必要がある。いじめに対する基本方針や手順は、学校の建物の中心、学校のウェブサイトの真ん中、そして両親や保護者に学校から送られるすべての文書の中央に配置されるべきである。児童生徒やその両親に、いじめやハラスメントに関わるすべての学校方針や懲戒措置について読み、理解したという文書に署名をしてもらってもいい。

　学校方針や手順は、年齢相応の段階的な罰則を含み、すべての児童生徒を支え、平等に適用される。例えば、一部の学校の停学に関する手続きは、そうと知らずにであっても、障害のある児童生徒を不当に標的にしている場合、連邦法を犯している。障害のある児童生徒が停学処分を受ける割合は他の児童生徒に比べて不釣合いなほど高い。2014年の米国教育省と司法省による「関係各位への書簡」によれば、障害のある児童生徒の割合は、児童生徒全体の人口の12％であるのに対し、停学処

分を受けた児童生徒の19％を占めるという（p.1）。障害のある児童生徒がいじめ行動を示した際に、より重い懲罰手段の標的となっていないかどうかを確かめるには、厳密なデータの収集と記録が必要である。差別的な取り扱いを避けるためには、学校長は停学についての月次、年次データを分析し、監視する必要がある。実際の教室における懲罰の適用における格差についてさらに情報がほしい人は、「学校での懲罰における格差を根絶するために教育者ができること」（Gregory, Bell, & Pollock, 2014）を読むとよい。

http://www.indiana.edu/~atlantic/wp-content/uploads/2014/03/Disparity_Interventions_Full_031214.pdf（閲覧不可）

　停学や退学は、いじめ行動を示す児童生徒に対する最後の切り札である。ゼロトレランス方式は学校を安全にしてくれるわけではなく、落第や中退をする児童生徒の割合を増加させ、学校全体の風土を劇的に悪くする（Skiba, 2013）。重い懲罰手段やゼロトレランス方式は非生産的であり、包括的ないじめ防止プログラムの一部分にはならない（Rossen & Cowan, 2012）。米国市民自由連合は、「事件が起こった状況にかかわらず、自動的に厳しい処罰を下すゼロトレランス方式は、"学校から刑務所へ"というパイプラインを存続させ、わが国の学校で学ぶ児童生徒、そのなかでも特にリスクにさらされている子どもたちを教室から追い出し、少年法の制度のなかへ追いやってしまう」としている。学校における伝統的な懲罰方針は職員室への呼び出し、停学、退学、別室への隔離、そして少年法制度との連携などにしばしば限られており、十分とはいえない。学校長や学校安全チームは、いじめ行動を示す児童生徒に対して代替的な手段と段階的な罰則をつくり出し、生徒を校外へ追放する退学処分やゼロトレランスの方針を防がなければならない。

　米国教育省（2014）によると、「段階的な罰則は、幼年期から青年期の様々な段階にある子どもたちの発達上の違い、対象となった児童生徒の認知面や感情面での成熟度を考慮にいれて行なわれる」（p.14）。段階的な罰則は、教師が悪口やあざけり、その他のいじめに類する行動を目撃し、いじめは決して許されないという明確なメッセージを送った瞬間から始まる。教師は直ちに言葉によるフィードバックを行ない、児童生徒に学校の方針と生徒の行動規範を思い出させる。教師がいじめやハラスメントは許されない行動であるというメッセージを送ることは、尊敬できる教

師としての一貫した信頼性につながる。このことは、将来のいじめ事件へのプラスの影響が期待できる。ごく軽い違反に対しては、迅速かつ首尾一貫して動き、事件が起こった文脈に合わせて個別に調整を行なう。職員によって対応が一貫しないことは、最終的ないじめの発生件数の減少にギャップを生じさせる原因となる。例えば、ある生徒が別の生徒にむかって学校の廊下で「このオカマ」と怒鳴っているのを聞いたとき、その場の管理をしていた教師には、即座に①校則に言及し、②どの言葉が無礼であったかを明らかにし、③学校のプロトコルを用いて介入を行なう責任がある。しかし、数時間後、同じ生徒が食堂で「このオカマ」というのを聞いた、管理の大人ふたりが、①あきれたように目をぐるりと剥き、②承服しかねる様子で頭を振り、③その場を立ち去ってしまったとしたら、これらの首尾一貫しない対応によってポジティブな学校風土はすり減り始め、いじめ行為が横行することを許してしまうだろう。児童生徒が何か無礼な、あるいは敬意に欠ける発言をするたびに職員室への呼び出し状を受け取るというのは勧められないが、いじめ事件が起こった際には、すべての職員が、採用されているプロトコルに基づいて一貫した対応をとれるように準備しておく必要がある。

　いじめやハラスメント行動を示す児童生徒は、自分の行為に責任を負わなければならないが、より過酷な処罰は、より暴力的、継続的で悪質な攻撃をした場合に、とっておくべきものである（**表6.1**）。処分を与えるにあたっては、考慮に入れるべきいくつかの変数があり、学校職員は適切な判断を下す前に、すべての要因を調査する必要がある。懲罰措置を決定する前に、そのいじめまたはハラスメントの大きさ、範囲、頻度や性質を注意深く検証する。厳しい方針や手順は、安全な学校環境が維持される範囲内で、個々の児童生徒にとって最大の利益となるような教育的な判断を下すことを、学校の管理者や学校長から奪い取るものであってはならない。

　学校の教職員は、個別障害者教育法、あるいはリハビリテーション法第504条の下で障害があると認定されている児童生徒がいじめ行動をとり、停学や退学の処分を考える際には連邦法に従うことが求められる。障害のある児童生徒は、付加的な保護を受けており、学校教育チームはその児童生徒による学校の規定の侵犯と、本人の障害とに関係があるかどうかを判断するために、より厳密な評価を行なうことを求められる。学校教育チームは停学のように児童生徒を学校の外に出す処分を避け、その児童生徒の個別の教育プログラムやリハビリテーション法第504条プランを振り返り、問題行動への対処として追加的な支援やサービスが必要かどうかの判

断を下すべきである（米国教育省，2013）。例えば、休み時間に仲間にいじめ行動を示す児童生徒に障害がある場合、カウンセリングやソーシャルスキルトレーニング、あるいは環境調整（例えば、休み時間に管理する大人の人数を増やすなど）が必要かもしれない。個別の教育プログラムやリハビリテーション法第504条プランの対象となっている児童生徒については、その市民権がより大きく保護されており、懲罰手段に直面した際には適正な手続きの下で行なわれるべきであるということを覚えておくことが重要である。

表6.1　段階的な罰則

・行動の直後に与えられる言葉による叱責や警告
・「停止命令」を下し、被害者に接触しないことを約束させる
・両親に電話をし、事件について警告する
・両親と教師との話し合い（カンファレンス）
・学校の管理者やスクールカウンセラーとの追加的なカウンセリング
・昼食を別の場所で食べさせる、校内の食堂の利用停止
・児童生徒による被害の弁償（例：生徒が他の生徒の教材、衣服やリュックなどの持ち物を損なった場合、本人にそれらの品物の弁償をさせる。どのような形で支払うかは個別に判断する）
・コミュニティへの奉仕活動をさせる
・課外活動のプログラムに参加する権利を剥奪する
・始業前の呼びだし、放課後の居残り
・校長室への呼び出し

　いじめられるのは本当に辛いことだっていうことは僕もよく知っている。君は自分がひとりぼっちだと思っているかもしれないけれど、周りを見回せば、君を愛し、心配している人がいるはずだ（ぼくにとっては、これは少しだけ助けになる）。あと、校内の監督者（見回りをする大人）になんとなく自分を見守ってくれるように頼んでおくのもいいことだ。万一、困った目に遭ったときのためにね。このアドバイスが少しでも役にたちますように！

　児童生徒がくり返しいじめ行動を示し、伝統的な手段、すなわち信頼できる大人との話し合いといった方法に応じない場合、追加的な支援や特別なサービスへの紹介が求められるかもしれない。常習的ないじめっ子と見なされた児童生徒は、深刻な精神的問題を示している場合があり、精神医学の専門家による追加的なサポート

を必要としている可能性がある。学校心理士やカウンセラーは認知行動療法を提供し、児童生徒が自らの思いや感情を整理し、負の感情を認識し、考え方や行動を変えていくための戦略を使う。個別の介入には、攻撃性のマネジメント、コーピングスキルや他者への共感を教え、ストレスマネジメントや家族へのトレーニングが含まれる。アンガーマネジメントのスキルは、感情の抑制と視点を変えること、そして通常の児童期の怒りをコントロールする方法を児童生徒自身と直接話し合うことを重視している（Swearer, Espelage, & Napolitano, 2009）。段階的な罰則においては、両親の参加も可能な限りで最大限に組み込まれている。恒常的にくり返される深刻ないじめに対処するのは、短期間のプロセスでは難しく、長期にわたる「児童生徒を、生涯を通じての学習者、生産的な労働者、そして社会に貢献できる市民にするという教育の最終目標」（Fink, 2014, p.5）に向けての取り組みの一部である。

被害者

　学校でのいじめやハラスメントの防止について国家的な関心が高まっており、米国教育省が強い言い回しで指導と技術的な援助を行なっている（2000, 2010, 2013 & 2014）にもかかわらず、学校区では、重層的で包括的ないじめ防止プログラムの実施や障害のある児童生徒のために特別につくられた介入を行なえる体制になってはおらず、遅れが目立つ。特別支援教育によるサービスを受けている児童生徒はいじめに遭うリスクが高く、その割合は増加していると報告されている（Rose, Swearer, & Espelage, 2012）。こうした児童生徒は仲間による虐待の引き金となる行動、例えば同じ質問くり返すこと、社会的なルールを破ること、相手を苛立たせるような癖、あるいは変わった服装をするといった行動を示す可能性がある。だからといっていじめが容認されるわけではないものの、障害のある児童生徒に対するいじめについて、総合的な防止プログラムをつくる上で、いじめが起こる様々な要因を丹念に調べるのは重要なことである。いくつかの国内研究では、特別支援教育を受ける身体障害のある児童生徒はいじめの被害に遭いやすいという結果が出ている（Davis & Nixon, 2014）。しかし、いじめについての文献において、特別な支援を要する児童生徒に特化した、エビデンスベースドな手法についての調査は不足している（Young, Ne'eman, & Gelser, 2011）。「残念ながら、攻撃されやすいこれらの集団をめぐる独特ないじめの力学については、もっと多くの調査研究によって検

証が行なわれる必要がある」（アメリカ教育調査協会，2013）。学校ごとのいじめ防止プログラムの大多数は一般的な教育環境で過ごす児童生徒を対象につくられ、発展してきた。学校区の教職員は、エビデンスベースドなプログラムの中核的な要素に、障害のある児童生徒への介入を追加する形で修正や変更を行なうことができる。

　障害のある児童生徒に関わるすべての学校の教職員は、障害のある児童生徒が法律によって、連邦から受けている保護について理解するために高いレベルで訓練を受け、関係する法律や指導文書を注意深く守る必要がある（人権局，2000，2010，2014；特別支援教育リハビリテーション局，2013）。学校区の教職員は児童生徒を身体面、感情面での害から守り、敵対的な環境を消滅させる責任がある。いじめとハラスメントの被害者に対応するとき、学校区の教職員は、第一に障害のある児童生徒が、敵対的な教育環境から守られ、効果的な個別の教育プログラムの下、無償かつ適切な公教育を受けられることを保障しなくてはならない。

　「アビリティ・パス（Ability Path）」は、障害のある個人を支援する両親と専門職員のためのリソースを提供するオンライン・ハブである。彼らは「彼らの靴で1マイル歩く」というツールキットを開発し、障害者ハラスメントを防止するための調査研究や推奨事項を提供している。このツールキットは、障害者ハラスメントに関わる連邦法規について学校の教職員に対するトレーニングを行なう際の素晴らしいリソースである。

---

http://www.abilitypath.org/areas-of-development/learning—schools/bullying/articles/walk-a-mile-in-their-shoes.pdf

---

自分が変わっていると思ったら、その事実を抱きしめて。私たちはみんな変わっているの。友だちができれば、また変わってくる。両親に打ち明けるのを恥ずかしがらないでほしいけれど、そうでなければ誰か他の大人を探そう。必ず誰かが聞いて、心配してくれる。私がそうだったように。あなたがこの困難を乗り越えて、雲の間から太陽の光が差し込むことを、心から信じています。

個別の教育プログラムまたはリハビリテーション法第504条プラン

　いじめ被害が発生したとき、地域の学校は、両親に連絡をとり、専門の教育チームを招集し、児童生徒の個別の教育プログラムあるいはリハビリテーション法第504条プランを再吟味し、問題に対処する手順を踏まなければならない。米国教育省特別支援教育リハビリテーション局（2013）と人権局（2014）は、いかなる形であれ、いじめの被害者となった児童生徒については、学校が個別の教育プログラムあるいはリハビリテーション法第504条プランの検討チームを招集し、必要な支援やサービスがないかを決定するべきだとしている。教育チームのメンバーとしては、通常学級の教員、特別支援学級の教員、言語会話セラピスト、職業的セラピスト、学校の管理者、両親、スクールカウンセラーなどが考えられ、正式あるいは簡略な形で、児童生徒のその時点でのベースラインを判断するために「現時点での学習到達度と機能的パフォーマンス調査（PLAAFP）」を実施しなくてはならない（個別障害者教育法，2004）。その児童生徒が無償かつ適切な公教育を受けられているかと関係があるため、この調査の実施は必須である。米国教育省は「機能的パフォーマンス」について「学業や子どもの学習到達度とは別の活動やスキル」と定義している。この言葉は日常生活におけるルーティン活動の文脈で使われ、例えば社会的なコミュニケーションスキル、問題解決スキル、批判的思考のスキル、そして他者との関係を築くスキルなどをいう。教育チームは、児童生徒の学業面でのニーズだけでなく、その児童生徒が一般的な教育環境に入る際の社会的なコミュニケーション面でのニーズや行動上のニーズについてもよく検討するべきである。いじめや障害者ハラスメントの被害者となった児童生徒について議論する際には、教育チームは機能的パフォーマンスの分野における本人の強い部分と弱い部分についても意見を述べるべきである。児童生徒の現在のレベルに合わせて、本人がハラスメント被害に遭わず、教室はもちろんのこと、食堂や廊下、課外活動やスクールバスのなかで仲間と過ごしても、無償かつ適切な公教育が保証されるために必要となる支援やサービスを考えていく。例えば、知的障害があり、大きな集団で一斉に教室を移動するのに困難がある児童生徒は、体育の時間に仲間から孤立したり、昼食のときにひとりきりになってしまったりするかもしれない。教育チームは、このような社会的排除の影響を客観的に評価し、この児童生徒が、本人のベースラインデータに見合った、意味のある教育を享受できているのかを判断するべきである（米国教育省，

2013）。別の例で、毎朝、学校へ向かうスクールバスのなかでくり返しあざけりや
ハラスメントを受けた児童生徒は、学校で終日、切れやすく、不安感が高い状態に
なり、教育プログラムから学習し、利益を受ける本人の能力が阻害されてしまう。
個別の教育プログラムやリハビリテーション法第504条プランに書き込まれる情報
はすべて最新のものでなければならない。そしてデータを元にしており、正式な検
査の結果や、評価データ、直接観察できたことに基づいている必要がある。現時点
での学習到達度と機能的パフォーマンス調査に書かれた客観的な情報は、文書化さ
れた目標や支援サービスの選択、そして児童生徒の所属先を決めるための基盤を提
供するものである。

　個別の教育プログラムやリハビリテーション法第504条プランが個人のニーズに
基づいて作成されるとはいえ、障害のある児童生徒がいじめや虐待の被害に遭う確
率の高さに鑑みれば、教育チームは、障害のある児童生徒が十中八九、言葉や身体
上のいじめや、障害者ハラスメントに直面することは当然推測できる。したがって、
教育チームは児童生徒がいじめの被害者となったかどうかを考慮に入れ、個別の教
育プログラムやリハビリテーション法第504条プランにも懸念を記載するべきであ
る。2010年、マサチューセッツ州では、公立学校におけるいじめ、ハラスメントそ
してからかいに対処する法律が議会を通過した。同州のいじめ防止と介入のための
リソースを提供するウェブサイトでは、「いじめに遭いやすい児童生徒がいる場合、
その児童生徒がいじめを予防し、止（と）めるためのスキルを育てるうえで必要な環境調
整、サービスや介入を個別の教育プログラムチームが決定する」としている。

 http://www.doe.mass.edu/bullying/considerations-bully.html

　すべての州と、学校の教育チームはこのマサチューセッツ州の動きに追随し、す
べての障害のある児童生徒のための特別な一項を書き加えることが望まれる。特別
な一項については、個別障害者教育法（2004；公法108-446）にも定められており、
個別の教育プログラムチームに対し、障害のある児童生徒への特定の追加的な支援
や要素について検討するように求めている（**表6.2**）。

表6.2　個別障害者教育法（第300条、第324条 [a] [2] [i] - [v]）特別な要素についての配慮

個別の教育プログラムチームは次のような点について、配慮をしなくてはならない。
①子どもの行動が本人、あるいは他の子どもの学習を妨げている場合は、その行動に対処するために、ポジティブな行動介入と支援、その他の戦略の利用を考慮する。
②子どもの国語力が十分ではない場合、個別の教育プログラムを作成する際にそのニーズについても考慮に入れなくてはならない。
③子どもに視覚障害がある場合、個別の教育プログラムチームが点字の利用が適さないと判断した場合以外を除き、点字の利用や点字による指導を提供できるようにする。点字の利用が適当か否かについては、子どもの読み書きの能力や、将来的に点字の利用や点字による指示が必要になるかどうかなどを評価した上で個別の教育プログラムチームが決定する。
④子どものコミュニケーション面でのニーズを考慮する。子どもに聴覚障害がある場合、子どもの言語能力やコミュニケーション面でニーズがないか、仲間との直接的なやりとりをする機会の確保、子どもの言語やコミュニケーション面に合う専門家の援助、学習レベル、その他、子どもの言語とコミュニケーションのモードにおける直接指導の機会を含む全般的なニーズについて精査する。
⑤子どもが補助的な機器や技術、サービスによる支援を必要としているかを考慮する。

キーワード：個別障害者教育法, 個別の教育プログラム
出典：米国教育省（2012）. 個別障害者教育法, 34 C.F.R. §300.324(a)(2)(i)-(v).

　連邦政府は、現行ではいじめやハラスメントに関わる特別な配慮を法律の一部に含めることをしていないが、州や地域の学校は、個別の教育プログラムやリハビリテーション法第504条プランに追加的な意見や要求を加えることはできる。障害のある児童生徒がいじめに遭う割合の高さや、長期的で深刻な結果に鑑みれば、障害のある児童生徒に関わるすべての教育チームは次のような特別な一項を書き加えるべきである。「その児童生徒がいじめに遭いやすい場合、教育チームがいじめを防止し、無償かつ適切な公教育を受けるために必要な環境調整、サービスや介入を決定する」。教育チームはその上で、測定可能な目標として、次のようなことを教える。

- ・具体的なソーシャルスキル
- ・教育を受ける環境で効果的にコミュニケーションをとる能力
- ・ノンバーバルなソーシャルスキル
- ・自己管理スキルと感情の抑制
- ・自分自身を支持するスキル（Self-advocacy）、自己肯定感、自己決定スキル

　さらに、教育チームは児童生徒がいじめを大人に報告するスキルを理解し、獲得することを確実なものにしなくてはならない。児童生徒がいじめを特定し、大人に

報告できるようになるためのステップを学習するまでには一対一の指導が必要となるかもしれない。その他の修正や調整としては、スクールバスの席の選択、カウンセリング、管理する大人の増員、関連するサービス（例えば、言語や会話セラピー）、そして定期的にスケジュール化されたチームのメンバーによるミーティングによって、計画が一貫して遂行されており、児童生徒がハラスメントから保護されていることを確認すること、などが挙げられる。

> 周りの子はあなたをおとしめ、自分が劣っていると感じさせようとしてくるかもしれないけれど、それを許してはいけない。人と違うということは悪いことじゃない。あなたは自分自身を愛さなくてはならないということは、いくら強調しても、足りないくらいです。学校のカウンセラーや先生に助けを求めてみてほしい。

障害のある児童生徒へのトレーニング

いじめの被害に遭っている児童生徒の個別の教育プログラムやリハビリテーション法第504条プランはいじめ事件を防止し、適切に対応するために必要なスキルを記載しなければならない。障害のある児童生徒がスクールバスでいじめられるのであれば、プランには年齢相応の具体的な目標を特定するべきである。例えば、いじめの状況を避ける（運転手のすぐうしろの席に座るなど）、いじめっ子に効果的な返答をすることで対処する、そして大人にいじめを報告することである。この例では、教育チームは、児童生徒の移動を特別なバスに限定してしまう前に、児童生徒が現行の関連サービスの利用を続けられるように、積極的にスキルを教える機会をいくつも提供している。短期的に見れば、利用するスクールバスを変えるほうが適切に思えるかもしれないが、これは最終的には児童生徒が仲間との社会化の機会を制限し、近所の子どもたちとは異なるバスに乗って通学するということに気づかれ、烙印を押される結果となる。個別の教育プログラムやリハビリテーション法第504条プランは児童生徒が一般教育にアクセスできるようにするための適切な代替スキルを教えるためにつくられる。

障害のある児童生徒がいじめやハラスメントを防いだり止めたりできるようにす

るためには、明確で単純で一貫したスキルをくり返し、様々な場面や状況を設定しながら教えなくてはならない。先述した止める－立ち去る－話すプログラムは簡単な、3つのステップから成るプロトコルで、児童生徒にいじめ事件を見たときにどう対応し、大人に報告するかを教えるものである。障害のある児童生徒が、いじめやハラスメントを防ぎ、止めることができるようにするための適切なスキルを教える場合も、似たようなプロトコルを用いるべきであろう。ミシェル・ボルバ博士は定型発達の子ども向けのいじめ防止プロトコルを作成しているが、障害のある児童生徒にも適用が可能である。

 http://www.micheleborba.com

次に紹介する「CALMアプローチ」は、児童生徒がいじめっ子にどのように対応するべきかを端的に表現している。このアプローチの各ステップは以下の通りである。

COOL DOWN（クールダウン）

いじめっ子に対処する、第一のステップは「落ち着く」、あるいは冷静さを保つことである。児童生徒にストレスの兆候を認識させ、気持ちを鎮めるための戦略を教える。深呼吸やポジティブな価値を認める言葉などは、どの年齢の児童生徒にも有効である。社会性情動学習のカリキュラムを取り入れている学校であれば、セルフマネジメント、セルフコントロール、そして自己抑制のスキルが、障害のある児童生徒にとっても有効かもしれない。セルフスージング（self-soothing）は、メッセージや肯定、あるいは視覚的なイメージを用いることで自分の感情を鎮めることを助ける方法である（Craig, 2008）。

ASSERT YOURSELF（アサーティブネスを身につける）

障害のある児童生徒に対して包括的なソーシャルスキルを教えるカリキュラムのなかには、アサーティブなボディランゲージを教えることが含まれる。ロールプレイングやビデオによるモデリングを利用して、いじめっ子の攻撃をそらしたり避けたりできるようにする。児童生徒は校内を歩いたり、いじめっ子に対峙したりする

ときには、背筋を伸ばし、頭を上げ、胸を張る、といった適切でノンバーバルなスキルについて、見本とともに教えられる。

LOOK THEM IN THE EYE（相手の目を見る）

　一部の障害のある児童生徒にとってアイコンタクトは苦手なことのひとつかもしれないが、学校の教職員は児童生徒に、いじめっ子に相対し、相手の目を見る方法を教えるべきである。視覚的な支援や、ソーシャルナラティブ（本章で後述）は、いじめに遭った際にどのようにアイコンタクトを用いるとよいかを児童生徒に教える上で役に立つ。身体障害や視覚障害がある児童生徒については、別の選択肢や修正を加えること。

MEAN IT（本気で言う）

　いじめっ子に対応する際には、自分自身を支持するスキルと、コミュニケーション能力が重要となる。言語・会話セラピストが、両親の助けも得ながら、いじめの被害者と直接、いじめっ子にどのような言葉を返したらよいか、台本を基に具体的なセリフの練習をするべきである。攻撃的ではないセリフ（「やめて（やめろ）」「ほうっておいて」「それはいじめだ」「今すぐ僕から離れて」など）を教える。デイビスとニクソンの最近の研究（2014）によると、もっとも助けとなった自らのアクションとして児童生徒が報告したのは「それについて冗談を言うこと」だった。教師やセラピストたちは、児童生徒の年齢に合った冗談やユーモアを、相手を非難したり、傷つけたりするような対応はせずに、相手の敵意をそらす方法のひとつとして取り入れることが望まれる[1]。コミュニケーションや発語に障害のある児童生徒については、単純で適切なジェスチャーや短い応答を教えることでいじめっ子への対応が可能となる場合がある。

　CALMアプローチはいじめっ子への対応プロトコルのほんの一例に過ぎないが、児童生徒にいじめっ子への対応の手順を教える上で、覚えやすい枠組みを与える。これらのステップを効果的に教わり、さらに練習する機会を何度も与えられた場合、

訳注
1 ）　その典型的な教科書がケイト・コーエン・ポージー著『いじめられっ子の流儀：知恵を使ったいじめっ子への対処法』（奥田健次監訳　冬崎友理訳、学苑社）であるので参考にされたい。

その児童生徒はハラスメントの被害から一定の保護が得られるようになるだろう。

> 頭をしゃんと上げ、自分自身に「私は今日、何かすごいことをするんだ」と毎日言い聞かせよう。そして、あなたをいい気分にさせてくれるものに気持ちを集中させよう。自分が何者であるかということに自信をもち、自分が決してなれない誰かの型に無理に自分を押し込もうとしなくていい。あなたの人生には価値がある。あなたは自分自身のもっているものを引き受けなくてはならないのだから、気持ちを大きくもつこと。難しく感じるかもしれないけれど、高校生活はたったの4年間で、あなたには残りの人生がそっくり残っている。どうか、家族や友だちを大切にしてね。

　学校の教職員が障害のある児童生徒にいじめやハラスメントへの対応を教える際には、エビデンスベースドな実践を選ぶことが重要である。教育チームは児童生徒に必要な向社会的スキルを教えるに当たり、様々な指導手法を比較検討し、選択しなければならない。以下に示すのは、児童生徒にいじめやハラスメントを防ぐためのスキルを伸ばす教育手法としてすでに確立されたものである。

1．ビデオモデリング

　　ビデオモデリングは教え方の一種で、児童生徒に適切な言語的・非言語的な反応をしている例をビデオで見せ、モデルの行動を模倣させるというものである。ビデオモデリングの狙いは、遊びに誘う、手伝いを申し出る、ゲームで遊ぶ、カフェテリアで昼食をとるといった、ポジティブで良好な社会的コミュニケーションスキルの連鎖を児童生徒に模倣することを教えることにある（Nikopoulos & Keenan, 2006）。ビデオモデリングは、自閉スペクトラム症の児童生徒を教えるエビデンスベースドな手法であることが示されている（Frazone & Collet-Klingenberg, 2008；全米自閉症センター, 2009）。より詳しい情報を求める人は『ビデオモデリングとビデオプロンプティングの使い方』を読むとよい（Sigafoos, O'Reilly, & de la Cruz, 2007）。

2．ロールプレイングと劇

　　コントロールされた小集団のなかで、児童生徒に、社会的コミュニケーショ

ンスキルを練習し、劇にし、演技し、実演させるように指導する。スクールカウンセラーや学校心理士、あるいは他の教職員が小集団の指導に当たり、児童生徒に自分自身を支持するスキル、アサーティブな態度、そして争いの解決スキルなどについてロールプレイングさせる。学校での一日に起こること、というルールに基づいてシナリオをつくり、児童生徒に各場面を表現させ、非言語のスキルの練習をさせる。相互型のロールプレイングは、学校で起き得る多様な社会的状況について、練習できる機会となる。寸劇を見ている仲間も、適切な社会的振る舞いの方法を学ぶことができる。セッションを録画することにより、全体を観るとともに、細かくシーンごとに分解し、スローモーションや一時停止を用いて非言語のスキルを確認する機会を得ることもできる。

3．台本づくり

　児童生徒にほんの一文か二文からなる短く正確な台本を与え、社会的な状況のなかで、どのように発言し、振る舞えば良いかを教える。台本づくりは物語ベースな介入で、社会的なコミュニケーションスキルを紙に書かれた情報を使って、教えようとするものである（全米自閉症センター, 2009）。台本づくりは、決定的に重要な意味をもつ情報、例えば会話において必要な要素、すなわち会話を始めるきっかけ、話題としている内容についての詳細を説明すること、そして会話の締めくくり、などについて教える。台本づくりは、すでに児童生徒が習得している言葉の上に構築され、それから別のトピックについても広げていく（Ganz, 2007）。扱われる内容には、助けを求める、友だちに「やあ！」という、昨夜何をしていたかを問う、そして、いじめられたらどう返答するか、などが含まれる。シナリオは、様々な状況の下で、児童生徒が何を、どのように言えばよいのかを教えるもので、児童生徒の年齢にあった語彙や言葉遣い、そして視覚支援も含まれている必要がある。

4．ソーシャルナラティブ

　ソーシャルナラティブは、台本づくりと同様に、文章として書かれた素材に基づいて、児童生徒に社会的なシナリオや適切な対応を教えようとするものである（Collett-Klingenberg & Frazone, 2008）。ソーシャルナラティブ、あるいはソーシャルストーリーの手法は、キャロル・グレイ（1995）によって最初

に開発された。この手法は明確で簡潔な文章と視覚的なアイコンやシンボルによる強調を用いて、児童生徒の行動を方向づけるものである。ソーシャルナラティブは年齢に合った言葉や写真を取り入れ、多様な状況でどのように対応するかを学ぶために、通常の随伴性を細かく示す。ソーシャルナラティブは、素材がすでに用意されているため、いつでもくり返して復習することが可能である点が強みである。いくつかのソーシャルナラティブは様々な内容や状況について再利用することが可能である。例えば「休み時間に友だちをサッカーにどうやって誘うか」「誰かが自分を侮辱してきたらどう切り返したらいいか」「いじめっ子にはどう対応したらいいか」などである。ソーシャルナラティブについて大きく言えることは、これが児童生徒にとって簡単にアクセスでき、社会的な状況に関する明確な記述と、適切な行動からなる首尾一貫した対応方法を提供する手法だということである（台本のサンプルとしては付録Ｄを参照のこと）。

5．自己管理（セルフマネジメント）

　自己管理（セルフマネジメント）やセルフモニタリングによって自立を促すことは、児童生徒にとって大切な、生涯使えるスキルである。セルフモニタリングは、社会性と感情面でのスキル、コミュニケーションスキル、あるいはいじめ防止のステップとして特定の行動を克服すること（いじめのターゲットとなっている行動を認識することを含む）の個人的な適用である（Rose & Monda-Amaya, 2011）。児童生徒に自分の行動を記録するとともに、その過程で自己評価も取り入れるように教える。そして、けんかやいじめ事件の最中に自分がとった行動が適切であったか、不適切であったかを弁別させる。障害のある児童生徒にはチェックリストを与え、自分が仲間（ピア）とのけんかやいじめに効果的かつ適切に対処するための簡易マニュアル（例えばCALMアプローチ）のステップを守ったかを判別させる。このタイプの自己管理（セルフマネジメント）は児童生徒の責任感を増し、また児童生徒は自分の行動を評価することで強化子を受け取るため、強化スケジュールとも深く結びついている。最初に新しいスキルを教える際には、大人の管理とフィードバックが必要であり、時間の経過後、次第にフェイドアウトしていく。国立専門発達センターによれば、セルフモニタリングは児童生徒の自立、生涯の学習、社会的なコミュニケーションスキルに対する意識とエビデンスベースドな実践

を促すものである（Neitzel & Busick, 2009）。

　社会的な交流を始めるスキルを身につけ、パーソナルスペースを守り、適切な非言語的行動を示す児童生徒は、いじめの被害を受けにくくなり、むしろ共感的な仲間（ピア）による支援を受けやすくなる。したがって、教育者たちは児童生徒にいじめられたときに適切に反応し、可能であればいじめを止めるために必要なスキルを明確に教えることが重要である。

　いじめを防止するためのスキルを特定し、教えることに加えて、自分自身を支持するスキルと自己決定ができることが、児童生徒の抵抗力を支える。また、自信や自尊感情は、現在受けているいじめや、ハラスメントによる長期にわたる悪影響の重要な解毒剤となる。目標設定を重視すること、自己認知や児童生徒自身の強さは、本人に力を与え、いじめやハラスメントの影響を最小限にすることができる（Rose & Monda-Amaya, 2011）。教育チームは児童生徒と一緒に、本人の強さを注意深く考慮し、児童生徒が年齢に適したスキルを発揮できる趣味や関心事、活動をみつけ、取り入れながら計画を策定する必要がある。ラゴニッツォとオブライエン（2009）によると、すべての児童生徒が教室で評価され、尊敬され、本人が自尊感情を育てられる機会が与えられるべきである。コミュニティを基盤とした活動やボランティアの機会は、コミュニティに恩返しをすることで自己肯定感を育てる経験を与える。例えば、ある母親が17歳になる自閉スペクトラム症の娘が放課後のプログラムで算数を小学生に教えたときの経験を話してくれた。彼女の娘は小学校では算数がとても得意で、子どもたちのために働くことを非常に楽しんだという。この活動は彼女の自信を大きく高め、その頃、彼女がティーンエイジの仲間（ピア）との間で経験していた困難や社会的な排除を乗り越える助けとなった。

　児童生徒に新しいスキルを教えるとき、教育チームは児童生徒の習得度に応じて、強化の戦略を取り入れるべきである。障害のある児童生徒のなかには本質的に、一貫した対応プロトコル（例えば、CALMアプローチのような）に従うことが強化されないタイプの子もいる。その一方で、直接的で具体的な強化子、すなわちお気に入りの玩具やモノ、食べ物やおやつ、あるいは活動（例えば、ゲームをできる時間）などを求める児童生徒もいる。したがって、教育チームは児童生徒の潜在的な強化子を注意深く評価し、新しいスキルを児童生徒が獲得し、維持するための強化スケジュールを決定する必要がある。強化子は豪華なものである必要はなく、また

指導や計画に時間がかかるものである必要もない。例えば、自由時間の延長、宿題の免除、一日だけ列の一番前に並ぶ権利、その週の「表彰される生徒」になること、あるいは好きな本を選ぶ権利などは、どのような年齢の児童生徒に対しても簡単に採用できる強化子の例である。教育チームは、潜在的な強化子を開発するとともに、児童生徒が新しく教えられたスキルを習得しつつあることを確かめるために、その進歩をモニタリングするために観察可能なデータをとり続けなくてはならない。

> あなたの両親があなたを深く愛していることは間違いありません。彼らはあなたの幸せ以外は何も望んでいないはずです。他の子どもにつらく当たられていることを、大人に打ち明けてほしい。きちんと問題に立ち向かうのが、解決のための最善の道です。大人になるのは辛いこともあるけれど、それだけの価値はあります。この言葉があなたの助けになり、希望を与えられますように。

✓ 実行のためのチェックリスト

はい

- ・傍観者効果について説明する ☐

- ・傍観者用の対応プロトコルをつくる ☐

- ・いじめ事件を見たときの仲間の様々な反応について分類する ☐

- ・ピアメンタリングの利点を挙げる ☐

- ・学校でのいじめ行動の増加に寄与する要因を挙げる ☐

- ・いじめに対する段階的な罰則について、ブレインストーミングを行なう ☐

- ・すべての職員に児童生徒の個別の教育プログラムやリハビリテーション法第504条プランにいじめについて記載する必要があることを伝える ☐

- ・CALMアプローチについて教える授業プランをつくる ☐

第Ⅲ部

Report　報告する

学校長にすぐに話をしなさい。校長に、学校内でのいじめをすぐにやめさせるように頼みなさい。いじめのもつ危険性と多くの子どもたちが傷ついている事実を伝えなさい。アインシュタインは「この世はひどいところだ。邪悪な人々がそこにいるからではない、それを知りながら、何もしようとしない人々がいるからだ」と述べている。勇気をもって意見を伝えてください。これはあなたの人生であり、すべての一瞬一瞬があなたの時間なのだから。

第7章
結果に基づく説明責任

　被害者を減らし、有害ないじめやハラスメントから児童生徒を未然に守るために
は、学校の教職員は注意深く質と量の両方のデータを評価し、分析することによっ
てすべての児童生徒の安全を確かなものにしなくてはならない。教師や両親に加え
て、学校区の管理者や責任者は、各学校におけるいじめ事件をどのように効果的に
測るか、そして障害者ハラスメントを防ぐ直接的なリソースについて、透明性をもっ
ていなくてはならない。いじめとハラスメントに関わるあらゆる法律、方針、介入
や活動は、各学校が結果に基づく説明責任のための継続的な評価（アセスメント）のパラメータを特
定し、定義しない限り無意味である。米国教育省は次のように明言している。「い
じめ行動についてのデータを集め、分析を行なうことは、学校という場所と活動の
なかで何が起こっているか、指導計画や予防、指導や介入の努力についてのより明
確な理解を私たちに与えるものである」（2013, p.5）。

　残念ながら、学校におけるいじめ事件に関わるデータの収集は不十分である。い
じめの存在率（プレバレンス）についての全国的なデータと、教員や学校長、州の教育機関に対し
て報告されるいじめの件数には明らかなギャップがみられる。ほとんどの学校は、
個々の学校レベルにおけるいじめの発生とその影響についての十分なデータをもた
ない（米国教育省, 2011）。いじめ発生率の公表を義務づけることを政策に明記し
ている州は米国全体の半分以下に過ぎず、学校区の被雇用者がいじめについて正式
に報告することを義務づけているのはわずか10州だけである（Swearer, Espelage,
& Napolitano, 2009）。このような量的データの不足に加え、学校の教職員はいじめ
やハラスメント事件を推測し、探知するのが難しいという事実がある。アメリカ教
育調査協会（2013）によれば、「大人はしばしば学校の安全を軽度あるいは中度の
問題であると報告するが、同じ学校の児童生徒はしばしば深刻な問題であると報告
する」（P.37）。教師がいじめの割合を低く見積もってしてしまうというこの複雑な
問題に加えて、いじめ事件について教職員に知らせる児童生徒は、全体の25％から
50％に過ぎないという事実がある（Strohmeier & Noam, 2012）。正式な報告の手

段を設けない限り、学校でのいじめについて、確立した全国的な存在率のデータと、地域の学校区が報告するデータとの間には著しいギャップが存在するだろう。

「地域の学校区のいじめ事件の件数、低く」

　これは、アメリカ合衆国南部の小さな学校区について最近書かれたオンライン記事の見出しである。この学校区では1,471人の児童生徒人口に対して、報告された年間のいじめ事件の数がわずか17件であったことを報じている（Richardson, 2014）。国によるいじめの存在率データに基づいて計算すれば、いじめの件数としては約411件、児童生徒人口の28％が被害に遭うことが推定されるにもかかわらず、である（Robers et al., 2012）。残念ながら、教育委員会に対して校長は、いじめに遭った児童生徒は全体の２％以下であり、報告された17件のうち、いじめに該当するのは９件だけであったと報告した。学校におけるいじめ事件について、このようなレベルでなされる過少評価は全国的な問題である。

　この記事が示す通り、児童生徒が学校に報告するいじめの数と、近年の学校におけるいじめとハラスメントの存在率として認められている数字の間には、著しい乖離が存在する。このことから、学校長たちは、実際のいじめの割合を確認するために、複合的な情報源からデータを収集する責任を負うことになる。いじめハラスメント防止のためには、一貫した信頼性の高い評価ツールと、学校での年間の教育プログラムの指導を通して、安全に関わる問題に幅広く焦点をあてた定期的なデータ収集が求められる。学校長や教員は、児童生徒の安全とハラスメントから守るために、高いレベルの測定可能な基準を設けなければならない。学校が採用した技術支援ガイドには、現在の学校データに基づいて、いじめやハラスメントの割合を減少させるための数量化できる目標が含まれているべきである。例えば、評価データのベースラインが500人の児童生徒人口のうち23％（または115人の児童生徒）がいじめによる影響を受けていることを示していた場合、学校安全チームは、いじめ防止プログラムを実施する最初のフェイズにおいて、いじめ被害に遭う児童生徒の割合を20％（92人）にまで減らすという測定可能な目標を記載することができる。スクールワイドで測定可能な目標を達成するべく、介入や活動がデザインされるべき

である。

存在率（prevalence rate）と発生率（incidence rate）

いじめの存在率とは、ある集団（例えば学校）における人口のうち、いじめやハラスメントの被害に遭ったり、危険にさらされたりしている者の割合を指す。母数が大きい調査やグループ研究においては、こちらが典型的に用いられる。一方、発生率とは、特定の学校において、ある時点までに新しく発生したいじめ事件の実数である。12〜18歳の生徒におけるいじめの存在率は平均で28％と報告されているが（Robers et al., 2012）、任意の学校におけるいじめの発生率は、効果的な介入の実践によるものか、効果的ではない報告手段のせいか、それより低いものとなる可能性がある。

そんな無知なやつらにあなたの人生をコントロールさせてはならない。あなたの強さは疑いなく、それは他人にも光を与えるだろう。あなたの人生の主人はあなた自身だということを忘れず、ポジティブに行動しよう。あなたは私を触発した。決してあきらめないで、未来は明るいと信じて。完璧な人生をつくり出すことはできるし、それはあたなにも必ず訪れるはず。

評価データ

結果に基づく説明責任とデータに基づく意思決定は、いじめ防止プログラムの実施と持続における重要な特徴である。前に述べたように、ほとんどの学校は文書化されたビジョンやミッションステートメントをもっており、それには一般的に2つの主要な信条が含まれている。

1．ポジティブな学校風土を育み、すべての児童生徒にとって安全な学習環境をつくり出すこと。
2．児童生徒の学業面での到達度と高い教育水準を重視すること。

　児童生徒の学習到達度は信頼性のある複合的な手段によって測られる。標準テスト、児童生徒の卒業率、中間的な成績評価、退学率、出席状況、在籍率、そして様々な学年のレベルにあわせた到達度テストなどである。残念ながら、学校風土やいじめ被害に遭っている児童生徒の割合について測る有効かつ信頼性のある評価は不足しており、いじめの発生率を報告する手段についても同じである。このことは、説明責任や児童生徒の成績を上げることの妨げとなっている。以下に、ベースラインデータの収集のために考えられる質問の例を挙げる。

・学校長や教員は、お互いを尊敬する環境、児童生徒同士の気持ちのつながりを、どのように評価しているか。
・学校の教職員は親切、公正、公平について、そして教師と児童生徒間の関わりについて測定しているか。
・児童生徒はいじめられるという恐れを感じているか。いじめに対して、傍観者はどのように反応するか。
・個々の学校は、いじめとハラスメントの発生率についてどのように調査しているか。
・昨年度に報告されたいじめ事件は何件か。最新のデータはそれに比べてどれほど増減しているか。

　多様かつ有効な評価ツールがなければ、学校の教職員は児童生徒の成果[1]についての情報を得られず、説明責任を果たすことはできない。数量化できるデータの欠如は、いじめやハラスメントが学校における現在進行中の問題であるということを実感として否定してしまうことにもつながりかねない。一例を挙げると、ある教育関係のセミナーに出席した校長が自分の学校にはいじめの問題はないと発言した。その学校区では一度もいじめに関わるデータを収集したことはなかったが、その校長は「よい家庭からくる、よい子どもたちばかりなので、いじめはないということが私にはわかる。第一、問題があるようなら私の耳に入っているはずだ」と語っていた。この学校長——そして、すべての勇気ある学校長たち——がしなくてはならないことは、いじめの割合を確認するための複合的に表したデータを収集するこ

訳注————
1）学業成績だけでなく、親切さ、公正さ、公平さ、対人関係など。

とである。学校長はデータの収集、分析、そしてそれに基づく意思決定について透明性をもたなければならない。そのうえで初めて、彼らは自分の学校にいじめの問題があるかどうかについて、自信をもって発言できるのである。

　いじめとハラスメントを防止し、その割合を減らすことについては、より広い学校の安全の問題の一部として位置づけられ、定期的に測られなくてはならない。学校は、学校への銃の持ち込みや盗難、暴行や他者への攻撃、けんか、その他の安全上の問題についてはルーティンとしてデータを収集している。いじめとハラスメントのデータについても、同様の基準が適用されるべきである。

学校調査

　学校長や学校安全チームのメンバー、評価や評価手続きに関わる専門家^{エキスパート}は、協働していじめやハラスメントに標的^{ターゲット}をしぼった正確なデータ収集のツールをつくり、実行しなくてはならない。ツールや評価^{アセスメント}基準は、地域の学校区や個々の学校のいじめの割合や型^{タイプ}に焦点をしぼるべきである。学校調査は、将来の多層的な介入を計画するためのデータを効率的に集めることができる評価ツールのひとつである。学校調査は、より広範な学校風土についてのデータを提供することができる一方で、特定のタイプのいじめやハラスメントについての深く掘り下げたデータを提供することもできる。

　もし学校長たちがデータ分析を統計の報告のためだけに制限してしまえば、集中的な介入やサービス、リソースの全体的な必要性は過小評価されてしまう。先述した通り、いじめを大人に報告する児童生徒のパーセンテージは低く、いじめはしばしば学校の教職員に気づかれないまま継続する（Bradshaw, Sawyer, & O'Brennan, 2007）。これは教師たちを責めているわけではなく、実際に、発見するのが難しいタイプのいじめは存在する。関係性のいじめ、社会的排除、そしてネットいじめは観察が容易ではない。したがって、学校の教職員と学校安全チームは児童生徒や教職員、両親を対象とした学校調査など、相互的なデータ収集の手法を開発し、実行しなくてはならない。いかなるいじめハラスメント防止プログラムにおいても、無記名方式で行なわれる学校調査が基準点^{ベンチマーク}となる。こうした調査は、米国教育省（2013）が推奨しているだけではない。オルヴェウスいじめ防止プログラムやセカンドステップのようなエビデンスベースなプログラムにおいても、ベースラインのニー

ズ評価あるいは調査によるデータ収集と、学校の最新のニーズの特定をプログラム
の出発点としている。このことについてのコンセンサスは絶大である。

> できるだけ楽観的で尊敬できる仲間にそばにいてもらうようにしま
> しょう。いじめっ子たちの無礼な振る舞いにあまり心を乱されない
> ように。その価値はありませんから。彼らのことを考えてあなたの
> 時間を浪費しないでください。彼らはあなたのような愛すべき、無垢な人を苦
> しめているのですから。独特であることは大いに尊重されるべきことであり、
> 恥ではありません。彼らに従うのではなく、今あなたが閉じ込められている箱
> の外に考えを及ぼしましょう。

　いじめ防止プログラムの個々の構成要素の効果を追跡するためには、調査を行な
うのが適当である。異なる介入戦略を比較するためには、介入前調査と介入後調査
を行なう。例えば、ベースラインを測る調査において、児童生徒にいじめ事件への
効果的な対応ルールについて質問する。傍観者用プロトコルと集中的なトレーニン
グを導入したのちに、学校は介入後調査を実施し、児童生徒の対応がどのように変
化したかを分析することができる（表7.1）。調査研究は、どの特定の介入を対象
とするかを決め、学校安全チームが包括的、重層的なプログラムのなかで、何が中
核的な要素であるかを評価し、それを優先させる助けとなる。

　学校風土を測定するツールは、統一的な学力テストにくらべると、入手は容易で
はなく、世に多く出回っていない。幸い、疾病対策センターは、教育者が学校風土
をつくり出し、学校でのいじめについて測定するうえで助けとなる重要な2つの文
書を発行した。これらの無料のオンライン上のリソースは、学校安全チームなどが、
すでに公開されている評価ツールを導入することに加え、測定ツールや調査を個別
にアレンジすることを許可している。

表7.1　介入前と介入後調査の結果

介入前の結果	介入後の結果
いじめ事件への対応として、止める－立ち去る－話すプロトコルの3ステップが何かわかった割合　　　39%	いじめ事件への対応として、止める－立ち去る－話すプロトコルの3ステップが何かわかった割合　　　93%

1. 『いじめの被害、犯行と傍観者の経験について測定する：評価ツール^{アセスメント}の概要』
   （Hamburger, Basile, & Vivolo, 2011）

　この文書は教育者に、学校における様々な体験を測定するためにデザインされた、多様な評価^{アセスメント}ツールを提供するもので、1990年から2007年の間に作られた33の評価基準と尺度^{スケール}を含んでいる。この文書は、様々ないじめの体験についての本人の事件報告と存在^{プレバレンス}について、理にかなった心理測定の手法を教育者が検討する始点を提供している。評価基準の範囲としては、攻撃の尺度^{スケール}、被害の尺度^{スケール}、からかいの尺度^{スケール}、ネットいじめに関する調査、そして傍観者についての尺度^{スケール}が含まれる。すべての評価基準は査読つきの学会誌等で発表されているものである。いくつかの測定ツールは、その著作権が保護されており、学校で使用するためには出版社の許可が必要な場合がある。学校安全チームはこの文書を活用して、いじめやハラスメントの事件を調査するための学校調査を行なう上でのテンプレートや枠組みとして、適切な評価ツール^{アセスメント}を選ぶことができる。さらに深く知りたい場合は、疾病対策センターのウェブサイトを訪問してほしい。

 http://www.cdc.gov/violenceprevention/pub/measuring_bullying.html

2. 『青少年におけるいじめの監視：公衆衛生のための定義と推奨されるデータ要素』（Gladden et al., 2014）

　この文書は、いじめについての統一的な定義とともに、質の高い調査や評価ツール^{アセスメント}をつくるうえで中核的なデータ要素を提供している。この文書は調査の中核的な要素を提供するだけでなく、個人のいじめの体験および学校におけるいじめの存在^{プレバレンス}を捕捉するために、調査の範囲を拡張する発展的なデータの型^{タイプ}についても特定している。この文書は、学校安全チームがいじめだけでなく、障害者ハラスメントについても測定できる調査をデザインする助けとなる、極めて貴重なものである。この文書は、サンプルとなる質問や評価基準のガイドラインを提供している。それぞれのデータの要点、学校での使用、コーディングについての指示、他の引用や出典などについて丹念な記述がなされており、学校安全チームが学校調査を文書化するうえで大きな助けとなる。詳細については、疾病対策センターのウェブサイトを訪問のこと。

http://www.cdc.gov/violenceprevention/pdf/bullying-definitions-final-a.pdf

　学校安全チームや他の教職員はこれらの既存の調査研究を読み、自分たちの学校に合わせて修正を行なうべきである。学校調査は、学校の技術支援ガイドの一部であり、すべての学校に広めるべきものである。

　疾病対策センターの推奨する内容に加え、様々な州の教育機関による学校調査結果もまた、オンライン上で入手可能である。例えば、コロラド州、カリフォルニア州、ニュージャージー州などが、学校風土に関する調査結果をオンライン上で発表しており、他の地域や教育機関においても適用が可能かもしれない。「コロラドトラスト」はいじめ防止構想を策定、公表しており、職員や児童生徒向けの調査をダウンロードできるようにしている。

http://www.coloradotrust.org/attachments/0002/1691/BPI_Student_Survey_no-copyright.pdf

　これらの調査結果の多くが、学校や様々な学年や発達上のニーズなど、それぞれのニーズに合わせて簡単に修正が可能である（**表7.2**）。

表7.2　学校調査における重要な要素

1．物理的環境を含む、協力的な学校環境
2．人々がお互いにどのように接するかを重視する、思いやり深く信頼できる職員
3．児童生徒にとって意味のある参加ができ、自分の居場所があると感じられる環境
4．公平さと多様性が尊重され、評価される環境であること
5．学校における連帯感、帰属意識、仲間意識

　学校風土に関する調査をデザインするうえで、一般的な質問だけでは十分とはいえない。いじめを減らすために実施される学校調査においては、いじめやハラスメントの特性を、より深く掘り下げたデザインがなされなくてはならない。例えば、「カリフォルニア子ども健康調査」（California Healthy Kids Survey，年度不明）では、子どもたちにいじめ防止に関連するいくつもの項目に「はい／いいえ」で回答を無

記名方式で求め、彼らの正直な反応をとらえようとしている。

- ・この学校ではいじめは決して許されないということを、先生たちは明言している。
- ・他の子からいじめられた場合、私は先生たちの誰かにそれを告げる。
- ・他の子がいじめられているのを見た場合、生徒たちは先生にそれを知らせる。
- ・先生にいじめられていることを相談した場合、先生は私を助けるために何かしてくれる。
- ・この学校の生徒はいじめが起こっているのをみたとき、それを止めようとする。

『青少年におけるいじめの監視』（Gladden et al., 2014）では、追加的な情報を生み出し、いじめ事件の前後関係や描写を深く探ることで学校調査を拡張させることを勧めている。

1. いじめの目撃者（または傍観者）はいましたか。その場に何人の大人がいましたか。
2. 被害者は大人にそのことを話しましたか。大人はそれに対して何か行動をとりましたか。
3. 実行犯は何人いましたか。ひとりですか、複数ですか。
4. 被害者が受けた被害の程度はどれくらいですか。
5. その事件は無料・減額ランチの受給者が巻き込まれたものでしたか。
6. 被害者は肥満、糖尿病、喘息やアレルギーなどの健康上の問題を抱えていましたか。

これらの拡張的な質問の目的は、学校安全チームがいじめっ子や被害者についての統計を理解するだけでなく、いじめやハラスメントの被害者をどのように学校の職員や仲間が助けられるかといった追加的な要素を追跡する一助とするためである。この拡張的な質問では、いじめを止めるために直接的に介入した児童生徒や大人の数を尋ねている。さらに、態度や意見をはじめ、いじめやハラスメントについて深く理解する上で助けとなる可能性のあるその他の問題についても探っている。この拡張的なデータは、時間をおいて、ある部分だけを追跡し、測定することで傾

向を分析することもできる。学校安全チームによって傾向が分析されるべき項目の
ひとつは、いじめ事件の最中における大人による介入の頻度と強度である。

調査研究における質問の例

大人たちはいじめを止（と）めるべく、介入してくれる
0－ほとんどしない　　　1－ときどき　　　2－しばしば　　　3－いつも

私は家でいじめられている
0－ほとんどない　　　　1－ときどき　　　2－しばしば　　　3－いつも

学校でのいじめが学習の妨げとなる
0－ほとんどない　　　　1－ときどき　　　2－しばしば　　　3－いつも

　調査は、一般的な学校の安全、ポジティブな学校風土、そしていじめなど多様な
問題に関わるデータを測定するためにデザインできる。一部の調査、例えば「カリ
フォルニア子ども健康調査」では、簡単に「はい／いいえ」で答えられるように質
問を作っている。リッカート尺度（1＝「決してない」～5＝「いつも」までの5
段階評価）を利用する調査もある。さらに、「事件に対して先生たちはどのような
対応をとりましたか」といった質問のように、いじめ事件の状況やその他の説明、
意見などを自由記述式で回答をしてもらう方式が採られることもある。「サーベイ
モンキー・ドットコム」は米国教育省と共同でいじめ調査に関するテンプレートを
作成している。こちらから取得可能である。

---

https://www.surveymonkey.com/blog/en/bullying-survey-template/
（要ログイン）

　注意すべき点として、障害のある児童生徒がすべての文書や調査にアクセスでき
ることが重要である。学校安全チームは、児童生徒の障害を考慮し、スクールワイ
ドな調査について修正を行なう必要がある（例：点字、音声読み上げ機能、口頭調

査など）。被害に遭う確率の高さから、障害のある児童生徒は体験を共有し、心配ごとを明らかにする機会を何重にも与えられなければならない。すべての児童生徒は無記名式の調査に用いられる専門用語や言語が理解できるよう、十分かつ効果的なトレーニングを必要とする。もしも学校安全チームが傍観者の意識向上と教育プロトコルを導入・実施していなかった場合、児童生徒はその概念を理解していないため、事件における傍観者の関与の度合いを表現するのは難しいだろう。彼らは傍観者という言葉や名前さえも知らないかもしれない。また、もしも学級担任が効果的に、くり返し通常の子ども同士のけんかといじめの違いについて教えていなければ、児童生徒は「学校でいじめを目撃したことがありますか？」という質問に対し、いじめの数を過剰に申告してしまうかもしれない。有効な調査方法を開発し、実施するには、時間と信頼性の高い測定ツールをつくるスキルが必要である。こうした調査は、学校の教職員と両親に児童生徒のニーズに適合した、透明性のある客観的なデータを提供する。

まずは、あなたがいじめられていることを残念に思います。ただ、これは私たちの誰にでも起こりうることなのですよ。親に話しましょう。彼らがあなたを助け出してくれるかもしれません。もしかしたら、数学のクラスを替われるかもしれないし、そうすればあなたを怒鳴りつける先生から離れられるかもしれません。私も算数は苦手。アドバイスが役にたちますように。あなたの友より。

調査の対象とされるべき集団は児童生徒だけではない。両親や職員もまた、学校の健全性や改善すべき部分を特定し、情報を提供する機会を数多く与えられるべきである。学校職員を対象とした調査においては、現行のいじめ防止プログラムの社会的な有効性や価値、そしてそれに対する児童生徒の満足度などを尋ねることが考えられる。以下は質問の例である。

・あなたは学校のいじめ防止プログラムについて、どの程度理解していますか。
・学校の傍観者への教育プログラムはどの程度効果的ですか。
・重層的なエビデンスベースドないじめ防止プログラムを実施するうえで、あなたはどの程度支援を受けていると感じていますか。

165

・あなた自身へのトレーニングの必要性を感じていますか。どのようなタイプの
トレーニングを希望しますか。文書またはオンラインでの職員研修なら、どち
らがいいですか。

　重層的ないじめ防止プログラムの将来的な改良点を特定することを考える上で
は、学校安全チームは様々な情報源（ソース）からデータを収集する必要がある。例えば、守
衛、事務アシスタント、カフェテリアの職員などの補助的なサポート職員への無記
名のアンケート調査では、ホットスポットにおけるいじめの存在についてのユニー
クなデータを得ることができる。推奨される他の多くのいじめハラスメント防止策
（例えば、傍観者への教育）と同様に、学校調査もまた、費用面でも問題を引き起
こすことはない。追加的な費用は不要であり、児童生徒への指導時間もほとんど必
要ないが、学校の改善と児童生徒の安全のための、職員による高度かつ専門的な関
与を必要とする。

　いじめについての学校のルールや、いじめ事件に対する傍観者用プロトコルにつ
いての知識のレベルから考えて、児童生徒に対する全数調査が実行不可能である、
あるいは有効ではない場合もある。情報収集のための別の選択肢としては、無作為
抽出調査や一部の児童生徒へのサンプル調査が挙げられる。学校安全チームは年度
を通じた定期的ないじめモニタリングのためにより短い調査や、他のより効果的な
オプションをつくることもできる。例えば、児童生徒の10〜15％を無作為に抽出し、
いじめの特徴や全般的な学校の安全性、学校への報告の手順などについて、的をし
ぼった質問をするという方法がある。無作為抽出アンケートや調査は、年度末まで
結果が遅延することを防ぐため、学校の年度途中にも定期的に実施されるべきであ
る。学校安全チームは、それぞれの回答について許容できる基準を決定しておくべ
きである。例えば、無作為に選ばれた児童生徒のうち80〜85％が、学校のいじめに
ついての基本方針を答えることができる、傍観者となったときにとるべきアクショ
ンステップがわかる、そしていじめ事件についてどのように報告するかを理解して
いるということを目標にできるかもしれない。学校安全チームによって集められた
情報は、学校の年度を通じて介入実践を進め、優先順位をつけるための傾向の振り
返りのために活用される。

　学校安全チームやスクールワイドな調査が主に調査の前後のスコアを比較するこ
とで全体の傾向を、年度末に総括的に評価するために実施されるのに対し、学級担

任は学校調査の短いバージョンを教室レベルで行うことで、児童生徒の特定のスキルを対象とした事前あるいは中間的な評価（アセスメント）を行なうことができる。学級担任は調査結果をすぐに精査し、指導の実践に役立てたり、いじめ防止や社会性情動学習（ソーシャルエモーショナルラーニング）の授業計画の策定の助けとしたりすることができる。例えば、児童生徒は傍観者用プロトコルのステップやルールを知っているだろうか。また、児童生徒はいじめを報告する手順をわかっているだろうか。これらの学級レベルでの調査は無記名で行なわれ、指導計画を作成するうえで活用されるべきである。「データを基にした指導の実践は、それが真に教師のものとなっている、すなわち教師が自分のクラスのデータを自分自身で分析できている場合においてのみ、成功する」(Bambrick-Santoyo, 2010, p.xxxi)。したがって、全校での一年間のいじめ発生件数などを総括する年度末の学校調査は、学級担任が即時に効果的なデータに基づく判断を教室で行なう上では利益をもたらさない。要するに、定期的に行なう学級単位での調査は教育者が進歩の状況を測り、安全でポジティブな教育環境を維持するために役立つといえる。

フォーカスグループ

　無記名のスクールワイドな調査は、学校における様々なデータ収集の形式のうちのひとつに過ぎない。フォーカスグループ[2]を組織することは、学校の安全といじめの問題について、適切な情報を収集する効果的な手段である。フォーカスグループは、学校風土やいじめ事件について、様々な見方や意見を集めるために活用できる（アメリカ教育調査協会，2013）。フォーカスグループへの調査は両親、児童生徒やその他の立場を代表する関係者の対話を促進する。学校長や学校安全チームは学校の安全やいじめについて、指導つきのディスカッションを進めることができる。フォーカスグループは、障害がある、あるいはその他の保護を要する属性の児童生徒の両親から構成する場合も考えられる。こうしたフォーカスグループは鋭い洞察を生み出すだけではなく、特定の介入についての意見やアイディアを求めることで、前向きで思いやり深い風土をつくり出すうえで極めて重要な役割を果たし得る。例えば、グループは学校のウェブサイトの長所と短所、いじめ防止に向けての両親に対するヒントについて議論することを求められることも考えられる。フォーカスグ

訳注————————
2）特定の情報の収集を目的に作られる数人のグループ。

ループは、保護者に対する広報活動として素晴らしい方法のひとつであり、エプスタインが提唱する枠組みにおける6つのタイプの両親の関与についての義務と推奨項目を満たす別の方法である（第4章を参照）。

　フォーカスグループは、定期的に児童生徒やその家族に学校というコミュニティに関する情報提供を請願する効果的な方法である。フォーカスグループは学校長が新しい提案やプログラムを実施することを周知させる際に、追加的な情報を得る手助けとなる。児童生徒のフォーカスグループに対しては、新しいピアメンタリングプログラムや、スクールワイドな集会についての感想を求めるといったこともできる。児童生徒は、児童生徒主導のプログラムをどのように改善すべきかについての意見や感想を共有できる。児童生徒の発言は録音されるか、学校安全チームのメンバーの誰かが記録をとり、注目すべきものには目印をつけておくように指示を受ける。フォーカスグループによるミーティングの議事録は恒常的、あるいはくり返されるテーマについて対応するため振り返られ、分析される。フォーカスグループによる話し合いの要旨には発見や結論を含めて書かれる。この文書は、新たないじめ防止プログラムを策定する初期の段階でのベースラインデータとして、また、年度を通じて、学校計画のなかでどのようなニーズがあるかを即時に判断する上でも活用できる。フォーカスグループによるミーティングで得られた知見もまた、継続的な学校改善計画のなかで、年度ごとに発行される学校方針や手順を改定するための年次報告の一部に含まれる。

✅ 実行のためのチェックリスト

はい

・ベースラインデータを集めることの意義・目的を理解する 　　　　□

・全国的な存在率_{プレバレンス}データに対し、現地のデータが不足していること　□
　に対応する

・いじめの存在率_{プレバレンス}と発生率の違いについて説明する 　　　　□

・いじめやハラスメントに焦点をあてた児童生徒向けの調査をデザイ　□
　ンする

・障害のある児童生徒のフォーカスグループ調査を計画する 　　　□

第8章
いじめとハラスメントの報告と調査手順

　調査やフォーカスグループは、包括的かつ重層的ないじめ防止プログラムをつくり、評価するうえで重要な情報を提供するが、学校長や学校安全チームは、すべてのいじめまたはハラスメントの事件を取り巻くデータについても収集しなくてはならない。書面による報告書式（フォーム）は、学校方針と将来の計画を知らせるうえでも、いじめとハラスメントの割合についての説明責任を学校が果たすことを可能にするうえでも、中心的な役割を果たすものである。書面による報告書式（フォーム）は学校長に、調査を効果的に行ない、障害のある児童生徒に対し、必要な保護を保障するうえで適切な情報を提供する。報告書式（フォーム）は学校が採用する方針や手順の一部であり、標準化された情報を含んでいる。米国教育省は「反いじめ政策：州法の下での対応策の例」（2010）と題する「関係各位への書簡」を、「反いじめ法規や政策を見直し、発展させることを目指す関係者への技術支援（テクニカル）として」発行した。そのなかで、様々な州法の例を引用しながら、彼らは反いじめ法規のなかで11の重要な要素を特定している（**表8.1**）。

　米国教育省は地域の教育機関にいじめ事件を報告するための手順をつくるようにアドバイスしている。同省発行の「関係各位への書簡」（2010）では以下のように明確に述べている。

　　児童生徒、児童生徒の家族、職員などはいじめ事件について、報告できる。なお、これには匿名で、報復から保護された形で提出できるというプロセスが含まれる。報告の手順書では、事件の報告を受け、調査を実施する責任をもつ教職員を明確にし、連絡先の情報を提供する（p.4）。

表8.1　州の反いじめ法規における重要な要素

1．目的の宣言
2．範囲についての宣言
3．禁止行為の特定
4．具体的な性質についての列挙
5．地域の教育機関の方針づくりと実施
6．地域の教育機関の方針の構成要素
7．地域の方針についての再検討
8．コミュニケーションに関する計画
9．トレーニングと予防的教育
10．透明性とモニタリング
11．他の法的リソースへの権利の宣言

出典：米国保健社会福祉省（2014）http://www.stopbullying.gov/laws/key-components

　米国教育省の「各州のいじめ防止法と政策に関する分析」（2011）によれば、24の州では職員にも児童生徒にもいじめについての報告を義務づけていない。すべての学校職員にいじめについての報告する義務を負わせている州は15、職員と児童生徒全員に報告を義務づけている州は2つだけである。

　　118.46.1(a)（2009）：いじめに関する方針は以下のすべてを含まなくてはならない。
　　(6) 学校区の管理責任者と被雇用者にはいじめ事件を報告する義務があり、またその報告が誰に対してなされなくてはならないかが明確にされていなくてはならない。

　ワシントン州のモデル政策は以下のように要求している。「いじめまたはハラスメントを観察した、耳にした、あるいは目撃した学校職員は誰でも、即座に適切な行動をとり、すぐに報告を行なわなくてはならない」（ワシントン州教育オンブズマン事務所，2011）。連邦政府、あるいは州レベルの調査や指導は、すべての学校区の被雇用者にいじめとハラスメントを直接目撃した場合であれ、間接的に他者から知らされた場合であれ、正式に事件の報告を行なうことを提案している。統一的な報告の手順がない限り、学校長や学校安全チームはいじめや障害者ハラスメントから効果的に児童生徒を守ることはできず、将来のエビデンスベースドな介入を計画することもできない。この目標を達成するために、学校長や学校安全チームは報告書式（フォーム）をつくらなければならない。

コミュニケーションが解決の鍵です。先生や校長に相談しましょう。僕にとっては作曲が、なんとかやっていくための助けになっています。自分の感情を解放できるし、幸福感も得られます。年齢が上がって、成長とともに、いじめは終わります。君はいじめてくる奴らより上等な人間だし、僕は君の強さを尊敬します。

いじめハラスメント報告書式（フォーム）

　いじめやハラスメントの報告書式（フォーム）は、学校の安全といじめへの対処と評価を行なううえで非常に重要である。数量的な報告データがないと、学校におけるいじめの割合は容易に否定されてしまい、防止のための将来的な改善計画が顧みられなくなってしまう。学校長はいじめの割合について説明責任を果たせる状態になければならないし、データに基づいた意思決定を重視しなくてはならない。以下に示すのは、学校長やその他の主要な関係者がいじめやハラスメントの報告書式（フォーム）を作成する際に考慮すべき点である（付録Eを参照）。

1．いじめやハラスメントの事件専用の報告書式（フォーム）をつくり、いじめやハラスメントを追跡するときに一般的な「事件報告書」を使用することがないようにする。地域の学校においては、膨大な数の政策や法規があり、それに伴って教育関係の文書や報告書式（フォーム）も数多く存在する。「事件報告書」「保健室の看護記録」「規律に関する報告書」「スクールバス内での事件報告書」などは、一般的過ぎる。事件報告書は児童生徒による暴力、薬物乱用、犯罪的な危害、器物損壊、学校への武器の持ち込みなどといった範囲を扱うものである。この種の報告書式（フォーム）は、いじめの種類ごとにデータを集めることがないため、異なるタイプのいじめやハラスメントを追跡し、監視するうえではあまり助けとならない。このことに加えて、一般的な学校の事件報告書は、連邦や州の法律が求めるいじめやハラスメントに対する調査のために必要なステップのきっかけとはならない可能性がある。

2．発生した日付、いじめまたはハラスメントの型（タイプ）、情報源（ソース）が誰か（例：職員、

両親、児童生徒、記入者本人など）などの標準的なデータが含まれているようにする。疾病対策センター（2014）は、いじめとハラスメントの強度、範囲、特徴を追跡するために、すべてのデータ収集システムに含めるべき主要項目を特定している。いじめの報告書式（フォーム）に含まれるべき主要項目としては、情報源（ソース）（名前については任意）、期間、頻度、いじめの型（タイプ）、発生場所、学年、関わった職員、目撃者、そして障害の有無、性別、人種、学年、国語力、宗教、性的指向といった人口統計学的な情報などである。報告書式には、障害のある児童生徒が関係しているかどうか書くよう指示されているべきである。学校長と学校安全チームは州や地域のモデル方針を振り返り、報告書式（フォーム）が求められているすべての内容（例：情報公開や法律用語など）を満たしており、かつ容易に追跡し、将来の計画のために分析が可能であるかどうかを確かめる必要がある。

3. それぞれにケース番号をふることで事件を特定し、複数の情報源（ソース）から情報が寄せられることによる重複を防ぐ。例えば、教師があるいじめ事件を校庭で目撃して報告書を書き、同じ事件について傍観者がオンラインで匿名の報告を送り、さらに児童生徒の両親が学校の管理職に電話をして詳細な情報を追加するといった場合である。それぞれのファイルにわたって、機密の共通するケース番号が割り当てられ、それぞれのいじめ事件についてすべての事実が集められるようにしておくべきである。事件のID番号と、児童生徒の学籍ID番号との間に相互参照をつけることも、事件の数についてのデータ分析を行なうだけでなく、いじめやハラスメントの状況に関係した特定の児童生徒を追跡し、必要な支援について検討するうえで有用となる場合がある。

4. 報告へのアクセシビリティを促進する。報告の方法は、単純なものとし、すべての児童生徒、両親と職員に周知されなければならない。すべての報告書式（フォーム）は、障害のある児童生徒でも簡単にアクセスできるようになっていなければならない（例：点字のフォームなど）。学校安全チームは身体障害のある児童生徒が報告書をいつでも提出できるようにするためにはどういった改善を行なえばよいか、考慮しなくてはならない。文書の見本を年度の初めに家庭に送付したり、教室や学校の中心的なスペースに、簡単に入手できるよ

うに配置しておいたりするといったことも考えらえる。

5. 報告のための方法をいくつも確立しておく。例えば、正式な学校区指定の文書（いじめハラスメント報告書式〔フォーム〕）、ウェブ上で記入できる匿名の報告、学校の電話へのホットライン、その他の電子機器、例えば、携帯電話を用いたテキストベースの報告などである。授業でテクノロジーを活用する学校が増えているなか、スマートフォンのテキストメッセージや新しく発展したアプリ、例えば「いじめアラート（Bully Alert）」などを通じて報告を受け取る選択肢についても検討すべきである。文書や報告書式〔フォーム〕といった伝統的な方法については、学校のカフェテリアや玄関付近など児童生徒が多く集まる場所を通じて周知を図ることもできる。学校は校内の中心的な場所に鍵のかかる箱を設置し、匿名の報告ができるようにすることも可能である。その際、中身がどの程度の頻度でチェックされているかは広く知らせておく。この簡単で無料の方法は、児童生徒に報告の道筋を与えるだけでなく、安全な学校づくりに児童生徒が参加することを学校の指導者たちが歓迎しているという目に見えるメッセージを送る。一例として、「廊下のヒーロー（Hero in the Hallway）」というプログラムでは、いじめの傍観者に大人への報告を促し、傍観者が助けの手を差し伸べることがいじめの被害を減らす効果的な方法であることを思い出させている。

 http://www.herointhehallway.com

6. 職員には、いじめの報告に必ず対応することを求める。学校の傍観者への教育プログラムが児童生徒たちに大人への報告を行なうよう指導しているのであれば、学校長は、児童生徒が一歩を踏み出していじめ事件を報告しにきた場合には、必ずすべての職員がそれを受け入れ、行動をとることを確かなものとしなくてはならない。児童生徒たちが、誰かがトラブルに巻き込まれていた場合は大人に報告するようにいくらくり返し指導されていても、教師がそれに対して行動をとらなかったり、児童生徒の心配を常に軽んじたりすれば、児童生徒たちは素早く、大人のロールモデルから「いじめは深刻にとら

える必要はない」という考え方を学びとるだろう。「敬意を期待する」プログラム（Stiller, Nese, Tomlanovich, Horner, & Ross, 2013）では、報告についての責任をもつように児童生徒をトレーニングするだけではなく、教師や職員に対し、児童生徒が報告をしてきた際にどのように適切に対応するかについてのコーチングを行なっている。大人は児童生徒を支持するコメントとともに、彼らを効果的な次のアクションステップへと導くために、その内容を確かに把握したということを知らせる必要がある。前述の「敬意を期待する」プログラムのハンドブックには、「教職員のための誠実度チェックリスト」という名の職員による自己評価^{セルフアセスメント}が含まれている。そのなかの質問としては「私はいじめやハラスメントの報告をしてきた児童生徒を、そのことについて、どの程度賞賛しただろうか？」（p.58）という項目がある。この誠実度チェックリストはすべての教職員に対し、適切に対応することの重要性と、職員としての責任を思い出させるものとなっている。

いじめられていることがあなたにとってどんなことか、私にはよくわかる。私は16歳で、とにかく事態を変えなければならなかった。先生たちにいじめを受けていることを相談したけれど、それは裏目に出た。だからそのアドバイスはしない。事態は悪くなっただけだったし、先生たちは何もしてくれなかった。今、私は最大限、自分自身を受け入れ、愛するようにしていて、結果としてそれは周りの人たちのことも変えた。あなたの幸運を祈っています。

大人による虐待を報告する

　報告の方法を確立する際に、大人による児童生徒への虐待についても報告が必要であることを忘れてはならない。児童生徒を管理し、統制する大人が虐待ともとれる行動を示し、その児童生徒に対する敵対的な環境をつくり出してしまうことがある。ほとんどの学校方針はこの問題に言及しておらず、児童生徒は事実を教師や職員に報告することによって報復されるかもしれないという恐れを抱く可能性がある。学校方針は、すべての児童生徒と職員にはお互いを尊敬した行動を示すことが求められ、大人による児童生徒への虐待は決して許されないということを明確にするべきである（McEvoy, 2005）。

7.　いじめ事件について書いたり、描写したりするための具体例とトレーニングを提供する。例のなかには、虚偽の報告した場合についてのルールや罰則についても含めることが考えられる。調査研究によれば、学校が児童生徒たちにいじめを報告する機会を与えることが、虚偽の報告の増加にはつながらないという結果が得られていることは心に留めておくべきである。学校長や学校安全チームが虚偽の報告について心配なのであれば、学校方針や児童生徒の行動規範に規定を加え、虚偽の報告がもたらす結果について児童生徒を教育し、もしも実際にそうした個別のケースが発生した場合には徹底的に追究を行なうことが推奨される。例えば、フロリダ州のある学区においては、学校方針に次のような一項がある。

　　他の児童生徒がいじめ、ハラスメントをしたという虚偽の告発や報告は禁じられています。いじめやハラスメントに関わる虚偽の報告を行なった者は、教育委員会の示す方針に従って懲罰の対象となります。

　学校長はどのような内容でもすべて報告されるように推奨すべきであり、虚偽の告発の可能性を理由にこれを制限するべきではない。ある匿名の中学校の副校長はこのように述べている。「社会的な面で問題を抱えている児童生徒を助けるという状況では、情報は多すぎるということは決してない」。

8. 学校のなかで特定の職員（例：いじめ防止コーディネーター）をいじめの報告書式（フォーム）やオンラインの報告を受け取り、回収し、集約する責任者として任命する。学校方針には、書かれたすべての報告書を最終的に受け取る職員の名前を公的に明らかにし、学校が誰を責任者に任命しているかを児童生徒や両親に知らしめる必要がある。学校方針のなかで、この地位はその立場（例：スクールカウンセラー）や校内における責任（例：生徒指導部長）から特定できるかもしれず、また、学区のウェブサイトや他のいじめハラスメント関連の書類には明記されるべきである。

1973年のリハビリテーション法第504条（公法 93-112）の施行以来、障害者に対する学校での差別やハラスメントに関しては、正式な申し立ての手順を法制化することと、苦情を書面で提出できるようにすることが学校に求められている。この連邦法は、常に学校区に対し、性的、ジェンダーあるいは障害者ハラスメントの申し立てに対する報告や調査など、同法に関わるコンプライアンスについて調整を行なう責任者を任命することを求めてきた。いじめの報告に関わる最新の方針の下書きをつくる手助けとして、学校長はリハビリテーション法第504条のコーディネーターや任命された職員からの正式な書面による要求について照会することもできる。

> ● ● ●　僕もADD（注意欠陥性障害）があり、からかわれてきたけれど、状況は変えられるから、あまり心配し過ぎないで。僕には親切な友だちが何人かいて、彼らは僕がADDをもっていることを知っているけれど、そのことで僕がからかわれることはない。僕からのアドバイスは、優しそうに見える友だちになれそうな子を探すこと。本当の友だちなら君をからかうことはないはずだし、君のために闘ってくれる。

いじめやハラスメントの事件を調査する

　州の教育機関の学校長など、地域の教育に関わる責任者は、いじめの報告への対応を行なう際には、連邦法と米国教育省からの技術的支援に基づく統一的な書面にまとめられた手順書に従わなくてはならない。責任者として任命された学校職員は、

いじめおよび障害者ハラスメント、あるいは潜在的に無償かつ適切な公教育の否定につながる事件の特定と調査の両方についての専門的知識をもつ必要がある。米国教育省（2010）が推奨するように、

> 各学校区はいかなるいじめ事件の報告についても、直ちに調査と対応ができるよう、手順を含む基本方針をもつ必要がある。このなかには、被害者をさらなるいじめや報復から守るための即時の介入戦略、いじめの被害を受けた（あるいはそのように報告された）児童生徒の両親への連絡、加害の疑いをかけられている児童生徒の両親への連絡、そして必要であれば、警察などへの連絡なども含まれる（p.5）。

　これらの書面にまとめられた基本方針や手順は、児童生徒が保護を要するどのような属性をもつかにかかわらず、校内のすべての学年、すべてのクラスについて、全職員が首尾一貫して守ることを義務づけられている具体的なアクションステップを詳細に示している。

　最近、カリフォルニア州のある学校区が二層に分かれた学校方針と報告システムを導入した。一方の方針および手順は「保護を要する属性（例えば、障害、人種、宗教、性別、性的指向において）の児童生徒」が巻き込まれたハラスメントのケースに適用されるもので、連邦法の定めるガイドラインや基準に従って厳しく調査され、解決される（Burke, 2013）。もう一方の手順は、「保護を要する属性に該当しない児童生徒」のためにつくられており、これらに該当するケースは、第一の手順とは異なる一連のルールに従って処理され、手順に定められた保護項目も少なくなっている。米国教育省の「反いじめ方針：州法における例と規定」（2010）においては、このような、「保護を要する児童生徒」と「保護を必要としない児童生徒」を分けた、二層式のシステムは推奨されていない。二層式のシステムはいくつかの問題を生み出す。

・障害があるかどうか不明の児童生徒、あるいは潜在的にチャイルドファインド[1]の対象である児童生徒が制度の谷間に落ちてしまう可能性がある。
・障害のある児童生徒が個人情報保護のために、保護に該当する児童生徒である

訳注
1）　第6章 p.133を参照。

　　ことを職員に気づかれずに必要とされる連邦政府の定める保護を受けられない
　　可能性がある。つまり、ある児童生徒に障害があることを職員が知らず、二層
　　システムのうち、適切なほうの手順に従わない可能性がある。
・すでに大きな負担の下にある学校のシステムに追加的な事務作業を課すことに
　　なる可能性がある。二層システムにおいては、すべての報告書式や書類などの
　　セットを２種類準備することが求められるからである。
・同じ学校の両親を分断してしまう可能性がある。層に分かれたシステムを、一
　　部の児童生徒のみに保護を与えるシステム、という見方をする両親を生むかも
　　しれず、一体的なポジティブな学校風土を徐々に損なう可能性がある。

　学校安全チームと校長は、連邦法、州の方針、もっとも効果的な実践手法（ベストプラクティススタンダード）に適合
する包括的な学校方針と調査ルールの下で、すべての児童生徒に平等な保護を与え、
障害のある児童生徒や他の保護を必要とする属性の児童生徒へのいじめまたはハラ
スメントに対して適切に対処することができる。ニュージャージー州など一部の州
では、いじめとハラスメント両方を含む法規を導入し、混乱を軽減している。

　いじめあるいはハラスメントの事件を調査するにあたっては、いじめやハラスメ
ントに関わる州の法規や要件によく通じた、高い水準のトレーニングを受けた学校
管理者を必要とする。個別障害者教育法では、もっぱらリハビリテーション法第
504条の対象となる児童生徒について、法的要件ではないものの、手順において与
えるべき大きな保護について明記している。一方、米国教育省と人権局は、児童生
徒が個別障害者教育法やリハビリテーション法第504条の対象となっているか否か
にかかわらず、学校が障害者ハラスメントに対処し、これを防ぐことが学校の義務
であることをくり返し強調している（人権局，2014）。リハビリテーション法第504
条の対象となっている児童生徒は、個別障害者教育法の下で特別支援教育を受けて
いる児童生徒と同様に、いじめやハラスメントから解放され、適切な公的教育を受
ける権利がある。人権局（2010）は、児童生徒がどのような法律の対象となるかに
かかわらず、「学校が差別的なハラスメントの発見に失敗することは不適切、不十
分な対応へとつながり、このことが児童生徒の人権を侵す可能性があることを指摘」
している。したがって、学校は自らのいじめハラスメント防止のための方針や手順
について評価を行ない、個別障害者教育法やリハビリテーション法第504条の対象
となる児童生徒に対するすべての種類の障害者ハラスメントに適切に対処できるこ

とを確かなものとしなくてはならない。

障害者ハラスメントを確定し、調査する

　子ども同士のけんかのすべてがいじめに該当するわけではないように、障害のある児童生徒の関わるいじめのすべてが、障害者ハラスメントまたは個別障害者教育法による無償かつ適切な公教育あるいはリハビリテーション法第504条による無償かつ適切な公教育の否定にあたるわけではない。複雑な社会的相互作用については、専門的な判断、高度な経験、そして効果的な調査手法が要求される。以下は、どのようなときに、その事件がいじめ、障害者ハラスメント、あるいは無償かつ適切な公教育を受ける権利の侵害と認定されるかを具体的に示すためのシナリオである。

シナリオ1：いじめ

　ある女子高生の集団が、体育の授業の一環で、朝の1時間目に行なわれる学校のダンスチームの練習に参加した。そのダンスチームは学校の色別応援団として、放課後にも楽団とともに練習を行なっている。ダンスチームの3人の共同キャプテンは数名の生徒への新人いびりを始め、そのなかに15歳の聴覚障害と学習障害のある生徒（ここでは仮にローレンと呼ぶ）がいた。共同キャプテンたちは新しくチームに参加した女子生徒全員に道具運びと下着を裏表逆につけることを要求し、侮蔑的な悪口を言った。アシスタントコーチがこれを目撃し、共同キャプテンたちにやめるように指導した。そのコーチは学校の管理職にはいじめについて報告を行なわず、いじめは数か月間続いた。ローレンの両親は自宅での娘の振る舞いの明らかな変化に気づき、学校やダンス活動について質問した。ローレンは両親に自分が受けている虐待について話し、両親は校長宛に正式な苦情を書面で送付した。学校は直ちに入念な調査を実施し、学校方針からこれをいじめと判断し、共同キャプテンたちにチーム活動への参加停止を命じた。学校はローレンを含むチームのすべての女子に対してカウンセリングを受けることを勧めた。加えて、アシスタントコーチはその地位から外され、学校のすべての職員に対し、職員研修の受講が要求された。そのあとも学校は注意深く、他の事件が発生しないかを監視した。また、ローレンの個別の教育プログラム（IEP）チームは彼女が教育プログラム上、何かマイナスの効果を受けていないかを議論するために会議を行なったが、特に追加的な支援やサー

ビスの必要はないとの決定を下した。ローレンは現行の個別の教育プログラムから教育的な利益を得ており、個別障害者教育法による無償かつ適切な公教育のサービスを受ける権利は侵害されていないと判断された。

討論：この事件には障害のある少女が巻き込まれたが、彼女は障害があるためにハラスメントを受けたわけではなかった。学校は迅速かつ入念な調査を実施したが、障害者ハラスメント行為に該当するための4つの基準（第1章の**表1.4**を参照）に触れているという確証を得ることはなかった。学校はいじめを止めるために直ちに対応しており、将来的に起こる事件についても注意深く監視を行なっている。障害者ハラスメントが行なわれたという根拠は見つからない。さらに、ローレンの個別障害者教育法による無償かつ適切な公教育のサービスを受ける権利は侵害されておらず、個別の教育プログラムから教育面での恩恵を受けられていた。

シナリオ2：いじめと無償かつ適切な公教育を受ける権利の侵害

　再び、高校の色別応援団兼ダンスチームの共同キャプテンたちが、新入りの女子たちにたちの悪い新人いびりをしていた。新入りのなかには、15歳の聴覚障害と学習障害のあるローレンという女子もいた。新入りの女子たちは、学校の反対の端にある水飲み場を使うように命令され、ちぐはぐな衣装を着させられ、手には下品な言葉を書かれ、軽蔑的な悪口を言われた。ここでも、アシスタントコーチは事実関係の一部を目撃しながら、いじめを止めるための決定的な行動をとらなかった。ローレンはダンスチームの活動がある1時間目を欠席するようになり、放課後の応援団の練習にも、参加を拒否するようになった。彼女の両親は学校から、ローレンがダンスクラスを過剰な頻度で欠席しているという知らせを受ける。ローレンは両親に新人いびりの事実を話し、両親は学校に正式に苦情を提出した。学校は直ちに行動をとり、いじめと新人いびりが起こったこと、これが学校方針と生徒の行動規範に逆らうものであることを認めた。学校の管理者はチームの共同キャプテンたちを停部とし、アシスタントコーチを解雇した。いじめはローレンの障害に関わるものではなかったので、学校はこれが障害者ハラスメントにあたるという証拠は見つけられなかった。ローレンの個別の教育プログラムチームは、彼女がいじめのせいでダンスのクラスを欠席し、教育的な利益へのアクセスが奪われたことから、彼女の個別障害者教育法による無償かつ適切な公教育を受ける権利が侵害されていたと

判断した。彼女の個別の教育プログラムチームは、現行の計画を見直し、その結果、ソーシャルスキルやコミュニケーションを教えるための適切な目標設定が不足していたことを発見した。個別の教育プログラムチームはローレン独自のニーズに合った支援とサービスを追加し、放課後の練習について通訳者をつけた。さらに、個別の教育プログラムチームはローレンがコーチの指示を適切に聞くことができるようにするために、ダンスチームと応援団に調整文書を書いた。校長はこれに加えて、報復を予防するために、継続的な監視と管理が行なわれることを求めた。

討論：このシナリオにおいて、ローレンは障害ゆえに、いじめの標的となったわけではなかった。さらに、学校長たちはいじめを止め、将来的な事件のために監視を行なうために即座に行動した。共同キャプテンたちの示した行動は、学校の書面によるいじめに関わる方針に照らして処罰の対象となるものだった。このシナリオは敵対的な環境と障害者ハラスメントの基準には該当しなかったものの、学校は無償かつ適切な公教育に関わる心配事には対処する義務がある（人権局，2014）。ローレンの個別の教育プログラムは意味のある教育的利益を提供できなくなっており、追加的な目標と修正を必要としていたが、このシナリオにおいては最終的に対処がなされた。

シナリオ３：障害者ハラスメントと無償かつ適切な公教育を受ける権利の侵害

　同じダンスクラスと色別応援団の例をシナリオに用いて話をすると、共同キャプテンたちはローレンを虐待的な要求の標的にした。彼女たちは「うすのろ」「知恵おくれ」といった侮辱的な言葉を使用した。彼女たちは、ローレンに練習中後ろを向くようにいい、読唇を使ったり、振り付けを目でみたりすることでできないようにした。ローレンはダンスの時間がある１時間目を欠席しはじめた。アシスタントコーチはこの明白ないじめに対し無関心で、この事実を学校当局に報告しなかった。ローレンの両親は学校から、欠席の多さについての連絡文書を受け取り、娘と向き合って初めて、ハラスメントについて聞かされた。　両親は校長に電話で話をしたところ、校長は両親に、直接ヘッドコーチと話して詳しい情報を得ることを勧めた。学校長が行動をとらないまま数週間が過ぎ、両親はハラスメントについての正式な苦情を文書で提出した。調査の結果、障害者ハラスメントの証拠が見つかり、その証拠は４つの基準（第１章の**表1.4**を参照）をそれぞれに満たしていた。さらに、

個別の教育プログラムチームは生徒が個別障害者教育法による無償かつ適切な公教育によるサービスを受ける権利を侵害されていると判断した。彼女はダンスのクラスで落第点をとり、放課後の色別応援団の活動に、仲間からの虐待が原因で参加を拒否していたからである。数週間後、学校はダンスチームの共同キャプテンたちに、活動への参加を停止する処分を下した。学校はさらに、学校への報告体制を徹底的に見直し、生徒が匿名で書き込めるオンラインシステムをつくった。すべての職員に対してトレーニングが行なわれ、コーチたちもその対象となった。個別の教育プログラムチームはローレンに対する追加的な支援が何かを見直し、練習に仲介者を参加させることとし、さらに社会的なコミュニケーションスキルを教えるための追加的な目標を設定した。

討論：このシナリオにおいては、障害のある生徒が事件に巻き込まれ、障害者ハラスメントの４つの基準（第１章の**表1.4**を参照）に適合していた。このことに加えて、生徒はハラスメントによって個別障害者教育法による無償かつ適切な公教育のサービスを受ける権利を侵害され、彼女が教育的なプログラムから利益を受け能力を伸ばすことを妨害された。原則として、「個別障害者教育法による無償かつ適切な公教育／リハビリテーション法第504条による無償かつ適切な公教育サービスを受ける児童生徒が障害者ハラスメントに抵触するいじめを経験した場合、非常に高い割合でその児童生徒は無償かつ適切な公教育を受ける権利を侵害される」（人権局，2014，p.7）。**表8.2**はいじめ事件を調査し、それが障害者ハラスメントにあたるかを確定するためのステップをまとめている。

表8.2　いじめ事件の調査と障害者ハラスメントの確定に関する手順

1. 関係する児童生徒すべてを特定し、ケースに番号をふる。障害のある児童生徒を特定する。
2. 両親に連絡をとる。
3. タイムリーに（例えば、10登校日中以内に）いじめ事件や障害者ハラスメントと疑われるそれぞれの事件について調査を実施する。いじめに関わりをもった児童生徒、職員のすべてにインタビュー調査を行なう。これには事件を目撃していたすべての傍観者を含む。
4. 障害者ハラスメントが発生したかどうかを判断する。
5. 被害者といじめっ子、あるいはいじめっ子のグループ双方に、集中的な対象介入を行なう（例えば、カウンセリングなど）。
6. 行動を修正させるための善後策とハラスメントを終わらせるためのステップを特定し、報復を防ぎ将来的な事件の発生を監視する。
7. 報告書式を文書化し、すべての記録とともに保管する。

調査のためのアクションステップ

　学校関係者や担当者は、いじめ事件が発生したという報告を受けた、またはそう信じられる理由がある場合には直ちに連邦法および州法と学校が採用している手順に従って、調査を実行しなければならない。人権局は、学校長にいじめハラスメント事件を調査する際に求められる行動をまとめた文書を提供している（人権局, 2010, 2014）。

1. **障害の状態を確認する**：口頭、書面、オンラインなど、いずれの手段を通じてであれ、学校関係者はいじめについて知らされた場合、関わりをもった児童生徒について、障害など保護を必要とするカテゴリーに属しているかどうかを確認しなくてはならない。学校関係者は、障害のある児童生徒を巻き込むいじめ事件について通知された際には、直ちに行動をとらなくてはならない。ハラスメントについての正式な報告は、児童生徒、両親、あるいは障害のある児童生徒への危害に気づいて心配している大人など、誰にでもできるということを忘れてはならない。人権局（2010）は、「学校がいじめについて知らされた、またはそのように判断する合理的な理由がある場合、学校は直ちに適切な行動をとり、調査を実施するか、何が起こったかを特定しなくてはならない」と明確に述べている。したがって、すべての職員はいじめ事件について、管理職あるいは担当責任者に1登校日以内に報告するようにトレーニングされ、「直ちに」行動をとることができるようにしなければならない。

犯罪行為について

　学校関係者、あるいはいじめ問題の担当者は、犯罪行為が発生した際には、直ちにそのことを確定しなくてはならない。その際は、しかるべき部署あるいは地域の警察に報告する。例えば、身体的暴力や性的虐待が疑われる場合には警察への通報が必須である。学校関係者は、児童生徒に対する身体的暴力が継続していないことを確認し、いかなる児童生徒についても危害を加えられることから守らなくてはならない。

2.**両親に知らせる**：学校がいじめの報告を受けた場合は、1登校日以内に、被害者といじめた側とみられる児童生徒（たち）双方の両親に電話か手紙で知らせるべきである。どのような電話の会話も録音されるか、正式な記録文書に、日付や時間とともに直接記入される必要がある。両親とはいつでも相談や話し合いができる体制を確立し、調査のための具体的な手順とスケジュールを共有する。両親に学校のウェブサイトや児童生徒の行動規範を参照させ、学校方針や手順について明らかにする。児童生徒に「いじめっ子」「被害者」という名前をつけないようにする。両親には観察により得られた情報を文書として提供し、それについての論評めいた意見は述べないようにする。両親への連絡は、家庭教育の権利とプライバシーに関する法律（Family Educational Rights and Privacy Act（FERPA; 公法93-380））によって定められたプライバシーなどの保護に違反するものであってはならない。同法の規定は、すべての児童生徒のプライバシーを保護するものであり、障害のある児童生徒についてのみ適用されているわけではない。同法は、児童生徒の教育記録を基に、個人を特定できる情報を本人の同意なく公開することを固く禁じている（20 U.S.C.; 1232g.）。学校関係者はすべての連邦法規が、同法の下で首尾一貫して実施されていることを確かなものとするために、法律上の指導を仰ぐ必要がある。

3.**インタビュー調査の実施**：いじめ事件に関する調査を実施するための学校方針の一部には、学校の担当者がインタビュー調査を実施する際に推奨される質問のひな型が含まれる。その時その時の校長の専門的な経験の有無とは関係なく、各学校には、いじめに関わる調査におけるギャップや食い違い^{ディスクレパンシー}を最小限にするべく、すべての事件に対する標準的な質問のセットを備えている必要がある。インタビュー調査の質問項目は、明確で具体的、客観的かつ事実関係を立証するものであるべきだが、障害のある児童生徒は、聴覚処理やコミュニケーションスキルの面での障害、あるいは情緒面での障害が、最終的な調査結果に影響を与える可能性もあることは念頭に置いておく必要がある。ニュージャージー州の教育局は州全域にわたる「反いじめ関連法（Anti-Bullying Bill of Rights Act）」（2011）に対応するための実践的なガイド「ハラスメントと脅しといじめに関する調査の要点」プロトコルを公開した

(Drew, 2013)。このガイダンス文書はニュージャージー州の学校長たちに、調査を実施するための戦略を提供するものであるが、他の州や地域の教育機関でも簡単に修正を行ない、モデルプログラムとして利用することが可能である。以下に示すのは同ガイドラインに示されているインタビューの方法である。さらに詳細を求める方はニュージャージー州教育局のウェブサイトを訪問して頂きたい。

http://www.state.nj.us/education/students/safety/behavior/hib/overview.shtml

・学校によるインタビュー調査は警察の取り調べとは異なるものであり、すべての児童生徒に対して敬意をもった姿勢で、事件に関係した児童生徒の年齢や認知レベルに合わせて客観的な質問を行なうよう、注意深く計画される必要がある。聴き手は共感的かつ偏見をもたない態度をとることにくれぐれも注意を払い、インタビューを思いやりや共感、いじめ防止を教えることができる時間として活用することに意識を集中させる。障害のある児童生徒は問題行動をいじめと認識できない場合がある。また、巧みなごまかしや搾取的な振る舞いを自分への害と理解できない場合や、自分自身のために立ち上がり、助けを求めることに気が進まない様子を見せる場合もある（米国教育省, 2013）。インタビューを行なう学校関係者は、インタビュー中に児童生徒と言い争ったり、否定的なコメントを与えたり、攻撃的と受け取られるような行動をとってはならない。例えば、座っている児童生徒のすぐそばに立つといった言外のボディランゲージを示したり、非難するような声のトーンで話したり、権威ある立場の大人が怒った表情を見せたりすることは調査を損ない、関係する児童生徒を再び被害者としてしまう可能性がある。いじめやハラスメントのおぞましい行動は、傍観者がしばしば目撃しているものであるということを念頭に、学校の管理職は関わった児童生徒が再び被害を受けることを防ぐことに注力しなくてはならない。
・インタビューは内密に、児童生徒の安全に配慮して行なわれる必要がある。児童生徒を授業中のクラスから他の児童生徒もいる廊下に引っ張り出して、質問をするという方法は推奨できない（「あなたは昨日の放課後のけんかに何か関

係しているの？」)。というのは、このようなタイプの、公的な場所で行なわれる質問は端的な「いいえ」という返事につながりやすく、インタビューが非生産的に終わるからである。児童生徒へのインタビューは教職員の個室やカウンセリングルームなどで、邪魔を取り除いたうえで行なうべきである。

・単純な「はい」「いいえ」で答えられる質問をせず、児童生徒の回答が広がるような問いをすることで反応を探る。「昨日、校庭で何か問題となることを見かけなかった？」(児童生徒の返事は「いいえ、別に」)という問いよりも、「昨日、校庭でどんなことがあったか教えてくれる？」とたずねる。インタビューの目的は、発生した事件を再構築し、誰が、いつ、どこで、誰によって、どのように起こったかの事実を特定することである。年齢の低い児童や障害のある児童生徒には、質問に答えるのにより多くの時間を要する場合もある。児童生徒が自分の答えを形成するための指導が必要な場合もあるが、学校関係者は児童生徒を特定の答えに誘導してしまう危険については十分に留意する必要がある。例えば、「今朝、授業前にブレイデンがジェシカをロッカーに押し込むのを見なかった？」といった聞き方などである。児童生徒は、恐れから、大人が聞きたいと思っている返答をしてしまう場合がある。インタビューが調査を実施する目的とゴールは、いじめやハラスメントが発生したかどうかを判断し、すべての児童生徒を保護すると同時に将来的な事件を防止するための計画を立てるための助けとすることである。

・連邦政府のウェビナー「いじめとハラスメントと人権」(米国教育省, 2013)によれば、障害者ハラスメントに関わる学校調査は、「総合的な状況」を包含するべきであるという。これにはいじめやハラスメントの特徴(言葉によるもの、身体的なもの、関係性によるものなど)、範囲、頻度、期間、場所、関係した人との関係性、学校外の要因、そして内容の深刻さなどが含まれる。事件によって児童生徒への敵対的な環境がつくり出されたかどうかを判断するにあたっては、入念な調査によってそれらの要素一つひとつが検討されるべきである。学校の管理職や担当者は、関わりをもった児童生徒の感情面の状態に注意を払うと同時に、効果的にインタビューを行なうためのトレーニングやコーチング、フィードバックや練習のセッションを受けられるように求めてもいい。

4. 補足資料を検証する:インタビューの過程は、調査のごく一部分に過ぎない。

障害者ハラスメントの証拠は他の調査手段によって発見されることもある。学校長や担当は校内の様子を撮影した動画を観たり、過去のいじめ事件に注目して生徒記録を読み返したり、児童生徒の持ち物の損壊など物理的な証拠がないかを検証したり、いじめやハラスメントの報告文書からわかる事実を集めることなどができる。

5. **障害者ハラスメントが発生したかどうかを確定する**：この段階で、学校関係者は報告された事件が以下のいずれに該当するのかを判断する。1）通常の子ども同士のけんかであり、仲間同士の悪意のないわるふざけや対等な者同士の攻撃的行動、2）州や地域の方針が定義するいじめ、3）連邦法で定義される障害者ハラスメント、4）無償かつ適切な公教育を受ける権利の否定（第1章の**表1.4**を参照）。調査の結果を受けて、学校関係者または審査会は個別の事件における事実関係と、報告書の結論を支える証拠を入念に検討したうえで、専門家としての判断を下すことが求められる。学校関係者は、中立的な立場を保ち、事実だけを検討することで、差別的な取り扱いをしないことを保証しなくてはならない（人権局，2014）。事実に基づき、学校関係者は障害者ハラスメントの疑いと証拠が調査によって裏づけられたかどうかを判断する。通常の子ども同士のけんかと、いじめ、障害者ハラスメントは複雑かつ社会的な相互関係にあり、学校関係者はその3つがそれぞれどういった要素から構成されているかを理解しなければならない。障害者ハラスメントは、保護を要する属性に基づく、歓迎されない行為であると定義される。報告されたいじめの事件、例えば脅しやあざけり、身体的な行為において、被害者に障害がある場合、それは障害者ハラスメントという歓迎されない行為であると学校の担当者が結論づけることは道理にかなっている。連邦政府のウェビナー「いじめとハラスメントと人権」によれば、障害のある児童生徒に対する悪口や侮蔑は、連邦法の下では障害者ハラスメントとみなされ、その行為の性質そのものが障害者ハラスメントとみなされるべきであるとしている（米国教育省，2013）。言葉によるあざけりや社会的な排除といった非身体的な行為もまた、学校における敵対的な環境をつくり出すという基準に適合する。学校の担当者は、報告された事件や行為が敵対的な環境を生み出しているかどうかを判断しなくてはならない。「受けたハラスメントに

　よって、その児童生徒が教育プログラムに参加したり、そこから利益を享受
したりする能力を妨げるほど深刻かつ明白な影響がなかったとしても、敵対
的な環境は、存在し得る」（人権局「関係各位への書簡」, 2000, p.2）。

　人権局が述べる通り、敵対的な環境とは、必ずしも落第や退学といった「明白な」
結果を表す必要はない。ニューヨーク市の教育局に関する判例では（Cyr, 2012）、「い
じめが適切な教育を受けるすべての機会を妨げたと証明する必要はなく、児童生徒
が適切な教育を受ける機会に影響を与えたかもれしないということを示すだけで十
分である」という判決が下された。敵対的な環境に起因した障害者ハラスメントは、
児童生徒の参加のパターンを変えてしまう可能性がある。例えば、障害のある児童
生徒が、同乗する他の児童生徒から向けられる継続的かつ度重なる不愉快な言動の
ために、スクールバスに乗ることを拒否したとする。このことは、児童生徒の教育
プログラムに影響を与えることに該当する可能性がある。障害のある児童生徒が学
校でくり返しいじめを受けている場合、学業面ではそれまで通りの成果を上げてい
たとしても、怒り、抑うつ、あるいは不登校といった心理的な問題を示す場合があ
るということを、学校関係者は知る必要がある。こうした場合、児童生徒にとって
敵対的な環境がつくり出されており、無償かつ適切な公教育の否定にあたるといえ
る。米国教育省は一貫して、すべての学校の被雇用者に対し、障害のある児童生徒
をいじめやハラスメントの被害から保護することは彼らの義務であるという立場を
明確に示し続けてきた（Keegan & Monthie, 2014）。

障害者ハラスメントの例

- 識字障害のある生徒について、数人の生徒が授業中にくり返し「あいつはバカ」「おしでつんぼ」「このクラスにいるべきじゃない」といった指摘を声に出して言った。ハラスメントを受けた生徒は教室で勉強することが困難になり、成績が下がった。

- 知的障害のある児童に対して他の児童たちが頻繁にあざけったり、けなしたりした。笑いものにされたり、脅されたりしたことで、その児童は体育の授業に参加することができなくなった。

- 少年テニスチームのメンバーが、仲間の少年がたびたび間食と血糖値を測るための休憩をとることについて、くり返し嫌がらせをしている。その児童は糖尿病を抱えており、重複的な医学的問題のためにリハビリテーション法第504条プランの対象となっている。絶え間ないからかいのため、彼は血糖値を測ることを拒否するようになった。数か月も嫌がらせが続いたのをアシスタントコーチは目撃しており、結局その児童はチームを辞めた。

- 自閉スペクトラム症のある生徒は、毎日すべての教材を抱えて教室移動をしている。授業の合間にロッカーを開けるのが彼女にとっては難しいからである。生徒たちは廊下でくり返し彼女を押しのけ、そのはずみで彼女は床に教科書を散乱させてしまうことが続いた。他の生徒たちの執拗な行動が原因で、本人が授業に遅刻して入ってくることが数回あった。その少女につくことがある補助教員が廊下で彼女が押されているのを目撃した。生徒は度重なる遅刻のために居残りを命じられ、学校で過ごす日中に高いレベルの不安感を示すようになり、そのことが学校での学習の妨げとなっている。

あなたのレジリエンスを尊敬します。あなただから、友だちになり
たいと思う人が他にも必ずいるはずです。自分が人より劣っている
などと決して考えないでください。他の人とは違った自分でいよう、
と思うのは、他人の目というバイアスに従った、誤った考え方だと思います。
あなたには3つの選択肢があります。①彼らを無視する、②そこから何か形に
する、③そこから何かを学び取る。どれでも、最善だと思うものを選んでくだ
さい。あなたのことを気にかけている友より。

6. **善後策を講じる**：人権局からの「関係各位への書簡」によれば、障害者ハラ
スメントについて調査が実施され、それが立証された場合、学校は以下を含
む具体的な行動をとることが義務づけられる（2010）。

・迅速にハラスメントをやめさせる
・敵対的な環境を取り除く
・将来起こりうる事件を予防する
・報復を防ぐ

　学校区のすべての職員は、将来的なハラスメントと、いじめの基本方針に逆ら
う敵対的な悪意ある環境を防ぐための善後策と解決法の提案を考えなければなら
ない。差別を伴うハラスメントは、他のタイプのいじめとは異なる独特の影響を
与えると同時に、異なった対応を必要とする場合がある（人権局、2010）。以下
に挙げるのは、調査によって差別的ハラスメントが存在することが明らかになっ
た場合、学校関係者や担当責任者が採り得る善後策と、懲罰措置に関する情報で
ある。

・新しい学校方針を策定し、修正し、これを公表する
・学校はハラスメントを決して許さないという信念を強め、広く広報する
・障害者ハラスメントに特化したスタッフトレーニングを実施する
・校内の監視体制（モニター）を強化し、管理する大人の数を増やす
・いじめっ子（あるいはハラスメントを行なう者）と被害者の間の関係、やりと
　りを制限する。加害生徒にはさらなる接触についての「停止命令」を契約させ

る

・被害者に教育プログラムの恩恵を受けられるよう、追加的な選択肢を提供する
（例：追加試験を受けるなど）
・すべての児童生徒に、障害についての理解と受容についてのカリキュラムととも
に、多様性に関するトレーニングを提供する
・障害者ハラスメントに的をしぼったフォローアップ調査を実施する
・将来的なハラスメントを防ぐために両親やコミュニティのグループを巻き込む
・いじめ行動を示した児童生徒（ハラスメントを行なった者）に懲罰を与える

懲罰措置

　本書でこれまで論じてきたように、いじめ行動を示す児童生徒に対し適用される
懲罰手段や制裁、罰則などは、適切な社会性情動学習（ソーシャルエモーショナルラーニング）のスキルと争いの解決方法
を教えることに焦点をしぼり、注意深く練られた介入でなければならない。また、
ここで、児童生徒を学校にとどめることも大切な点である。学校から児童生徒を追
い出す停学や退学処分を命じるような厳しい懲罰手段は学校全体にネガティブなイ
ンパクトを与え、将来的ないじめやハラスメントを予防するための善後策とは相い
れないこともしばしばある。インタビューの記録文書、電話内容、記録のレビュー、
その他のいじめ調査の記録はすべて保管しておく。カリフォルニア州では、学校の
教職員は苦情の申し立てから彼らの示した解決までを最低でも書面で1レビューサ
イクルの期間は保管しておくことが義務づけられている（Cal. Educ. Code § 234.1
[2010]）。調査によってわかったすべての側面は書面にされ、整理され、秘密が守
られた状態で保管されなくてはならない。先にも述べた通り、一つひとつのいじめ
事件にはケース番号がふられ、将来的に何らかの事件や報復につながった際に関係
をたどれるようにしておく。紙ベースまたはオンラインで適切に管理されたファイ
ルは、学校長や担当者が効果的にいじめやハラスメントの将来的な事件を監視する
ための助けとなり得る。学校長は、いじめやハラスメントに関わるデータを入力し、
保管し、のちに引き出すための統一された基準をつくり、継続的に実行しなくては
ならない。学校の指導者や担当者の異動があっても、学校には説明責任を保持する
ための書面による計画書が存在しているべきであり、これは新しい指導者にも引き
継がれるようにしておく必要がある。学校の全職員は被害者といじめっ子双方の家

族に対し、調査からわかった障害者ハラスメントを構成する事実とその根拠、そして家庭教育の権利とプライバシーに関する法律の下で学校がとった対応について、情報提供を行なうことができる。

　いじめやハラスメントを知りながらこれを無視する、あるいは直ちに行動をとらない学校の教職員は、自分たちが連邦政府の定める市民権を侵害しており、学校区を訴訟の危険にさらしていることを理解しなくてはならない。児童生徒の不法行為が障害者ハラスメントに該当し得ると学校が適切に判断することに失敗すれば、重大な責任が問われる。連邦法では、学校は児童生徒に対するいかなる敵対的な環境をも、取り除くことが義務づけられているからである。学校に対するいじめやハラスメントの苦情によって、組織だった問い合わせ先の欠如、目撃者へのインタビューの失敗、不十分な記録保管体制、法律に精通していない状態、不適切なトレーニング、無計画でばらばらなアプローチ、いじめを止める効果のない手段、そしていじめっ子の行為によってつくり出された敵対的な環境への対応の不十分さなどが明らかになった場合、その学校は連邦政府の調査の対象となる場合もある。もちろん、訴訟への恐れは、重層的ないじめハラスメント防止プログラムの開発と実施の唯一の理由となるべきではない。学校のすべての職員は、児童生徒を危害から守り、安全で秩序だった学校環境をつくり出す最終的な責任を負っている。

✅ 実行のためのチェックリスト

はい

・学校の報告書式(フォーム)を再検討し、標準的な内容が含まれているか査定する　□

・いじめに関する報告を受け、対応する責任者として任命された職員が誰であるかを認識する　□

・障害のある児童生徒もアクセスすることが可能ないじめの報告書式(フォーム)や方法をつくる　□

・虚偽の報告に対する懸念に対応する　□

・すべての児童生徒と職員に対し、具体的な報告の手順を教える　□

・適切な調査手順が遵守されているかを確かめる　□

・講じ得る善後策をリスト化する　□

第9章
持続可能ないじめハラスメント減少プログラム

　いじめの発生率や調査データは、いじめやハラスメントの将来的な割合を減らすうえで、またそれについて長期にわたる持続可能性を確保するうえで、強力な推進力となる。この明確なエビデンスに直面して初めて、教育者は学校方針や手順を振り返るにあたって重要なデータに基づく判断を下し、すべての児童生徒にとって安全な学習環境をつくり出すことができるようになる。先に述べたように、データから導かれた実践は、教師が自分のクラスのデータを分析したときに成功する。例えば、8つの小中学校からなる学区全体の学校風土の傾向やいじめの割合は、そのなかの特定の小学校の2年生を受けもつ担任教師にとってはあまり大きな意味をもたない。それぞれの学校は、データを学年レベルやその他のコード化された情報（例えば、性別、保護を要する属性、いじめの性質など）によって分解し、分析しなくてはならない。調査や事件報告書からの直接的な評価^(アセスメント)データは、フォーカスグループや学校によるその他の観察からの情報と統合され、すべての児童生徒にとってよりよい成果を引き出すとともに、学校が将来のプログラムづくりにおいて適切な介入を選択することができるように導く。学校が、自らのリソースをどこに投入すればいじめの割合を減少させ、障害のある児童生徒に対する敵対的な環境を消滅させるうえでもっとも大きなインパクトを与えられるかを見定めるうえで、個々の学校データを注意深く検討し、分析することは大きな助けとなる。

よりよい成果を挙げるためのデータ分析

　効果的な教育上の決定を下すためのデータ分析には、複合的なデータの収集と整理、判断を伴う。一見、データ分析は、訓練された統計の専門家ではない学級担任や学校安全チームのメンバーにとっては複雑に見えるかもしれない。データ分析を行なおうとすると、t検定、分散分析、ノンパラメトリック手法、回帰分析によるスコアリングなど様々な専門用語が呪文のように登場する。幸いなことに、複雑な

数学的な方程式や込み入ったデザインを用いなくても、信頼性の高い、有効なデータ分析は可能である。以下に示すのは、データ分析を行なう際のいくつかの一般的なガイドラインである。

1．複合的な形式のデータを集め、整理し、その結果をまとめること。
2．判断に用いたデータを提示すること。データを要約したものをグラフなど目に見える形で提示し、プログラム全体において力を入れた部分や改善した領域などを区別できるようにする。
3．現状に関するデータとともに、今後も継続する、あるいは新しく実施する計画などをまとめた、年度ごとの報告書を作成すること。

　複合的な形式のデータ収集については、これまでアンケート調査、フォーカスグループ、いじめやハラスメントの報告書式（フォーム）などに関連して論じてきた。データがいったん収集されたら、学校長や学校安全チームはすぐに両親や児童生徒、教職員やコミュニティにとって意味のある方法にそれを整理し、活用することを始めなくてはならない。ほとんどの学校区は分析のために、定量的なデータの管理システムやコンピュータソフトウェアを購入している。学校は児童生徒の出席率や懲罰措置、試験の得点（スコア）など、州や連邦の法規に合わせて様々な報告を行なっている。学校風土に関する調査やいじめに関する児童生徒調査についても、学校が採用しているソフトウェアプログラムによって管理することができるだろう。学校が保有する他の形式のデータと同様、調査データも直接ソフトウェアプログラムに入力し、その傾向の分析、成果の測定、将来の計画への活用を行なうことができる。

あなたと同様に、見た目のことでからかわれている子はたくさんいます。彼らは大抵、それを笑い飛ばし、気にせずにいます。あなたにもそうすることを勧めます。あなたの敵をやっつけるには、彼らのことなんてまったく気にしないように振る舞うことです。そして何かのクラブやスポーツ活動に参加することを勧めます。次にそうした機会があったら、ぜひ出かけて行って新しい友だちをつくれるといいね。無知ないじめっ子たちのことなど気にしないで。あなたは、その強さにおいてだけでも、すでに彼らに勝っているのだから。

　データ分析には、進歩した部分や改善した領域を特定する目的で、データをグラフ化し、視覚的に表現することが含まれる。学校長や学校安全チームのメンバーは調査結果を解釈し、その傾向を判断するために、データをまとめ、提示する。くり返しになるが、ほとんどの学校区は将来の計画作成に役立つデータの報告書や視覚的なグラフを作成できるコンピュータシステムを保有している。またたとえ保有していない場合でも、学校の教職員がグラフや各種の報告書を作成する技術的な手助けを提供する教育関連のオンライン企業はたくさんある。マイクロソフト社のエクセルなどのシンプルなグラフ作成ツールは、学校の職員が結果に基づく説明責任や意思決定を果たすためにグラフを作成する際の助けとなる。視覚的なグラフはスクールワイドないじめ防止プログラムの一環として、児童生徒が主導する活動を表現することもできる。図9.1は、学年別（6年生から8年生）の、スクールワイドな活動への生徒の参加率を見やすく表現したものである。児童生徒や職員の参加によるポジティブな結果を奨励していることを年次報告書のなかに目に見える形で提示することは、持続可能かつ効果的なプログラムとその進歩に対する学校のコミットメントの一部といえる。

　グラフやその他の視覚的な表示の完成によって、学校安全チームはデータの解釈や結論、提言などを引き出すことに着手できる。例えば、学校長や学校安全チームは、学校におけるいじめ報告システムによるデータと、児童生徒を対象とした調査のデータを比較し、分析したいと考えるかもしれない。分析にあたって学校安全チームが作成する質問票としては以下のようなものが考えられる。

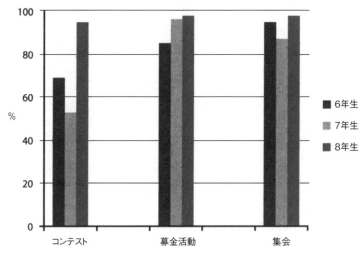

コンテスト：学校のいじめ防止モットーを決めるための、詩やポスターのコンテスト
　　　　　　にエントリーした生徒のパーセンテージ
募金活動：学校の募金活動「その言葉を終わらせるためにその言葉を広めよう」キャ
　　　　　ンペーンに参加した生徒のパーセンテージ
集会：学校の集会に参加した生徒のパーセンテージ

図9.1　スクールワイドないじめ防止活動への生徒の参加率

1．いじめ報告書という手段からのみ把握されるいじめの発生率は何％か。（例
　えば、児童生徒によるいじめ報告件数は何件か）
2．児童生徒を対象とした調査におけるいじめやハラスメントの割合は何％か。
　（例えば、回答した児童生徒が学校でいじめを経験した割合はどの程度か）
3．報告書ベースのデータ（上記1）と児童生徒への調査ベースのデータ（上記
　2）を比較して、どのようなことが言えるか。

　図9.2は、過去1か月以内にいじめ事件を報告した児童生徒のパーセンテージ（こ
こでは児童生徒全体の9％が該当すると回答した）と、過去1か月以内にいじめを
経験したとアンケート調査で回答した児童生徒のパーセンテージ（児童生徒全体の
38％が該当すると回答した）を比較したものである。
　データからは、学校の教職員が報告を受けるよりも高い割合で、児童生徒がいじ
めを経験していることがうかがえる。学校安全チームはこの結果の食い違いの原因
を特定し、将来の介入のための提言を行なうためには、より深くデータを掘り下げ

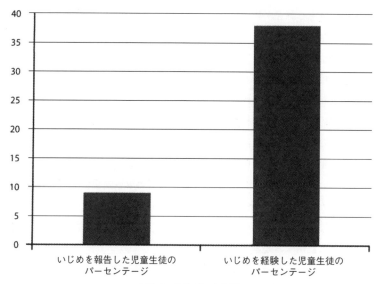

図9.2　比較データ分析

なくてはならない。学校安全チームは、データを分解し、以下のような点について
分析を試みることが考えられる。

1. 細分化された人口統計学的属性（ジェンダー、学年）ごとのいじめの割合
2. 保護を必要とする属性（人種、民族、国籍、性別、障害の有無や宗教）ごと
   のいじめの割合
3. 事件の現場に大人がいたケースの割合。その大人が介入したかどうか、どの
   ような行動がとられたか。
4. 事件の現場に傍観者がいたケースの割合。その傍観者が介入したかどうか、
   どのような行動がとられたか。
5. いじめの性質や型（身体的、言葉によるもの、社会的な排除、ネットいじめ
   など）
6. いじめの発生場所（ホットスポットがどこか）
7. 児童生徒はそのことを大人に報告したか。していない場合、その理由
8. 学校安全チームによる個別の調査など、追加的な特筆すべきデータが存在す
   るか。

　児童生徒に対する調査が報告するような高いいじめ割合に対処できる効果的なプログラムを開発し、児童生徒のニーズに対応するためには、学校長や学校安全チームは丹念に注意深くすべてのデータの検討を行なうほかない。データ分析の最終ステップは、学校でのいじめやハラスメントを減少させるために、現行の方針や手順において必要な変更点と将来的なゴールを特定することである。データのグラフ化、あるいは視覚的な表示は、学校安全チーム、両親、そしてコミュニティの関係者に対し、データのパターンや傾向を明らかにする手助けとなる。例えば、あるチャートにおいて6年生の男子生徒の間で、カフェテリアにおける身体的ないじめの割合が高くなっていることが示された場合、学校関係者と学校安全チームは、現在のニーズに対応するために適切な介入を計画し、実施することができる。介入としては、カフェテリアにおける大人の管理を増やし、カフェテリア内の見えやすい場所に学校のいじめ防止に関する規則を掲示すること、そしてカフェテリアのなかや周囲にいるすべての大人に、学校安全チームが採用しているプロトコルに反する不良な行動の兆候を児童生徒が見せたその最初の瞬間に、即座に介入することを求めるなどが挙げられる。データ分析からわかったことへの対応策として、カフェテリアにおける大人の管理を増やすのは比較的容易で、費用のかからない方法である。残念ながら、学校方針や手順の改定やアップデートのすべてがこれほどシンプルでコスト効率のよいものとは限らない。集中的な職員研修の実施やコンサルタントを雇うことなど、学校の安全性を高めるためには追加的な費用を求められる場合も多い。しかし、いじめを減少させ、学校風土を改善し、最終的に生徒たちを害から保護することのほうがはるかに重要であり、その費用効果は高いと考えられる。

> 人生において、あなたが自分自身をちっぽけな存在だと感じるように仕向けてくる人はたくさんいる。あなたがしなくてはならないのは、自分の存在の大きさを実感すること。人がどう思うかは関係ない。あなたが自分自身を力強い存在だと思っている限り、あなたは力強いのだ。あなたがどのような道を選ぶのであれ、幸せであるよう祈っています。あなたの友より。

年次報告と透明性

　説明責任と透明性は、プログラムを持続させ、児童生徒と両親とコミュニティの信頼できる協力的な関係を築くうえで必要不可欠な要素である。米国教育省の「いじめ防止政策：州法の例と規定」(2010) が推奨する11の重要な要素のうちのひとつに「透明性と監視^{モニタリング}」がある。学校が行なうべきこととして、以下が挙げられている。

・州に対して、学校に報告されたいじめ事件の発生件数と、対応策としてどのような行動がとられたかを毎年報告する。
・適切な個人情報保護によって児童生徒が守られていることを確かなものとしたうえで、いじめ事件に関するデータを公表、入手可能なものとする（家庭教育の権利とプライバシーに関する法律）。

　ここで推奨されているいじめとハラスメントに関する報告は、データ全体についての注意深い分析、いじめの型^{タイプ}や性質、結論、そして将来の計画に関する提言などからなる。ニューヨーク州の基本方針では、学校区当局に「このような報告において、可能な限り、事件の具体的な性質についても描写すること」を求めている (N.Y. Educ. Law § 15, 2010)。オハイオ州のモデル方針においては、「学校区当局は報告されたすべてのいじめ事件について概要を作成し、ウェブサイトに掲載するべきである」としている (§ 3313.666.10, 2010)。個々の教師、学校長、そして州の教育関係者は自分の州、および学校区で報告されたいじめ事件の正確な件数と、それに対して学校長がとった善後策について知っている必要がある。学校区は各校の報告を非常に効率的に統合する技術をもっている。彼らは適切なデータを収集し、適切な報告書の形にまとめ、両親やコミュニティに公表することができる。

　学校の年次報告は、質的と量的双方のデータを含み、これらを基に学校におけるいじめやハラスメントのあらゆる側面を包括的に検証する文書を作成することができる。質的なデータの報告は、自由記述方式のアンケートへの返答、フォーカスグループによる意見の要約、児童生徒主導の活動に関する文章や児童生徒によるマルチメディア素材などから構成される。報告書には児童生徒の書いた文章（例えば、「親愛なるアビー」への手紙）、スクールワイドなイベントの写真、児童生徒活動（例えば、詩のコンテスト）の動画編集、その他、いじめハラスメント防止のために学

校が専念している取り組みを具体化する文書が含まれる。例えば、年次報告にはスクールワイドなイベントのカレンダーを含めることもできる。**表9.1**は、いじめやハラスメントを減少させるポジティブなアクションステップに価値をおく児童生徒活動をまとめたものである。

　質的データと量的データの組み合わせ、あるいは複合的な手法は、発見と将来への提言を具体化する助けとなる。例えば、生の量的データだけでは現行の学校方針やいじめ防止プログラムの変更を保証するものとはなり得ない場合がある（例：225人の児童生徒のうち、障害のある児童生徒が関わりをもったいじめ事件が6件発生した）。一方、フォーカスグループにおける障害のある児童生徒の両親のフィードバックからは、力強く詳細な証言と、ハラスメントから受けた、時に深刻な影響などの個人的な事情や、現行プログラムの変更の必要性といった情報が得られる場合がある。質的データと量的データ双方をあわせて全体的な検討を行なうことが、問題を明確に理解するうえで重要である。児童生徒、職員、そして両親の態度や意見、コメントなどは現状で生じているギャップや改善すべき領域を特定するうえで有用なだけでなく、その強みを明らかにし、成功を喜ぶうえでも活用できる。

表9.1　年次報告：いじめ防止活動に関する学校カレンダー

活動	日付
寛容さを推進するスクールワイドな集会における動画上映	9月5日
全学年による詩のコンテストの写真撮影	10月9日
コミュニティのゲストによる「社会における多様性と寛容さ」に関する講演・手紙	毎月継続中
他者への敬意週間の活動	11月8日
映画「BULLY」の鑑賞、傍観者への教育のための学級でのフォローアップ活動	1月22日
全米いじめ防止期間の「団結の日」のために児童生徒がデザインしたTシャツの写真を紹介する	3月3日
ピアメンタリングのランチミーティングと表彰式	4月28日

　年次報告は、学区ワイド、スクールワイド、そして学級レベルで行なわれた様々なポジティブな介入を紹介するツールとなり得る一方で、全校的な安全プランにおける著しい欠陥や、いじめ防止プログラムづくりにおけるギャップを露呈させる場合もある。例えば、年初に予想されていたよりも高い割合でいじめや障害者ハラスメントが発生したという情報を公開することになる場合もある。学校長や教師は、自分の学校におけるいじめの割合の高さを認めることについては自然と慎重にな

り、このことは透明性の欠如へとつながりかねない。しかし両親やコミュニティの関係者は、いじめやハラスメントを含む児童生徒の安全に関わるすべてのデータについて、報告と透明性を要求し続けなくてはならない。学校の年次報告の透明性が高く、広く周知され、児童生徒、両親、そして関係者の誰にとっても理解可能なものであることは、その学校のすべての職員が児童生徒の安全な学習環境をつくり出すために高いレベルで責任を負い、関与を行なっているということの証拠となる。

> 周りの子があなたについて判断を下したとき、それがどれだけ困難な状況か、私にはよく理解できます。なぜなら、私も同じ目にあったから。あなたがあなた自身であることに落胆させようと彼らはしてくるけれど、それを許さないで。あなたの怒りは理解できる。一番いいのは親や兄弟あるいはカウンセラーに、このフラストレーションとどう向き合えばいいのかを相談すること。そして学校でいじめっ子を振り払えるように、学校の校長や警備関係者などに話をすること。彼らを無視し続けていれば、彼らはあなたを放っておくようになるでしょう。

持続可能ないじめハラスメント防止プログラム

　歴史的に、教育や訓練、啓発キャンペーンやコミュニティ活動は、社会の規範を変えてきた。リサイクル制度や公共施設での禁煙、シートベルトの着用など、日常的な習慣やルーティンに影響する大きな変化を私たちは目撃してきた。容器リサイクルや禁煙のレストラン、シートベルト着用の義務づけは今では一般的である。ある集団において、行動を支配する社会規範や習慣的なルールを恒常的かつ文化的に改変させるためには集中的な教育構想、社会的責任の養成とルールによる強制力が必要である（Haines, Perkins, Rice, & Barker, 2005）。これらの同じ理想が、いじめの文化を重層的でリサーチベースドな介入、児童生徒主導の活動、ソーシャルメディア、そしてシンプルな思いやりある行動などへと恒常的に移行させていくために活用されようとしている。いじめをとりまく沈黙は、もはや通常の子どもの成長過程の一部であるとはみなされなくなっている。文化的な改変を持続させるためには、プログラムの中核的な要素の実施に忠実に従うこと、すべての職員の責任と関与、そして持続可能な実践が求められる。

　プログラムの実施は1回きりのイベントではない。複雑で段階的な過程をたどる
ものであり、十分な調整を伴う計画と職員の関与、そして日々のルーティン実践の
なかに教育的な調査を組み込むことを推進する強い学校のリーダーシップが必要と
される。全米実装研究ネットワーク（National Implementation Research Network）
の調査「実装研究: 文献を統合する」によれば、プログラムの実施は「プログラム
を様々な次元で実践に移すためにデザインされた一連の活動」とされている（Fixsen
et al., 2005, p.5）。実施には様々な段階と定められた基準^{ベンチマーク}があり、現状についてさぐ
る調査から始まり、長期にわたり持続可能なプログラムをつくるところで終わる。
詳細については、同ネットワークのウェブサイトを参照頂きたい。

 http://nirn.fpg.unc.edu

 いじめを克服する鍵はここにある。あなたは自分の自己肯定感の低
さを乗り越えなくてはならない。彼らの行動は許しがたいけれど、
実は問題の本質はいじめではないのだ。あなたはそんな目に遭うべ
きではない、誰も遭うべきではない。でも、あなたが自分自身を自由に解放で
きる唯一の方法は、顔を高く上げて、他人の意見から自分の人生を自由にして
あげることなのだ。

　効果的ないじめハラスメント防止プログラムの実施を成功させる第一歩は、勇敢
なリーダーシップと管理職による支援である。教育長、学校長、その他の指導者は
実施の初期段階において、そして長期的な成果においても主要な要素となる。初期
のステージでは、学校長はビジョンを示すとともに、熱意、リソース、そしてクラ
ス担任や職員に対する効果的な専門研修などを提供すべきである（Fixsen et al.,
2005）。効果的な実施のためには、管理職が関わるすべての職員からの賛同を得た
協同的な学校チームの環境をつくり出すことが求められる。職員の賛同が得られて
いない場合、それは長期的なプログラムの履行と持続の障壁となる。クックら（2013）
によれば、学校長は明確でシンプルなメッセージを提示することによって、プログ
ラムの履行率、教員の賛同と職員の関与のレベルを向上させることができるという。
例えば「私たちは、次の18か月の間に、学校風土を改善し、学校のキャンパス内の

すべてのエリアで児童生徒の安全性を高め、同時にいじめとハラスメントの発生率を20％減少させる」といった明瞭で測定可能な目標を伴ったメッセージを提示する。学校長は学校のコミュニティに響き渡るメッセージを明確に述べるとともに、学校全体の安全と児童生徒のニーズに対応するための新しいプログラムの履行を巧みに進めていかなければならない。

> あなたがいじめられているとき、教師たちはほとんど役に立たない。いじめっ子たちを無視しようとしてみて。それがうまくいかないようなら、親に話しなさい。いじめっ子たちから遠ざかること。彼らがあなたに向ける悪口は本当にひどいことだと思う。彼らがあなたを殴るようなら、自分を守るための反撃方法を考えなさい。誰にもあなたを軽んじさせてはならない。そして彼らを哀れな奴らだと思いなさい。

説明責任の基準

　すべての職員は州法、学校区の方針、そしていじめハラスメント防止や介入を含む学校方針を一貫して遵守し、実行する責任がある。大きな社会文化情勢の変化によって、連邦、州、あるいは地域の法規制が変わり、新しい法律や政策に従うことが求められることはしばしばある。例えば、シートベルトの着用で命を守る、というのは車に乗る人の安全性を高めるポジティブなステップであり、今では法律となっている。ほとんどの州でシートベルト着用は義務となっており、「締めるか違反切符か」というルールが採用され、運転者には選択の余地がない。これと同様に、学校長はすべての職員に対して新しい学校方針、手順や介入を実行することに責任をもたせ、選択の余地を認めてはならない。特に、障害ゆえに自分の身を守れない可能性がある児童生徒など、危険にさらされやすい集団を守ることより重要な責務など、どこにもない。連邦、州、あるいは地域の法規制や方針に従い、実施することに失敗することは、長く続く有害な影響をおよぼす場合がある。学校長は、採用された方針や標準となるプロトコルの遵守や実行を怠っている個々の職員を特定し、責任をもたなくてはならない。個々の職員に対するフォローアップの介入には、その責任とプログラムの履行を保証するために、追加的な職員研修、集中的なコーチング、明確なフィードバックなどが含まれる場合がある。

　学校長と学校安全チームのメンバーが職員のプログラム履行の忠実度を評価するための監査チェックリストをつくると、職員の責任感は向上する。監査チェックリストはここ何十年も、学校の安全計画における当たり前の構成要素であり続けてきた。学校長や学校の安全管理の専門家は、学校の安全計画において、その遵守を確かなものとするために厳しい基準をつくり上げてきた。監査チェックリストは、一般的には学校が様々な安全関係の問題に対処する際に用いられることが多いが（例：学校からの退避やロックダウンの手順など）、同じように厳格な責任の基準がいじめやハラスメントの防止と対応についても適用されるべきである。監査チェックリストは、州の法規制や導入されているいじめ防止プログラムについて、一貫したプログラムの遵守と履行を強調する。ニュージャージー州の教育局は、すべての学校が州の法規について、コンプライアンスを守っていることを確かめる監査チェックリストを作成し、広めている。「ニュージャージー州ハラスメントと虐待といじめコンプライアンスチェックリスト（The New Jersey Harassment, Intimidation, and Bullying Compliance Checklist）」は、学校長が自分の学校の独自のニーズに適合する文書を作成する際のテンプレートとして活用することが可能である。このチェックリスト（付録Fにサンプルを提示している）はポリシー要件、職員研修の基準、報告の手順など広い範囲をカバーしている。チェックリストの全体像を確認したい場合はニュージャージー州教育局のウェブサイトを訪問して頂きたい。

 http://www.state.nj.us/education/students/safety/behavior/hib/checklist.pdf

　この監査チェックリストは、学校の年度を通じて電子あるいは書面で、スタッフの全数あるいは抽出されたサンプルを対象に、ランダムに監査を行なうために用いられる。監査の結果は関係者に対する透明性を担保するため、年次報告に組み込まれ、公表される。

　監査チェックリストはプログラムが忠実に実行されていることを確認するためだけに用いられるツールではない。ここで、両親の関与が重要な要素となる。両親の参加と、職員の責任に対する両親からの要求がなければ、学校区は高い水準で児童生徒を守る安全基準を提示する十分なエビデンスを欠いてしまう可能性がある。両親が学校に対していじめやハラスメントを防止する責任を求めるひとつの方法は訴

訟である。米国の教育委員会協会の法律顧問フランシスコ・ネグロンによれば、「いじめに関する訴訟は国全体で増加している」（DiBlassio, 2011）。児童生徒の両親たちは、いじめやハラスメントに対し法的なアクションをとる機会を増やし、訴訟を通じて、学校の文化を変えていこうとしている。いじめやハラスメントは児童生徒の安全を大きく脅かし、時には自殺にもつながる。それらを起因とした訴訟に直面するとき、学校長や教員はエビデンスベースドな介入の厳密な実施や透明性、説明責任などを欠いた学校方針の陰に隠れることは許されなくなる。訴訟は、学校方針や手順を改革するための解決策ではない。しかし、学校におけるいじめの事実やそのネガティブな影響をしばしば否定しがちなシステムを改革するうえで、無力感を覚える両親が取り得る手段のひとつである。

> 人と違うというのは素晴らしいこと。個性は、自分を独特な存在だと感じさせてくれます。自分自身を愛し、世界で最高の存在だと思うこと。学校のスタッフにいじめっ子を遠ざけて、学校でのトラブルを回避できるように相談してみて。あなたには素晴らしい価値があるということを決して忘れないで。

持続可能性の基準

　持続可能性とは、システムが実施の最終段階までの長い期間にわたる耐久性をもつことを指す。新しい教育プログラムにおいては、鳴り物入りで始まったものが尻すぼみで終わることがしばしばある。多くの学校において、他の教育上の取り組みとの競合によって、いじめ防止プログラムの持続が課題となっている。学校におけるプログラム持続可能性を高める方法はある。第一に、データに基づく意思決定と結果に基づく説明責任が重要である。データに基づく意思決定と継続的な改善、そして持続可能性には互いに強い相関関係がある（McIntosh et al., 2013）。データの収集と分析は、学校の教職員が測定可能な成果や、自分たちの方針や手順の結果を重視することを助ける。学校長や教師はしばしば学力テストの結果などを重視し、ポジティブな学校風土づくりやいじめの存在を下げることなどの重要性を認識しない場合がある。社会的な行動規範や「沈黙の文化」といった複雑な社会的問題を変

えていき、ポジティブで持続的な結果を確立するためには相当な時間と関与が必要となる。いじめハラスメント防止のための恒常的な文化的なシフトを実現するために、持続可能性は最終的かつもっとも重要な段階である。

　いじめ防止プログラムの持続可能性を高める第二の要素は、学校の専門職、児童生徒とその両親が測定可能な結果という共通のミッションに向かって協同して取り組む強いチームとなることである。学校区の管理者は、プログラムのビジョンと目的について明確にコミュニケーションをとり、同時に実施のすべての段階において、適切なリソースを提供する必要がある。教師たちは学校におけるいじめを止めるために、高い水準での関与を示し、自らの時間と労力を投入する必要がある。学校安全チームは実施と持続において重要な役割を果たす存在であるが、そのメンバー構成は変わる可能性がある。学校安全チームの一員である教職員は異動の可能性があるし、児童生徒の両親代表は、子どもが卒業し上の学校へ進学するのに伴って卒業する可能性がある。しかし、長期にわたって存続する効果的かつ重層的なプログラムは、持続的なルーティンの実践（例えば、毎月開催される学校安全チームのミーティングで、議事日程やアクションステップが示される）、伝統（例えば、傍観者への教育プログラム）、そして求められる責任の基準（例えば、監査チェックリスト）などに基づく。特に、児童生徒の参加なしに、持続的で効果的な介入の慣行は不可能であることを忘れてはならない。

　最後に、効果的ないじめ防止プログラムの実施と持続の失敗は、選択肢として認められるものではない。児童生徒の落第や退学率の上昇、学業成績の低下、長期にわたる精神保健への影響など、いじめはコミュニティ全体に大きな影響を与える。学校は、より大きな問題を抱えるコミュニティの縮図に過ぎない。学校でのいじめの存在率が上がり続け、いじめ事件の発生件数が減らない場合、寛容さや多様性についての意識や問題に対処する責任はコミュニティ全体にある。「読み、書き、計算」（Reading, 'Riting, and 'Rithmetic）の３Ｒが私たちの教育システムを過去の４世紀の間、維持するための中核的な要素であり続けてきたように、いじめとハラスメントを防止する新しい３Ｒが、私たちを将来へと導いてくれる。「認識し、対応し、報告せよ」（Recognize, Respond, and Report）。

> 今あなたが直面している問題がどんなものか、私にはよくわかります。でもあなたはひとりではないし、いつかすべては解決するということを忘れないで。自分自身に誇りをもってください。それがあなたをあなたたらしめるのだから。自分自身に忠実に、そしてポジティブに。私はあなたの友だちだし、あなたが日々どんなことを耐えているか、よくわかっています。

✓ 実行のためのチェックリスト

はい

・データ収集における複合的な手法のアプローチについて説明するとともに、質的なデータ（例えば、フォーカスグループ調査の結果のまとめ）の必要性について述べる　□

・いじめに関するデータについて、グラフまたは視覚的な表示ができるようにする　□

・学校における重層的ないじめ防止活動の状況を把握できるポートフォリオをデザインする　□

・関係者に対し、情報の透明性と年次報告の必要性についての意思疎通を図る　□

・職員の説明責任についての監査チェックリストを作成する　□

・学校安全チームとスクールワイドな介入の持続可能性を確かなものとする　□

付録A
計画のためのマトリクス
いじめと障害者ハラスメントを防止し、対応するための中核的な要素

評点

1. リサーチベースドおよびエビデンスベースドなプログラムについての調査を行なっている
2. プログラムの開発、リソースおよび中核的な要素の特定が始まっている
3. プログラムの実施、スタッフトレーニング、児童生徒による活動の初期段階に入っている
4. プログラムの本格的な稼働、重層的な介入の実行、職員の同意が実現している
5. 実践が持続しており、長期的な成果が測定されている

中核的な要素	目標と基準	評点	アクションプラン／達成の目標日	責任者または部署
1. 重層的な介入	a. いじめとハラスメントを明確に定義づける学区レベルの方針と手順	1 2 3 4 5		
	b. 学級レベルの介入（例えば、いじめ防止活動など）			
	c. いじめっ子、被害者、傍観者に対する個別の介入			
2. 評価（アセスメント）	a. いじめやハラスメントをモニタリングし、追跡する	1 2 3 4 5		
	b. データに基づく意思決定			
	c. 児童生徒と職員が報告を行なうための標準操作手順			
	d. ポジティブな学校風土といじめについての児童生徒を対象とした調査			
	e. いじめとハラスメントに関するデータと年次報告についての透明性と説明責任			

中核的な要素	目標と基準	評点	アクションプラン／達成の目標日	責任者または部署
3．ポジティブな学校風土	a．他者への敬意や他者との連携についての学校のリーダーシップ	1 2 3 4 5		
	b．いじめ防止活動に携わる児童生徒の、あらゆる段階におけるリーダーシップ			
	c．すべての児童生徒に対する高い期待と安全な学習環境			
	d．すべての職員と児童生徒に対する公正な取り扱い			
4．社会性情動学習	a．社会性情動学習のカリキュラムの導入	1 2 3 4 5		
	b．すべての学年のレベルに応じた社会性情動学習の授業計画の構築			
	c．自己認知、対人スキル、責任ある意思決定に焦点をしぼること			
5．スキルに基づく学習	a．期待される行動を明確にした上で適切なスキルを指導すること	1 2 3 4 5		
	b．全学年における傍観者への教育プログラム			
	c．いじめをする児童生徒への段階的な罰則と支援サービス			
	d．障害のある児童生徒がいじめにどのように対応するかを標的とした介入			
	e．いじめをどのように報告するかについての明確な指示			
6．職員への訓練	a．全職員に対する、連邦法・州法についての継続的な職員研修	1 2 3 4 5		
	b．いじめの警告サインといじめが及ぼす長期にわたる影響についてのトレーニング			
	c．対応についての標準操作プロトコル			
	d．報告の要件と学校や学年のレベルに細分化されたデータの検討			
7．両親や地域の参加	a．両親やコミュニティの関係者の学校安全チームへの参加	1 2 3 4 5		
	b．様々なフォーマットの提供による関係性の構築			
	c．いじめ防止活動に参加するボランティアの募集			
	d．いじめ事件についての両親への通知			

中核的な要素	目標と基準	評点	アクション プラン／ 達成の目標日	責任者 または 部署
8. ホットスポットの管理	a. 学校および周辺の地域のなかにあるホットスポットの特定	1 2 3 4 5		
	b. 職員に対するホットスポットの管理の指示			
	c. 大人による管理のモニタリング、報告されたデータの検討			
9. 継続的で維持可能なプログラム	a. 年次的な質的、量的データを両親、児童生徒、コミュニティに報告すること	1 2 3 4 5		
	b. 学校安全チームによる定期的なミーティング、計画やアクションステップの策定			
	c. リーダーが、明確かつ共有されたビジョンと測定可能な目標を明言すること			
	d. 教師が中核的な要素の実行と持続について説明責任がもてるようリーダーシップをとること			

付録B
追加的な学級運営のための介入

1. 教室での指示について、念入りに検討し、噛み砕き、それが明確で具体的であることを確認しなさい。というのは、教師は往々にして多く語りすぎるからである。明快で正確な指示は、ポジティブな学級環境の土台となる。指示を無関係な情報のなかに埋め込んだり、長い対話の形で指示を与えたりする教師は、やがて児童生徒が混乱し始め、課題から気持ちがそれてしまった行動をし始めることを予期すべきである。課題分析をする際には、授業や課題をより小さな部分へと細分化できるように準備を行なう必要がある。教師たちは児童生徒があらかじめ必要とされたスキルを習得している、あるいは指示を完全に理解したと誤って仮定しているのに対し、児童生徒はその最初の段階が理解できず、与えられた課題に取り組むこと、提出物を完成させることに四苦八苦している場合がある。意図された授業や課題についてのそれぞれのステップを知り、必要があれば児童生徒に合わせて初歩的なレベルや簡単な課題へと切り替えられるよう、ひとつのスキルをより小さないくつかのステップに細分化する準備をしておくといい。授業計画のなかで、児童生徒の態度や行動を維持するように、教師が自在(シームレス)に動くことができるというのは重要なことである。

2. 児童生徒に対して多様で効果的なプロンプトを与える。プロンプトは児童生徒が新しいスキルを習得したり、適切な行動を維持したりすることを助けるのに使用される。児童生徒に対し、適切な行動をモデリングするのも、プロンプトの一種である。例えば、教師が言葉での指示に加えて、教室の前方にある書棚にある正しいファイルに宿題を提出するための正しいステップの見本(モデル)を示す、などである。他のプロンプトの方法としては、教師が児童生徒との距離を小さく保つ近接支援が挙げられる。近距離によるコントロールは、教師が児童生徒

にポジティブな行動や課題への集中を維持させる際に、効果的なプロンプトとして使われてきた。邪魔をするような行動を示す児童生徒（例えば、自席で後ろを向いてしまう、教材をいじって遊んでしまうなど）については、教師がもっと近くに立ったり、席を配置したりするべきである。このテクニックは、児童生徒の行動がより深刻で、危機的な状態にまでエスカレートしている場合には、有用な方法だからと言って採用するべきではない。そうしたケースでは、教師は児童生徒から直接的な身体的攻撃を受けないよう、安全な距離を保つべきだからである。他のタイプのプロンプトとしては、教室で求められていることを視覚的にサポートする方法が挙げられる。「静かに着席」「手はひざに」「先生の顔を見る」といった視覚的なサインは、児童生徒の集中力とコンプライアンスを大いに高める場合がある。書面によるチェックリストは、児童生徒が提出課題を完成させるにあたって、求められているステップを自ら振り返る上で助けとなる視覚ツールである。さらに、教師が新しいスキルを児童生徒に教えるとき、また適切な行動を維持するために、クラスのルールなどを思い出させるときに、ジェスチャーによるプロンプトを利用することもできる。児童生徒の行動を改めさせたいときに、教師が言葉による叱責、言葉によるリマインド、言葉によるプロンプトだけに頼っている場合には注意が必要である。

3. すべての児童生徒に平等に敬意を払う。教師に「彼はあまりに怠け者で、課題が終わらせられないのね」「彼女は授業に参加したくないみたいだな」などと評されることは、児童生徒にとって非常に屈辱的に感じられる可能性がある。障害のある児童生徒に対して主観的なコメントを下すことは不正確であり、私見に基づいて児童生徒にとって重要な教育的サポートを否定してしまうことにつながる。児童生徒が低レベルの妨害的行動を示している場合は、児童生徒に直接、かつ慎重に話しかけて原因の特定を試みるべきである。例えば、授業を聞かずに机に突っ伏している女子生徒は、もしかしたら、前の授業でひどいいじめを体験していたのかもしれない。教師は児童生徒の不良な行動の根にある原因を探し求め、理解しようとするべきである。できる範囲内で、共感とともに行動がエスカレートしないようにし、求められている課題の第1ステップに

ついて、明確な指示を、プロンプトとともに与える。部屋の向こう側から、ご
く当たり前で一般的なコメントを投げかけることのないようにする（例：「さあ、
きちんと勉強に取り組んで」）。その代わりに、児童生徒の近くに立ち、中立的
なトーンの声で「教科書の52ページを開きなさい」と指示を出す。児童生徒が
課題に取り組み始めるように援助し、課題に集中した、ルールを守った行動を
素早く強化する。

4. 児童生徒に自己管理^{セルフマネジメント}ツールを与える。児童生徒による自己管理^{セルフマネジメント}ツールは、児童
生徒の行動を監視^{モニター}する上で効果的なシステムである。研究によれば、自己管理^{セルフマネジメント}
テクニックは、児童生徒に適切な自立スキルを教えるとともに、監視^{モニター}する場所
における児童生徒の妨害的行動を減少させる効果があり、自分の行動への
フィードバックを与えることが示唆されている。自己管理^{セルフマネジメント}の第一のステップと
して、まずは減らしたいあるいは増やしたい行動と目標を特定するということ
がある（例えば、授業中にうっかり発言してしまう回数を減らしたい、援助を
求めるために挙手をする回数を増やしたい）。教師は適切な行動をデモンスト
レーションしてみせ、練習のために児童生徒とロールプレイングをする必要が
あるかもしれない。第二に、行動を記録できるシステムを選び、児童生徒に、
自らの行動を記録する方法を教える（例えば、自分が援助を求めて挙手するた
びに、正の字で記録する。もっと小さい子の場合は、許可なく立ち上がるたび
に、悲しい顔のマークを描くなど）。第三に、自己管理^{セルフマネジメント}システムを導入する上
でもっとも重要なステップである、目標、強化子、そして強化子を受け取るこ
とができる基準を決定する。15分間、余分にコンピュータを使える権利を得る
ためには、正の字がいくつ必要なのか、休み時間にコンピュータをさわらせて
もらうためにはニコニコマークをいくつ獲得しなくてはならないのか。教師と
児童生徒は行動をモニタリングし、最終的な成果を評価し、児童生徒が
自己評価^{セルフエヴァリュエイト}できるようにしなくてはならない。この型^{タイプ}の個別介入は、新しいス
キルを教えるために短い期間だけ実施することもできる（例えば、援助を求め
るために挙手をする、というスキルを教えるために2週間だけ実施する、など）。
介入プログラムは、データの分析と児童生徒の行動に応じて変えたり、次第に

Recognize, Respond, Report: Preventing and Addressing Bullying of Students with Special Needs
by Lori Ernsperger. Copyright © 2016 by Paul H. Brookes Publishing Co., Inc.

終わらせたりしていくべきである。

5. 児童生徒との間に、本人に合わせた強化スケジュールや頻度を考慮した契約書を作る。児童生徒との契約書には強化子を獲得するための基準や強化スケジュールが含まれる。契約書には児童生徒の成功のための基準が明記され、児童生徒にとっての強化子も明記されている。以前に書いたように、強化子は必ずしも高価なもの、時間を多く消費するものでなくていい。児童生徒に、強化子の候補リストのなかから、好きなものを選ばせるという方法もある。具体例としては、学校放送のアナウンスを担当させてもらえる、校長と昼食を一緒に食べられる、休み時間に好きな音楽が聴ける、クラス遊びでするゲームを選べる、宝物箱から好きなものを選べる、などである。

付録C
「親愛なるアビー（Dear Abby）」宛ての
相談レターの例

　児童生徒が書いた以下の「親愛なるアビー[1]（Dear Abby）」宛ての手紙を読んでほしい。そして、相談者の立場になって考えてほしい。学校でいじめられるというのは、どのような気持ちがするものか。状況を変化させるために、あなたはどのようなアドバイスを与えることができるだろうか。似たような状況を体験したことはあるだろうか。あるなら、共有してほしい。

　親愛なる友へ

　　私の学校ではいじめが許されています。学校ではけんかをしている子がたくさんいて、とても怖い場所になり得るのです。私に対していつも大声で叱りつけてくる先生もいます。一生懸命やっているけれど、私はどうしても算数が苦手なのです。学校に行くのが不安になって、お母さんに頭痛がすると言うこともあります。友だちと私は、反いじめグループを作りたいと思っていますが、先生たちを怒らせたくはないのです。他の先生に相談するのも怖いです。私の言うことを信じてくれるか、わからないからです。この算数の先生について、私はどうしたらいいのでしょう。
　　　　　　　　　　　　　　　　　　　　　ティファニー、モンタナ州

　親愛なる友へ

　　ぼくは、聴いている音楽と着ている服のことで、毎日学校でいじめられています。ぼくが少しでも人と違うことをすると、この野球チームに入っているグループは放っておいてくれないのです。何人かの先生に相談しようとしたけれど、彼らは気にしないようにと言うだけで、でもそれでは解決にならないのです。ぼく

訳注
1）アメリカの人生相談コラム。

は彼らを無視し、気にしないようにしているけれど、家に帰ると誰も彼も、そして何もかもに腹がたって仕方がありません。本当にイライラします。このいじめっ子グループについて何かできることはないでしょうか。

オータム、ケンタッキー州

親愛なる友へ

ぼくはADDがあり、学校で服薬をしています。先生たちはあまり力になってはくれず、教室の後ろのほうの席にぼくを座らせます。一部の子はぼくについてひどい悪口を言ってきて、バスのなかではしばしば暴力を振るわれています。バスの運転手はまったくの役立たずです。ぼくはみんなを幸せな気分にさせたいと思っているけれど、めちゃくちゃ悲しい気分でいます。どうしたらバスのなかでの悪夢を終わらせることができるでしょう。「知恵おくれ」と言われると、どう言い返したらいいのかわからなくなります。　　　コリー、カリフォルニア州

親愛なる友へ

私自身は学校でいじめられてはいませんが、友だちがいじめられています。彼女は背が高く、にきびがあって、オタクっぽいのです。私たちは幼稚園以来の友だちで、でも今、私はどうしたらいいのかわからなくなっています。彼女はどんなパーティにも招かれたことがありません。彼女が押しのけられたり、悪口を言われたりしているのを見たこともあります。私自身が次の標的になるのは怖いので、いじめっ子たちに何かを言いたくないのです。時には私は彼女たちと一緒になって笑い、友だちには冗談だと言うこともあります、何もせずにいることについて、ひどく罪悪感があります。私はどうしたらいいのでしょう。

アリー、ミシガン州

親愛なる友へ

ぼくは8歳のときにフロリダに引っ越してきました。僕は他の生徒たちにいびられたり、怒鳴られたり、こぶしで殴られたことさえあります。彼らが一番よく言ってくるのは「ゲイ」とか「オカマ」ですが、僕はホモセクシュアルではあり

ません。相手はいつも同じグループの男の子たちです。僕はお母さんにホームスクーリングをしたいと言いましたが、ダメだと言われました。事態がさらに悪化するに決まっているので、先生たちに相談するのは嫌です。ぼくは今も転校生のままのような気分で、本当の友だちはひとりもいません。彼らの顔面を殴る以外の方法で、自分の身を守るにはどうしたらいいのでしょうか。

アダム、フロリダ州

親愛なる友へ

　私の成績はオールA、特待生で、つい先日も校内でMVPとして表彰されたところですが、それでも同じクラスの数人の女の子にいじめられ続けています。私は以前は太っていて、でも減量して、見た目はずっと改善したのです。でもその女の子たちはそのことを決して忘れず、私のことを放っておいてくれません。スクールカウンセラーは彼女たちを無視するようにと言い、私の受講スケジュールを調整して別のクラスへと変えましたが、何ひとつよくなっていません。私はこの子たちと友だちになりたいと思っていて、でもなんだか混乱しています。助言を頂けたらありがたいです。

メラニー、ネバダ州

親愛なる友へ

　こんなことが自分の身に降りかかってくるなんて信じられません。私は真面目な生徒ですし、仲のいい友だちもいますが、たった今、別のグループの女の子たちが私の写真を使って偽のフェイスブックのページを作っていたことを知りました。彼女たちはそこにひどいコメントを残し、男の子たちと私についての噂を広めています。私は何もしていません。両親に話したら私の携帯電話とノートパソコンを取り上げてしまうでしょう。彼女たちは昨日は裸の女の子の写真を載せ、私のことを「あばずれ」と呼んでいました。大急ぎでなんとかしなければ。これは私の手には追えません。

ファーガル、アイルランド

付録D
ソーシャルナラティブの例
学校でのいじめに対するCALMアプローチ

　時々、学校で他の子が自分をいじめようとしてくることがある。誰でも同じ目に遭う可能性がある。ミシェル・ボルバ博士によって考案されたCALMアプローチは、冷静に落ち着いて、自己主張をし、いじめっ子の目を見て、真剣に言葉を伝えることに挑むことを提唱している。

　冷静に、落ち着く（CALMになる）ことを忘れずに。気持ちを静めて深呼吸をする。

まっすぐに立つ。

相手の目を見る。

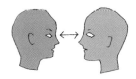

「放っといて」と本気で言う。

先生にも伝える。

私は事態を改善できる。

付録E
いじめハラスメントの報告書の例

　学校区の基本方針において、いじめやハラスメントは、学齢期の子どもたちに関わる望ましくない、攻撃的な行動で、実際の、あるいは感じ取れた力の不均衡に基づいている。こうした行動は長期間にわたってくり返される、あるいはその可能性がある。いじめには、脅す、噂を流す、ネットいじめをする、誰かを身体的にあるいは言葉によって攻撃する、そして故意に誰かを集団から排除するといった行動が含まれる。報告されたいじめはすべて、調査される必要がある。

本日の日付：＿＿＿＿＿＿＿＿＿　　学校名：＿＿＿＿＿＿＿＿＿＿＿＿＿＿＿＿

事件の報告者名：＿＿＿＿＿＿＿＿＿＿＿＿＿＿＿　　学年：＿＿＿＿＿＿＿＿

報告の形式（ひとつに○をする）：
　　　　本人による　　　　　　　同級生による　　　　　職員による
　　　　両親による　　　　　　　匿名

被害児童生徒の名前：＿＿＿＿＿＿＿＿＿　　年齢：＿＿＿＿＿　　学年：＿＿＿＿

事件において、保護を必要とする属性が関わっていたか
（人種、国籍、宗教、ジェンダー、性的指向、障害）
　　はい　　　　いいえ
　　はいの場合、その内容：

事件の発生した日付とおおよその時間：＿＿＿＿＿＿＿＿＿＿＿＿＿＿＿＿＿＿＿＿＿

事件の発生した場所（該当するものに〇をつける：

廊下	トイレ	教室	体育館	食堂
校庭	バス	始業前／ 放課後	学校主催の 行事	電子媒体 （ネットいじめ）

申し立てられているいじめ行為者（大人や職員を含む）

名前：＿＿＿＿＿＿＿＿＿　　年齢：＿＿＿＿　　学校：＿＿＿＿＿＿＿

名前：＿＿＿＿＿＿＿＿＿　　年齢：＿＿＿＿　　学校：＿＿＿＿＿＿＿

名前：＿＿＿＿＿＿＿＿＿　　年齢：＿＿＿＿　　学校：＿＿＿＿＿＿＿

名前：＿＿＿＿＿＿＿＿＿　　年齢：＿＿＿＿　　学校：＿＿＿＿＿＿＿

いじめまたはハラスメントの種類（該当するものに〇をつける）：

身体的ないじめ（たたく、蹴る、押しのける）　　脅し

社会的排除、拒絶　　　　　　　　　　　　　　　あざけり／悪口／侮辱

ネットいじめ／電子コミュニケーション　　　　　悪意ある噂を広める

所有物を損なう　　　　　　　　　　　　　　　　強要

他にいじめを目撃した人はいるか？（大人、職員を含む）

はい　　いいえ

はいの場合、以下に記載：

事件について、言葉で説明してください。また、意見や感じたことがあれば、それも記述してください：

_____

管理者使用欄

職務担当者サイン：

受理した日付：　　　　　　　　　　　　　　受理ケース番号：

_____

付録 F
いじめハラスメント監査チェックリスト

	はい／いいえ	コメント
1. あなたは、いじめや障害者ハラスメント（または他の保護を必要とする属性の児童生徒に対するハラスメント）の定義を述べられますか。また障害のある児童生徒を保護する連邦法について認識できていますか。		
2. あなたの学校には、児童生徒、両親とコミュニティの関係者を含む学校安全チームがありますか。学校委員会は定期的にミーティングを開き、いじめを防止するためのスクールワイドな活動やもっとも効果的な実践ガイドラインの周知などについて調整を行なっていますか。		
3. あなたの学校は、すべての職員、児童生徒、その他の関係者がいじめ事件を報告するための統一的な報告書式（紙／オンライン）を作成し、それについて周知をしていますか。すべての職員がいじめを報告することを義務づけられていますか。		
4. あなたの学校の担当責任者はいじめに関する報告を集め、調査を行なう責任を担っていますか。子どもがいじめ事件に関わりをもった場合、両親はそれについて（学校がある日の1日以内に）知らされていますか。		
5. 学校の年度ごとに、すべての職員に対して、いじめとハラスメントの防止を助け、正しい対応を促進するための職員研修が行なわれていますか。また、あなたの学校では、いじめ事件に対応する際に、すべての大人がとるべき標準操作プロトコルを導入していますか（例えば「止める－話す－退去させる」など）。		

	はい／いいえ	コメント

6. あなたの学校ではいじめ事件が起こったとき
にどのようにすべきかについて学ぶ傍観者へ
の教育を実施し、安全に介入し、大人に報告
する方法を教えていますか。また、あなたの
学区では、児童生徒の年齢に応じたいじめ防
止と社会性情動学習_{ソーシャルエモーショナルラーニング}のスキルについての指
導を継続的に行なっていますか。

7. あなたの学校では、児童生徒に対して、彼ら
が学校において安全であり、尊敬され、気遣
われていると感じているかどうかについて定
期的に調査を実施していますか。その調査で
は、いじめの割合に関わる具体的な質問をし
ていますか。その結果は学校区のウェブサイ
トにも掲載されていますか。

8. あなたの学校には、いじめに対処するための
方針や手順、測定可能な成果や介入を含む書
面による計画書がありますか（例えば、技術_{テクニカル}
支援ガイドなど）。

9. あなたの学校区は年度ごとに、報告されたい
じめやハラスメントの事件の数や性質につい
て評価や検討、報告を行なっていますか。

監訳者あとがき

学校法人西軽井沢学園

創立者・理事長　奥田健次

　原著との出会いは、学苑社から翻訳出版した『いじめられっ子の流儀：知恵を使ったいじめっ子への対処法』の原著と同じように、毎年参加している国際行動分析学会（Association for Behavior Analysis International）の2018年サンディエゴ大会の特設ブックストアで面白そうな本を探して見つけたことによる。本書については「とうとうABA（応用行動分析学）を専門にしている専門家が、いじめについての本を出したのか」という印象であった。

　ところが、パラパラと本をめくって見たところABAで見慣れた折れ線グラフの類が見当たらない。これはもしかして、単なる技法やプログラムを紹介する本ではなさそうだ。おそらく「姿勢」や「ガイドライン」について書かれているのではないか。ABAを単なる技法やプログラムと勘違いしている人も多いので、これは世に出すべきではないか。そのように考えた。

　いじめの問題については、技術うんぬんの前に「大人の姿勢」が問われるものである。「いじめや嫌がらせはしたくない」「アンフェアな取り扱いは嫌いである」「自分が損をしなければそれで良い、他の虐げられている人のことは気にしない、という考えが嫌い」などというものが、科学や技術の前に問われる姿勢である。したがって、これらの姿勢が欠如していると、科学を標榜してABAを専門にしている人であっても気づかぬうちにいじめハラスメントを繰り広げてしまう。また、いじめハラスメントを積極的に行なわなくても「沈黙する人」になってしまって、不当に扱われている人を助けることはできない。

　監訳者の私についてであるが、いじめやハラスメントとの戦いは相当なものであると自負している。相談件数が多いのであるから当然ではあるが、自分自身の受けた被害も相当なものである。自分自身が小中学校の頃に受けたいじめについては、

ここでは取り上げない。大人になってからのエピソードを３つ程度、紹介する。

　まず、私が二十代の頃、私立大学の助手であったが、とある教育委員会の学校コンサルタントとして中学校に派遣された。その中学校からの相談は「被害妄想の強い女子生徒がいる」ということで、精神科か心療内科を本人に勧めてほしいという依頼であった。校長や教頭、担任や養護教諭、学年の他の担任など10名ほどの会議で、私は「いじめを受けている可能性はありませんか？」「過去にいじめに遭ったことはありませんか？」と確認したが、「ありません」とのことであった。その後、教育委員会でこの女子生徒の父親と初めて面談を行なったが、なんと過去に集団いじめがあってそのことを中学校側が当時認めて謝罪していたこと、現在も通学途中のいじめが再発していることがわかった。つまり、会議には10人ほどの教員がいたのに誰も本当のことを言わず、コンサルタントに聞かれてすら「ありません」と答え、私に嘘をついたことが明らかになったのだ。私は即対応を父親に約束し、面談直後に教育長に報告するとともに「嘘をついた中学校に何の対応もしなければ今日で相談員を辞めさせていただきます」と伝えて大学に戻った。その夜８時頃、中学校の教頭から私の研究室に電話がかかってきて、教育長に強く咎められたことと、本当のことを言わなかったことの謝罪の言葉を聞かされたが、私は父親と女子生徒に詫びて集団いじめを止めない限り二度と戻らない、と返事した。二十代なかばの助手が親ほど年齢の離れた学校管理職を強く咎めることにはそれなりの覚悟が必要であったが、この集団いじめは次の週には対応が実現して女子生徒の再登校が可能となった。嘱託の職で交通費程度のものではあったが、職をかけて戦わなかったらこの女子生徒は精神科で被害妄想とされたかもしれない。

　２つ目は、その大学で正義感の強すぎる私の恩師でもある上司が、大学側の補助金の不正使用や数々の不公正な事案について強く指摘したところ、設置申請中の大学院担当教員から外されることとなった。それも含めて数々の指摘について誰も追随しなかったなか、助手である私だけが同調したことに端を発する。私に対しては、専任講師に昇格することを学生に発表しておきながら直前で理由も述べずに取り消したり、他大学での内諾済みの集中講義の依頼を勝手に断ったり、私が申請した海外特別研究員の応募書類を無断で取り下げたり、挙げ句の果てには「１週間以内に研究室を明け渡せ」という文書が届いて、移動先は学生も出入りする倉庫であったり、数々のハラスメントが降りかかった。恩師も辞表を提出したが、私も後先を考えずに辞表を叩き付けた。そして、退職後にアカデミックハラスメントの訴訟を一

人で大学に対して起こして、9年に渡る戦いであったが最高裁判所まで審理され、結果は勝訴であった。大学を辞めると食べていく術のない教員らは、権力ある側についてハラスメントに荷担するしかなく、ある意味では気の毒であった。大学院に入りたいと願う弱い立場の学生たちも巻き込まれて、これも大いに気の毒であった。こんな状況のために、私は何もしてあげられなかった。それでも、ほんの一握りだが当時の学生らが、私のドキュメンタリー番組を偶然に見た後、「あの頃、大学院に進学したかったため、他の先生に気に入られないとどうしようもない雰囲気だったので、奥田先生を裏切って作り話までして悪口を言っていました」と、10年以上越しのお詫びのメールが来たので、学生のなかにも良心のある者もいたのだと思う。その小さな良心をも沈黙させてしまう大学の環境やいじめ構造というのは、あまりにも醜悪なものであったと言わざるを得ない。こうした構造的なハラスメントは、程度の差こそあるだろうが、実は日常茶飯で大人社会にあふれている。

　3つ目は、この退職した大学の次の職場でのことである。こちらの大学では、若い教員から退職してしまう傾向があり、私のように一番若い教員はどんな扱いなのだろうと思っていた。前の大学がひどすぎたというのもあるだろうし、立場が准教授として採用されたからかもしれないが、最初はそれほど居心地は悪くなかった。ところが、私と同じ年齢の教員Aが助手としておられ、実力も実績もある研究者であったが身分としては期限付きのポストであった。その後、2年連続して若い教員が他大学に転職したために、専任講師や准教授のポストが空いたので、私は教員Aの昇格を推したが、大学側は2回とも教員Aの昇格は検討もせず、外から教員を採用した。翌年、さらに1人の教員が退職することになった際、また外から教員を採用しようとしたので、私が教授会で今度こそ教員Aの昇格人事を検討することを強く提案した。「倫理的にどうなのですか？　もしこれを無視するなら私がこの大学を辞めます」と、また自分の職をかけて強く訴えると、その後、昇格人事の小委員会が開かれて業績審査が行なわれ、教員Aの専任講師昇格が決まった。私の経験では、教授会での緊急動議が採用されて要望が通ったのは後にも先にもこの1回だけである。昇格が決定した後、教員Aは涙ぐんで私の研究室までお礼を言いに来てくれた。ただし、これには後日談もある。その数年後、今度は私を准教授から教授に昇格させたいという上司の提案があり、昇格人事の小委員会が開催されたとのことであった。小委員会では私の業績などの要件をチェックした上で、適当であるという判断となり、教授会に小委員会からの昇格人事の審議提案がなされた。私に関す

る審議のために、私はその審議中は別室で待機となるのだが、上司によると教授会の審議でも特に揉めることなく承認となり、議事録にもそのように残された。ところが、その数日後、この昇格人事が取り消されることになったと上司から連絡があった。上司にも理由は伝えられなかったが、そもそもどの場で教授会の承認事項の取り消しが行なわれたのか疑問に感じた。さすがに気の毒に思った別の教授が耳打ちしてくれたのは、「奥田先生が30代で教授になるというのが、50過ぎで教授になった先生らにとって腹立たしかったようだ」とか「事務員でずっと部課長になれない連中の妨害もあった」「学園理事の○○さんに好かれていないことが問題かもしれない」とのことであり、いずれも正式な会議の場ではなく恣意的で不当な人事介入が行なわれたのが事実である。その次の教授会では、「奥田健次准教授の教授昇格は取り消しとなった」と報告事項として述べられただけであった。そこは別室待機ではないので、その場にいた私は身の置き所の無さを味わって苦痛だったが、ようやく「どの会議体で取り消しが決められたかを明らかにして下さい」と言うのがやっとであった。それに対して「申し訳ありませんが、承知していません」と学部長が答えて終わりであった。空気を読むことばかりに長けている他の教職員らは誰ひとりとして発言しなかったのも情けないが、研究業績を審理する小委員会や教授会での決議事項を、議事録も残らない「廊下の立ち話」で恣意的に取り消すことができる愚かな大学と学校法人の組織に所属していることへの怒りを強く覚えた。少し悲しかったのは、その顛末をずっと見ていた教員Aがこうした組織の不公正な取り扱いに対して何の発言もしなかったことである。本書の前文の「他者の沈黙」である。別に「恩返し」をしてもらおうなどと期待して、当時立場の弱かった教員Aへの度重なる冷遇を正したわけではない。だから、一度も「どうして何も発言してくれなかったのですか？」と教員Aを責めもしなかった。単に、教員Aは同じ年齢の私が昇格することを快く思わなかったのかもしれないし、嫌われ者の奥田を助けようものなら今度は自分自身の立場が危ういと空気を読んだのかもしれない。昇格が取り消されたことよりも、教員Aや他の上司の誰もが不当な取り扱いに対して声を挙げず、個人的に慰めの言葉をかけるだけだったことのほうが悲しい。教員Aは私を励まそうとしたのだろうが、宮本武蔵を主人公にした『バガボンド』の漫画本1冊のギフトに「強い敵と闘う奥田先生が昇進にこだわるなんて、らしくないですよ！」と手紙が添えられており、教授会で苦言を呈した私の行為を「昇進にこだわる人」とレッテル貼りされたのには閉口した。戦意を大いにそがれてしまったのだ。会議

で正式に決まったことを、議事録すら残らないどこかで覆されたことへの怒りを学長にもぶつけたが、自分の人事のことなのでどうしても「昇進にこだわる人」に思われてしまう気がして、私一人の力ではこれ以上、何もすることはできなかった。前の職場のように訴訟を起こしても良かったのだが、「昇進にこだわる人」とレッテルを貼られてしまったために身動きが取れなかった。大学や学校法人側からはこのことについていまだに何のお詫びも釈明もないので、せめてこうした機会に経緯を話し、残しておきたいと思う。こちらには、まだ当時の教授会の議事録は証拠として保管してあるのだ。

　皆、保身の思いが強すぎるのだろう。それは仕方がない。空気を読まないと自分の立場が危うくなるという、大学のいじめ構造がそうさせているからだ。知恵ある大人なのであれば、こうした構造を改善しようとするアクションを起こすべきだと私は思う。また同じようなことが起こった場合、私は懲りることなく職をかけて闘い続けるだろう。随分と格好良く聞こえるかもしれないが、そんなものでもない。こういう不公正に対して闘うことに「やりがい」や「快感」を感じる私が変人だ、ということである。

　本書のことに戻ろう。本書を翻訳して思ったことは、いじめの問題について「アメリカでも過小報告されている」「そこは日本と変わらない」という点である。学校が把握するいじめ発生率が９％、だが児童生徒に調査を行なうとそれが38％になるというギャップ（第９章参照）。こうした過小報告がアメリカでも日本と同じようにあるわけで、それならば確かに「ABAはエビデンスのある科学的な方法だから採用せよ」とか寝ぼけたことを言うよりも前に、まず先に実態を明らかにするために調査して、いじめがあることを認識することから始めなければならない。データを取らないことの恐ろしさも、本書は充分な説得力をもって語ってくれている。教育や保育の業界で「データ」というと、「何でも数字にすると質的なものが見えなくなる」と言ったデマを並べて、そのデマを隠すために「命の大切さ」とか「人を思いやる気持ち」ということを大切にしようという定性的な表現をする専門家だらけだが、それはいじめ問題から大人が逃げる手口だと考えてよい。子どもたちのために、こんな「柔らかい、耳にやさしい表現」に騙されないように。市民の多くが騙されるから、こんなデマだらけの専門家ばかりになるのだ。

　日本では、本書の「学校安全チーム」はどの機関になるのであろうか。教育委員会や公立の教育センターがまず思いつく。しかし、教育委員会や教育センターは学

校から出向した教員によって成り立っているため、学校でのいじめやハラスメントに対して何もできない可能性が高い。学校現場の教員とは同僚、仲間、管理職は上司であるため、第三者機関とはとても言いがたい。現に、学校現場で起こったいじめ自殺について、学校と同じように教育委員会も「因果関係は示されなかった」と言おう、言おうとするではないか。学校に派遣されるスクールカウンセラーの多くも、派遣先の学校長に気に入られなかったり児童生徒を守るために教育委員会を敵に回すような「勇気あるアクション」を起こしたりすると、学校や教育委員会から翌年以降の嘱託の身分を更新してもらえないことを恐れて、いじめ問題から逃げているではないか。いじめられっ子に寄り添うだけでは支援者として失格であることは、本書を読めばわかるだろう。学校や教育委員会のいじめ隠しと闘ったために、雇用を更新してもらえなかった支援者は私に連絡をいただきたい。詳しく顛末を聞いた上で、大いにねぎらいたいと思う。

　ここ最近で接した事例でも、東京都での教育補助者が元教員で、この教育補助者が女性の学級担任と結託して支援学級の自閉スペクトラム症の児童に児童虐待をくり返していた。本書で言うところの「障害者ハラスメント」も含まれていたし、当然のように不登校になってしまったため、人権侵害も甚だしい。そのことを保護者はスクールカウンセラーに相談しても助けてもらえず、校長に相談したが対応してもらえず、教育委員会にも教育センターにも相談を行なった。いずれも話を聞いてもらうだけで何の対応もしてもらえなかったため、意図的に他府県のセンターに保護者が相談（ほとんど告発）をすると同時に、私から文科省にも働きかけた。数か月もかかったが、結果、この元教員は出勤停止となった。学級担任は病気休暇を申請し、承認された。途中でわかったことだが、元教員と校長は、元教員が先輩、校長が後輩の間柄であったという。また学級担任は校長のお気に入りだったという。そのため、対応が大きく遅れ、教員らに大した処分も行なわれなかった。こうしたことからも、身内に自浄能力は無いということがわかる。教育センターの相談員も教員からの出向によるもので、その校長が今後の上司になる可能性もあるため、被虐待の自閉スペクトラム症の児童を守るためのアクションがまったく起こせなかった。

　こうしたことから、本書の学校安全チームに該当する機関として、これを教育委員会に求めることは、現在のシステム上は無理があるだろう。日本の公立学校では、今のままではいじめやハラスメント防止は形だけの機能不全のものしか生まれてこ

ない。例えば、第8章に出てくる「教育オンブズマン事務所」のような、学校の教職員から完全に独立した機関が、わが国の児童生徒を守るために必要であろう。その機関は、いじめ事件が起きてから学校や教育委員会の責任を追求するだけではなく、いじめ防止のために継続的な調査や監査を行なうようなものでなければならない。こうした予防的な取り組みは、日本人は常々苦手のように思われる。

　腹立たしい実例を並べたが、少しくらいは理想的な実例も紹介したい。とある私立女子高校で起こったことである。ミッション系の中高一貫の進学校であるが、高校から入学した女子生徒が弁当日の初日、休み時間の間に弁当の中身を捨てられてゴミを入れられるといういじめを受けた。そのことを女子生徒が自宅で両親に話せたことが良かった。また、その両親が即日、学校に話せたことも良かった。さらに、学校側は緊急会議を開いたことも良かったし、管理職の判断で翌日、全校集会を開いたのも良かった。被害者名を出さず、しかし「弁当の中身を捨ててゴミを入れた」という事件の行為は具体的に伝え、「いじめを実行した者たちは、自分の良心に問いかけて後で名乗り出てくるように。また、それを見ていた者、知っている者も、自分の良心に問いかけて話に来るように。それまで授業は行ないません」と全校生徒に伝え、実行した。2時間目の時間までに、いじめグループの全員が揃って校長室にやってきて、あとはもう想像いただけると思うがスピード解決であった。その学年集団では卒業するまでこうしたいじめは起こらず、なおかつこの時の被害生徒は高校3年になると生徒委員長に選ばれるほど快活で信頼される生徒になった。このように、いじめ事件はスピード対応が求められる。進学校で全校の授業を止めたという学校長の英断も素晴らしい。きっとこの学校長なら、いじめグループのなかに法人への多額の寄付をした家庭の生徒が含まれていても、対応は変わらなかっただろう。被害生徒の保護者の判断も即対応も正しく素晴らしかったと、私は称賛の言葉を贈るのみであった。

　今の日本の制度のままでは、公立学校でいじめ問題を解決することはできないだろう。「いじめ防止対策推進法」も無力である。学校の教師の実力が不足していると言っているのではない。システムや構造が、いじめを前にした教師を含めた大人を無力にしているのだ。そのことによって、教師の実力も不足していくことになろう。システムや構造を変えることなしに、教員研修を増やしたところで何もならない。いじめに関する現在の教員研修は、学校や教育委員会、自治体や文科省の「いじめ対策、ちゃんとやっていましたよ（なのに、不幸な事件が起こったのです）」

というアリバイに過ぎない。私立学校にはわずかにチャンスがあるかもしれないが、これも厳しいだろうと思う。大人の誰かが勇気や覚悟をもって立ち上がるアクションが必要である。傍観者だった児童生徒による、いじめられっ子を助けるような行動の第一歩が、私たち大人にも求められている。「いじめられっ子を助けるような行動とは、代わりに殴られに行くことではない」ということは、ここまで本書を読んだ方にはおわかりいただけると思う。

今や、私は長野県で一番小さな学校法人を創立したわけであるが、学校長の「ならぬものはならぬ」とでも言えるような覚悟や勇気一つで救われる児童生徒がいるのだから、いじめ防止プログラムを導入する学校設立を目指したいと真剣に思うようになり、小学校設立準備会を立ち上げて活動を開始している。誰もやりたがらないなら、私がやる。今まで、そうしてきたのだから。ただし、お金がない。なんとかしていただきたい。

私の判断で、本書のタイトルは「いじめ防止の３Ｒ」とすることにした。よく知られた「３Ｒ」は環境問題のそれで、Reduce（ゴミを減らすこと）、Reuse（くり返し使うこと）、Recycle（ゴミを資源として再び利用すること）である。これになぞらえることにした。いじめ対策で大切なことは、環境問題と同じく「３Ｒ」と覚えていただきたい。Recognize（認識すること）、Respond（対応すること）、Report（報告すること）である。環境問題の３Ｒは少しずつ社会に浸透しているが、「いじめ防止の３Ｒ」は教育の専門家すらまだ知らないであろう。

日本では、いじめ問題が過去最高を年々更新している。

いじめ認知、最多の61万件　「重大事態」も最多に

文部科学省が22日に発表した「問題行動・不登校調査」で、2019年度に全国の小中高校などで認知されたいじめが61万2496件と過去最多を更新したことが分かった。６年連続で増えた。

このうち命の危険や不登校につながった疑いのある「重大事態」は前年度から121件増の723件。いじめ防止対策推進法施行後の13年度に集計を始めて以来、最も多かった。

いじめの認知件数は前年度に比べ、12.6％（６万8563件）増えた。増加幅が

最も大きかったのは小学校の13.8%（5万8701件）増で、中学校は9％、高校は3.6％それぞれ増えた。認知したいじめのうち、83.2%が19年度中に解消しているという。

　内容別（複数回答）では、からかいや悪口などが61.9%で最多だった。インターネットやSNS（交流サイト）によるひぼう・中傷は1万7924件で、5年前と比べて2.3倍に増えた。小学校では前年度から1002件増えて5608件確認された。（中略）

（日本経済新聞　2020年10月22日　17:15　https://www.nikkei.com/article/DGXMZO65322810S0A021C2CC1000）

　SNSを使った嫌がらせやいじめ、取り返しがつかないような個人情報や画像の流出、人権侵害などが加速度的に増加している。いじめ自殺が起こる度に、こうした社会問題が語られるのであるが、予防的な取り組みを行なっていないことを糾弾するような論調は少ない。予防策を講じないことは、次のいじめ自殺や被害者による報復の悲劇が起きるのを待っているようなものである。臨床家の私の予想はほとんど当たるのであるが、本書が述べる「障害者ハラスメント」についても、今後きっと最悪の事件が起こるに違いない。本書を読んだだけでは何も変わらないかもしれないが、同じように心を痛めている仲間を増やし、その仲間と相互に勇気をシェアすることから初められればと思っている。

　一読をお勧めしたいのは、医師の岩田健太郎氏の『ぼくが見つけたいじめを克服する方法：日本の空気、体質を変える』（光文社新書）である。ここでの提言は、本書に通じるところが多い。意味ではなく事実に焦点を当てるプラグマティックなところや、言葉は記号にすぎず使い方に注目するという機能主義、文脈主義的な点、循環論になるような原因考察の愚かさを指摘する辺りも行動分析学や徹底的行動主義の姿勢に相通じる。子ども時代にいじめに遭い、大人になってからも学会でハラスメントを受けた経験など、私個人が受けた経験とも通じるところもある。

　本書は、とにかく固有名詞が多かった。また、ビジネス用語をメタファーとして頻繁に使用していて大変だった。行動分析学の専門用語の使い方すら恣意的なところがあって苦労した。本を開いて英文の羅列や見慣れない英略文字が多いと私でも閉じたくなる。したがって、極力、英文字を少なくするように心がけた。また日米

で文化や制度の違いや言葉のニュアンスの違いから、伝えたいことが伝わりにくいところもあり、意訳せざるを得ない部分もあった。冬崎さんとは翻訳に際し相当な意見交換を行なったが、お互いに学んだことは「忍耐」の文字であろう。何度、心が折れかかったことか。専門書の翻訳などほとんどお金にもならないし、名誉が得られるわけでもない。他に自分のためにやりたい仕事が山ほどあったのだが、どうしてもこれは世に出すべき書物であるというところに立ち返って、かなりの時間を捧げることになった。最後まで我慢して私のこだわりや都合に合わせて下さった冬崎さんに、心よりお礼申し上げたい。

　本書を世に出すまでには、私の職場の安定も、欠かせない要件であったと思う。サムエル幼稚園の園長、事務長、教職員スタッフ、親子支援センターハンナの笹田夕美子先生はじめスタッフ各位が、親子を大切に思って安定して素晴らしい支援を行なってくれていること、保護者や利用者の方々が私の教育方針を理解しようと努めてくれていること。そこにも、それぞれの「忍耐」があったに違いない。そのおかげで、ようやくこの1冊が生まれたのである。皆に深い感謝の意を表明したい。

　終わりに、学苑社の杉本哲也さんに本書の価値を認めていただき、翻訳出版を快諾していただいたこと、論文のように長々としたこのピリ辛な監訳者あとがきを容認して下さったことを心より感謝申し上げる。

2021年3月15日
桜新町駅のロイヤルホストにて

参考文献

Ability Path. (2011). *Walk a mile in their shoes: Bullying and the child with special needs.* Retrieved from http://www.abilitypath.org/areas-of-development/learning--schools/bullying/articles/walk-a-mile-in-their-shoes.pdf

Agatson, P. (2014). *Suggested guidelines for selecting anti-bullying assemblies.* Retrieved from http://cyberbullyhelp.com/recommended-guidelines-for-bullying-prevention-assemblies-patti-agatston-phd/

Alsaker, F., & Valkanover, S. (2012). The Bernese program against victimization in kindergarten and elementary school. In D. Strohmeier & G. Noam (Eds.), *Evidence-based bullying prevention programs for children and youth* (pp. 15–28). San Francisco, CA: Jossey-Bass.

American Educational Research Association. (2013). *Prevention of bullying in schools, colleges, and universities: Research report and recommendations.* Washington, DC: American Educational Research Association.

Americans with Disabilities Amendments Act (ADA) of 2008, PL 110-325, S 3406.

Bambrick-Santoyo, P. (2010). *Driven by data: A practical guide to improve instruction.* San Francisco, CA: Jossey-Bass.

Beane, A. (2009). *Bullying prevention for schools.* San Francisco, CA: Jossey-Bass.

Beebe, J. (2014). Sticks and stones: Using curriculum to stop bullying. *Science Daily.* Retrieved from http://www.sciencedaily.com/releases/2014/01/140127141549.htm

Bogart, L., Elliot, M., Klein, D., Tortolero, S., Mrug, S., Peskin, M., . . . Schuster, E. (2014). Peer victimization in fifth grade and health in tenth grade. *Pediatrics.* doi:10.1542/peds.2013-3510

Borba, M. (n.d.). Bully-proofing our kids. Retrieved from http://www.micheleborba.com/Pages/ArtBMI03.htm

Brackett, M., & Rivers, S. (2014). Preventing bullying with emotional intelligence. *Education Week.* Retrieved from http://www.edweek.org/ew/articles/2014/02/19/21brackett_ep.h33.html?qs=School+Climate,+Health+and+Student+Life

Bradley, R. (2014). Multitiered behavioral support frameworks and social and emotional learning. Federal Bullying Summit 2014. Retrieved from http://www.c-span.org/video/?321013-3/bullying-prevention-summit-social-emotional-learning

Bradshaw, C., Sawyer, A., & O'Brennan, L. (2007). Bullying and peer victimization at school: Perceptual differences between students and school staff. *School Psychology Review, 36*(3), 361–382.

Bradshaw, C., Waasdorp, T., O'Brennan, L., & Gulemietova, M. (2013). Teachers and education support professionals' perspectives on bullying and prevention: Findings from a National Education Association study. *School Psychology Review, 42*(3), 280–297.

Bronfenbrenner, U. (1977). Toward an experimental ecology of human development. *American Psychologist, 32,* 513–531.

Buhs, E., & de Guzman, M. (2007). *Bullying and victimization: What adults can do to help.* Lincoln, NE: University of Nebraska–Lincoln. Retrieved from http://www.extension.unl.edu/c/document_library/get_file?folderId=221677&name=DLFE-3202.pdf

Burke, E. (2013). Palo Alto's new two-tiered bullying policy: Will kids fall through the cracks? Retrieved from http://www.paloaltoonline.com/blogs/p/2013/11/18/palo-altos-new-two-tiered-bullying-policy-will-kids-fall-through-the-cracks-part-1-of-2

California Department of Education. (n.d.). *California healthy kids survey: Student well-being in California.* San Francisco, CA: WestEd Health and Human Development Program.

Carroll, C., Patterson, M., Wood, S., Booth, A., Rick, J., & Balin, S. (2007). A conceptual framework for implementation fidelity. *Implementation Science, 2,* 40. Retrieved from http://www.ncbi.nlm.nih.gov/pmc/articles/PMC2213686

Carter, E., Asmus, J., Moss, C., Cooney, M., Weir, K., Vincent, L., . . . Fesperman, E. (2013). Peer network strategies to foster social connections among adolescents with and without severe disabilities. *Teaching Exceptional Children,* November/December, 51–58.

Center for Parent Information and Resources. (2003). You are your child's first lifelong advocate. Retrieved from http://www.parentcenterhub.org/repository/first-advocate

Charach, A., Pepler, D., & Ziegler, S. (1995). Bullying at school: A Canadian perspective. *Education Canada, 35,* 12–18.

Cohen, J. (2006). Social, emotional, ethical, and academic education: Creating a climate for learning, participation in democracy, and well-being. *Harvard Educational Review, 76*(2), 201–213.

Cohen, J. (2014). School climate policy and practice trends: A paradox. A commentary. *Teachers College Record,* February 21, 2014. Retrieved from http://www.schoolclimate.org/publications/documents/SCPolicy&PracticeTrends-CommentaryTCRecord2-28-14.pdf

Cohen, J. (n.d.). School climate improvement and breaking the bully-victim-bystander cycle. Retrieved from http://www.schoolclimate.org/prevention/documents/bully-prevention-research-what-works.pdf

Cohen, J., & Freiberg, A. (2013). School climate and bullying prevention. In T. Dary & T. Pickeral (Eds.), *School climate practices for implementation and sustainability.* A school climate practice brief, number 1 (47–51). New York, NY: National School Climate Center.

Cole, S., Eisner, A., Gregory, M., & Ristuccia, J. (2013). *Creating and advocating for trauma-sensitive schools.* Boston, MA: Massachusetts Advocates for Children.

Cole, S., O'Brien, J., Gadd, M., Ristuccia, J., Wallace, D., & Gregory, M. (2005). *Helping traumatized children learn: Supportive school environments for children traumatized by family violence.* Boston, MA: Massachusetts Advocates for Children.

Collett-Klingenberg, L., & Franzone, E. (2008). *Overview of social narratives.* Madison, WI: National Professional Development Center on Autism Spectrum Disorders, Waisman Center, University of Wisconsin.

Coloroso, B. (2008). *The bully, the bullied, and the bystander.* New York, NY: Harper Collins.

Committee for Children. (2001/2005). *Steps to respect: A bullying prevention program.* Seattle, WA: Committee for Children.

Committee for Children. (2008). *Second step: Student success through prevention program.* Seattle, WA: Committee for Children.

Cook, B., Cook, L., & Landrum, T. (2013). Moving research into practice: Can we make dissemination stick? *Exceptional Children, 79*(2), 163–180.

Craig, S. (2008). *Reaching and teaching children who hurt.* Baltimore, MD: Paul H. Brookes Publishing Co.

Cross, R. (2013). Integrating SEL in curriculum and instruction: Aligning SEL with common core state standards and the Danielson framework. Retrieved from http://safesupportivelearning.ed.gov/sites/default/files/SEL%20Webinar.pdf

Cyr, T. (2011). Disability based bullying: Using *T.K. v. NYC Department of Education* as a tool to understand a school's liability. Retrieved from http://www.edlawsoup.com/journal/2012/1/5/disability-based-bullying-using-tk-v-nyc-dept-of-education-a.html

Davis, S., & Nixon, C. (2014). *Youth voice project: Student insights into bullying and peer mistreatment.* Champaign, IL: Research Press.

DiBlassio, N. (2011). More bullying cases have parents turning to courts. Retrieved from http://usatoday30.usatoday.com/news/education/story/2011-09-11/bullying-lawsuits-parents-self-defense-courts/50363256/1

Dreiblatt, M. (2008). Strategies to stop bullying, cyberbullying, and social aggression. Retrieved from http://standuptobullying.net/blog/bullying-articles

Drew, A. (2013). Essentials of harassment, intimidation, bullying investigations. Retrieved from http://www.state.nj.us/education/students/safety/behavior/hib/TheInvestigation.pdf

Dryfoos, J.G. (2000). *Evaluations of community schools: Findings to date.* Washington, DC: Coalition for Community Schools. Retrieved from http://www.communityschools.org/assets/1/AssetManager/Evaluation%20of%20Community%20Schools_joy_dryfoos.pdf

Duncan, A. (2010). The myths about bullying: Secretary Arne Duncan remarks at the bullying prevention summit. Retrieved from http://www.ed.gov/news/speeches/myths-about-bullying-secretary-arne-duncans-remarks-bullying-prevention-summit

Durlak, J.A., Weissberg, R.P., Dymnicki, A.B., Taylor, R.D., & Schellinger, K.B. (2011). The impact of enhancing students' social and emotional learning: A meta-analysis of school-based universal interventions. *Child Development, 82,* 405–432.

Eaton, D., Kann, L., Kinchen, S., Shanklin, S., Flint, K., Hawkins, J., . . . Wechsler, H. (2011). Youth risk behavior surveillance. Retrieved from http://www.ncbi.nlm.nih.gov/pubmed/22673000

Epstein, J.L. (2009). *School, family, and community partnerships: Your handbook for action, 3rd edition.* Thousand Oaks, CA: Corwin Press.

Espelage, D.L. (2014). Ecological theory: Preventing youth bullying, aggression, and victimization. *Theory into Practice, 53,* 257–264.

Espelage, D. L. (2014). Psychologist offers insight on bullying and how to prevent it. American Psychological Association. Retrieved from http://newswise.com/articles/view/623873

Espelage, D.L., Polanin, J., & Low, S. (2014). Teacher and staff perceptions of school environment as predictors of student aggression, victimization, and willingness to intervene in bullying situations. *School Psychology Quarterly, 29*(3), 387–405.

Espelage, D.L., Rose, C.A., & Polanin, J.R. (2015). Social-emotional learning program to reduce bullying, fighting, and victimization among middle school students with disabilities. *Remedial and Special Education.* doi:10.1177/0741932514564564

Family Educational Rights and Privacy Act (FERPA) of 1974, PL 93-380, 20 U.S.C., §§ 1232g *et seq.*

Farrington, D., & Ttofi, M. (2010). School-based programs to reduce bullying and victimization. *Campbell Systematic Reviews, 6.* doi:10.4073/csr.2009.6

Federal Partner in Bullying Prevention Series. (2013). Moving from awareness to action in bullying prevention: Training resources for the field. Retrieved from http://www.stopbullying.gov/blog/2013/08/19/2012-2013-webinar-series-review

Fink, K. (2014). The Common Core standards can succeed if supported by a school climate engaging the whole child. *School Climate Matters, 8*(1), 4–5.

Fixsen, D., Naoom, S., Blasé, K., Friedman, R., & Wallace, F. (2005). *Implementation research: A synthesis of the literature.* Tampa, FL: University of South Florida, National Implementation Research Network (FMHI publication 231).

Franzone, E. (2009). *Overview of naturalistic interventions.* Madison, WI: National Professional Development Center on Autism Spectrum Disorders, Waisman Center, University of Wisconsin.

Franzone, E., & Collet-Klingenberg, L. (2008). *Overview of video modeling.* Madison, WI: National Professional Development Center on Autism Spectrum Disorders, Waisman Center, University of Wisconsin.

Gage, N., Prykanowski, D., & Larson, A. (2014). School climate and bullying victimization: A latent growth model analysis. *School Psychology Quarterly, 29*(3), 256–271.

Ganz, J.B. (2007). Using visual script interventions to address communication skills. *Teaching Exceptional Children, 40*(2), 54–58.

Gavigan, K., & Kurtts, S. (2011). Using children's and young adult literature in teaching acceptance and understanding of individual differences. *The Delta Gamma Bulletin, 77*(2), 11–16.

Gladden, R.M., Vivolo-Kantor, A.M., Hamburger, M.E., & Lumpkin, C.D. (2014). *Bullying surveillance among youths: Uniform definitions for public health and recommended data elements.* Atlanta, GA: Centers for Disease Control and Prevention, National Center for Injury Prevention and Control, and U.S. Department of Education.

Graham, S. (2011). Bullying: A module for teachers. American Psychological Association. Retrieved from http://www.apa.org/education/k12/bullying.aspx

Gray, C. (1995). Teaching children with autism to "read" social situations. In K. Quill (Ed.), *Teaching children with autism: Strategies to enhance communication and socialization* (pp. 219–241). Albany, NY: Delmar.

Gregory, A., Bell, J., & Pollock, M. (2014). How educators can eradicate disparities in school discipline. Discipline Disparities Series. Retrieved from http://www.indiana.edu/~atlantic/wp-content/uploads/2014/03/Disparity_Interventions_Full_031214.pdf

Haines, M., Perkins, H., Rice, R., & Barker, G. (2005). A guide to marketing social norms for health promotion in school and communities. National Social Norms Resource Center. Retrieved from http://www.socialnormsresources.org/pdf/Guidebook.pdf

Hamburger, M.E., Basile, K.C., & Vivolo, A.M. (2011). *Measuring bullying victimization, perpetration, and bystander experiences: A compendium of assessment tools.* Atlanta, GA: Centers for Disease Control and Prevention, National Center for Injury Prevention and Control.

Hefling, K. (2014). Despite increased security, school shootings continue. Retrieved from http://www.pbs.org/newshour/rundown/despite-increased-security-school-shootings-continue/

Hertz, M., Donato, I., & Wright, J. (2013). Bullying and suicide: A public health approach. *Journal of Adolescent Health, 53,* 51–53.

Hinduja, S., & Patchin, J. (2015). *Bullying beyond the schoolyard: Preventing and responding to cyberbullying.* Thousand Oaks, CA: Corwin.

Hong, J.S., & Espelage, D.L. (2012). A review of research on bullying and peer victimization in school: An ecological systems analysis. *Aggression and Violent Behavior, 17,* 311–312. doi:10.1016/j.avb.2012.03.003

Idsoe, T., Dyregrov, A., & Cosmovici-Idsoe, E. (2012). Bullying and PTSD symptoms. *Journal of Abnormal Psychology, 40,* 901–911.

Illinois State Board of Education. (2006). Illinois learning standards: Social/emotional learning. Retrieved from http://www.isbe.net/ils/social_emotional/standards.htm

Individuals with Disabilities Education Improvement Act (IDEA) of 2004, PL 108-446, 20 U.S.C. §§ 1400 et seq.

Interactive Autism Network. (2012). IAN research report: Bullying and children with ASD. Retrieved from http://www.iancommunity.org/cs/ian_research_reports/ian_research_report_bullying

Janney, R., & Snell, M. (2006). *Social relationships and peer support* (2nd ed.). Baltimore, MD: Paul H. Brookes Publishing Co.

Juvonen, J., Wang, Y., & Espinoza, G. (2011). Bullying experiences and compromised academic performance across middle school grades. *Journal of Early Adolescence.* doi:10.1177/0272431610379415

Juvonen, J., Wang, Y., & Espinoza, G. (2013). Physical aggression, spreading rumors, and social prominence in early adolescence: Reciprocal effects supporting gender similarities. *Journal of Youth and Adolescence, 42,* 1801–1810.

Keegan, J., & Monthie, J. (2014). Bullying and harassment of students with disabilities. Retrieved from http://bianys.org/_literature_132500/Webinar_Bullying_Slides

Kowalski, R., Limber, S., & Agatston, P. (2012). *Cyberbullying: Bullying in the digital age.* West Sussex, UK: Wiley-Blackwell.

Kraemer, J. (2010). School bus bullying: The road to safer, calmer school bus environments. Retrieved from http://public-groups.nea.org/legacy/file_cabinet/download/0x00004548f

Langevin, M., Bortnick, K., Hammer, T., & Wiebe, E. (1998). Teasing/bullying experienced by children who stutter: Toward development of a questionnaire. *Contemporary Issues in Communication Science and Disorders, 25,* 12–24.

Latane, B., & Darley, J. (1968). Group inhibition of bystander intervention in emergencies. *Journal of Personality and Social Psychology, 10*(3), 215–221.

Limber, S., & Snyder, M. (2006). What works and doesn't work in bullying prevention and intervention. *The State Education Standard,* July. Retrieved from http://www.yaleruddcenter.org/resources/upload/docs/what/bias/educators/Educators-NASBEBullyingArticle.pdf

Magg, J., & Katsiyannis, A. (2012). Bullying and students with disabilities: Legal and practice considerations. *Behavioral Disorders, 37*(2), 78–86.

Markowitz, N. (2013). The collaborative for reaching and teaching the whole child. Retrieved from http://reachandteachthewholechild.org/189-2/

Marr, N., & Field, T. (2001). *Bullycide: Death at playtime.* Oxfordshire, UK: Success Unlimited.

Massachusetts Department of Elementary and Secondary Education. (2011). Addressing the needs of students with disabilities in the IEP and in school bullying prevention and intervention efforts. Retrieved from http://www.doe.mass.edu/bullying/considerations-bully.html

McEvoy, A. (2005). *Teachers who bully students: Patterns and policy implications.* Presented at the Hamilton Fish Institutes Persistently Safe Schools Conference, Philadelphia, September 11, 2005.

McIntosh, K., Mercer, S.H., Hume, A.E., Frank, J.L., Turri, M.G., & Mathews, S. (2013). Factors associated with sustained implementation of schoolwide positive behavior support. *Exceptional Children, 79,* 293–311.

Merrell, K. (2007). *Strong kids: A social and emotional learning curriculum.* Baltimore, MD: Paul H. Brookes Publishing Co.

Moalem, S. (2014). *Inheritance: How our genes change our lives—and our lives change our genes.* New York, NY: Grand Central Publishing.

Monahan, M. (2013). Teacher aggression: An attempt to dialogue. In M. O'Moore & P. Stevens (Eds.), *Bullying in Irish education* (pp. 227–261). Cork, Ireland: Cork University Press.

Nansel, T., Overpeck, M., Pilla, R., Ruan, W., Simons-Morton, B., & Scheidt, P. (2001). Bullying behaviors among US youth: Prevalence and association with psychological adjustment. *Journal of the American Medical Association, 285*(16), 2094–2100.

National Association of School Psychologists. (2010). Zero tolerance and alternative strategies: A fact sheet for educators and policymakers. Retrieved from http://www.nasponline.org/resources/factsheets/zt_fs.aspx

National Association of School Psychologists. (2012). *A framework for schoolwide bullying prevention and safety.* Bethesda, MD: National Association of School Psychologists. Retrieved from http://www.nasponline.org/resources/bullying/bullying_brief_12.pdf

National Autism Center. (2009). Evidence based practice and autism in the schools. Retrieved from http://www.nationalautismcenter.org/resources/for-educators/

National Center for Education Statistics. (2008). Indicators of school crime and safety. Retrieved from http://nces.ed.gov/pubsearch/pubsinfo.asp?pubid=2009022

National Center for Education Statistics, (2011). Indicators of School Crime and Safety: 2011. Retrieved from http://nces.ed.gov/pubs2012/2012002rev.pdf

National Center for Education Statistics. (2013). Indicators of school crime and safety: 2012. Retrieved from https://nces.ed.gov/pubsearch/pubsinfo.asp?pubid=2014042

National Crime Victimization Survey. (2011). Student reports of bullying and cyber-bullying: Results from the 2011 school crime supplement to the national crime victimization survey. Retrieved from http://nces.ed.gov/pubs2013/2013329.pdf

National Education Association. (2010). How to identify bullying. Retrieved from https://www.nea.org/home/53359.htm

National Education Association. (n.d.). The NEA bullying prevention kit: What is bullying? Retrieved from http://www.nea.org/home/neabullyfree.html

National Parent Teacher Association. (n.d.). Resolution against bullying. Retrieved from http://www.pta.org/programs/content.cfm?ItemNumber=943

National School Climate Council. (2007). The school climate challenge: Narrowing the gap between school climate research and school climate policy, practice guidelines and teacher education policy. Retrieved from http://www.schoolclimate.org/climate/documents/policy/school-climate-challenge-web.pdf

Neitzel, J., & Busick, M. (2009). *Overview of self-management.* Chapel Hill, NC: National Professional Development Center on Autism Spectrum Disorders, Frank Porter Graham Child Development Institute, University of North Carolina.

Network of Autism Training and Technical Assistance Program. (2013). Bullying and students on the autism spectrum. Retrieved from http://www.iidc.indiana.edu/?pageId=3587

New Jersey Department of Education. (2011). Anti-bullying bill of rights act: Essentials of harassment, intimidation, bullying investigations. Retrieved from http://www.state.nj.us/education/students/safety/behavior/hib/

Nikopoulos, C.K., & Keenan, M. (2007). Using video modeling to teach children with autism. *Journal of Autism and Developmental Disorders, 37,* 678–693.

Noddings, N. (2014). Social emotional learning through kindness in the classroom. The Random Acts of Kindness Foundation. Retrieved from http://www.randomactsofkindness.org/kindness-in-the-classroom

O'Connell, P., Pepler, D., & Craig, W. (1999). Peer involvement in bullying: Insights and challenges for intervention. *Journal of Adolescence, 22,* 437–452.

Olweus, D. (1993). *Bullying at schools.* Malden, MA: Blackwell Publishing.

Pepler, D., & Craig, W. (2000). Making a difference in bullying. Retrieved from http://peacefulschoolsinternational.org/wp-content/uploads/making_a_difference_in_bullying.pdf

Polanin, J., Espelage, D., & Pigott, T. (2012). A meta-analysis of school-based bullying prevention programs' effects on bystander intervention behavior. *School Psychology Review, 41*(1), 47–65.

Ragozzino, K., & Utne-O'brien, M. (2009). Social and emotional learning and bullying prevention. Retrieved from http://www.casel.org/s/3_SEL_and_Bullying_Prevention_2009.pdf

Rath, T., & Clifton, D. (2004). *How full is your bucket?* New York, NY: Gallup Press.

Rehabilitation Act of 1973, PL 93-112, 29 U.S.C. §§ 701 et seq.

Reiney, E., & Harrington, K. (2012). Moving from awareness to action in bullying prevention. Federal Partners Webinar Series. Retrieved from http://www.stopbullying.gov/what-is-bullying/webinar.html

Reiney, E., & Limber, S. (2013). Why we don't use the word "bully" to label kids. Retrieved from http://www.stopbullying.gov/blog/2013/10/23/why-we-don%25E2%2580%2599t-use-word>-%25E2%2580%259Cbully%25E2%2580%259D-label-kids

Richardson, A. (2014). Bullying incidents low in Upper Township schools. *Shore News Today.* Retrieved from http://www.shorenewstoday.com/snt/news/index.php/upper-township/upper-township/58492-bullying-incidents-low-in-upper-township-schools-report-says.html

Rimm-Kaufman, S., Larsen, R., Baroody, A., Curby, T., Ko, M., Thomas, J., . . . DeCoster, J. (2014). Efficacy of the responsive classroom approach: Results from a 3-year, longitudinal randomized controlled trial. *American Educational Research Journal.* doi:10.3102/0002831214523821. Retrieved from http://aer.sagepub.com/content/early/2014/02/21/0002831214523821.full

Rivers, I., Poteat, V., Noret, N., & Ashurst, N. (2009). Observing bullying at school: The mental health implications of witness status. *School Psychology Quarterly, 24*(4), 211–223.

Robers, S., Zhang, J., Truman, J., & Snyder, T.D. (2012). Indicators of school crime and safety: 2011 (pub no. NCES 2012–002/NCJ 236021). Washington, DC: U.S. Department of Education and U.S. Department of Justice. Retrieved from http://nces.ed.gov/pubs2012/2012002.pdf

Rooke, J. (n.d.). The father of anti-bullying programs: Born in Sweden. Retrieved from http://www.latitudenews.com/story/the-father-of-anti-bullying-programs-born-in-sweden/

Rose, C. (2013). The bully and the bullied: Tiered intervention and supports. Council for Exceptional Children. Retrieved from http://www.cec.sped.org/Professional-Development/Events-Calendar/2013/10/WEBSRS1305

Rose, C., & Espelage, D. (2012). Risk and protective factors associated with bullying the involvement of students with emotional and behavioral disorders. *Behavioral Disorders, 37,* 133–148.

Rose, C., & Monda-Amaya, L. (2011). Bullying and victimization among students with disabilities: Effective strategies for classroom teachers. *Intervention in School and Clinic.* doi:10.1177/1053451211430119

Rose, C.A., Monda-Amaya, L.E., & Espelage, D.L. (2011). Bullying perpetration and victimization in special education: A review of the literature. *Remedial and Special Education, 32,* 114–130. doi:10.1177/0741932510361247

Rose, C., Swearer, S., & Espelage, D. (2012). Bullying and students with disabilities: The untold narrative. *Focus on Exceptional Children, 45*(2), 1–10.

Ross, S., Horner, R., & Stiller, B. (2008). Bullying prevention in positive behavior supports. Retrieved from http://www.pbis.org/common/cms/files/pbisresources/bullyprevention_es.pdf

Rossen, E., & Cowan, K.C. (2012). *A framework for school-wide bullying prevention and safety.* Bethesda, MD: National Association of School Psychologists.

Salmivalli, C. (2010). Bullying and the peer group: A review. *Aggression and Violent Behavior, 15,* 112–120.

Sentenac, M., Gavin, A., Arnaud, C., Molcho, M., Godeau, E., & Gabhainn, S. (2011). Victims of bullying among students with a disability or chronic illness and their peers. *Journal of Adolescent Health, 48,* 461–466. doi: http://dx.doi.org/10.1016/j.jadohealth.2010.07.031

Sigafoos, J., O'Reilly, M., & de la Cruz, B. (2007). *How to use video modeling and video prompting.* Austin, TX: Pro-Ed.

Skiba, R. (2013). School discipline at a crossroads: Issues of effectiveness and equity. Supportive School Discipline Webinar Series. Retrieved from http://safesupportivelearning.ed.gov/events/webinar/making-case-positive-approaches-discipline

Skiba, R., Reynolds, C., Graham, S., Sheras, P., Conoley, J., & Garcia-Vazquez, E. (2006). Are zero tolerance policies effective in the schools? An evidentiary review and recommendations. American Psychological Association. doi:10.1037/0003-066X.63.9.852. Retrieved from http://www.apa.org/pubs/info/reports/zero-tolerance.pdf

Snyder, T. (2014). A look at bullying data: Indicators of school crime and safety. Federal Bullying Prevention Summit 2014. Retrieved from http://www.c-span.org/video/?321013-6/bullying-prevention-summit-part-2

243

Srabstein, J. (2014). State and federal laws, policies, and guidance. Federal Bullying Prevention Summit 2014. Retrieved from http://www.c-span.org/video/?321013-6/bullying-prevention-summit-part-2

Starkey, P., & Klein, A. (2000). Fostering parental support for children's mathematical development: An intervention with head start families. *Early Education and Development, 11*(5), 659–680.

Steffgen, G., Recchia, S., & Viechtbauer, W. (2013). The link between school climate and violence in school: A meta-analytic review. *Aggression and Violent Behavior, 18*(2).

Sterzing, P., Shattuck, P., Narendorf, S., Wagner, M., & Cooper, B. (2012). Prevalence and correlates of bullying involvement among adolescents with an autism spectrum disorder. *Archives of Pediatrics & Adolescent Medicine, 166*(11), 1058–1064. doi:10.1001/archpediatrics.2012.790

Stiller, B., Nese, R., Tomlanovich, A., Horner, R., & Ross, S. (2013). Bullying and harassment prevention in positive behavior support: Expect respect. Retrieved from http://www.pbis.org/common/cms/files/pbisresources/2013_02_18_final_covr_manual_123x.pdf

Strohmeier, D., & Noam, G. (2012). *Evidence-based bullying prevention programs for children and youth.* San Francisco, CA: Jossey-Bass.

Sugai, G., Horner, R., & Algozzine, B. (2010). Reducing the effectiveness of bullying behavior in schools. Retrieved from http://www.pbis.org/common/cms/files/pbisresources/PBIS_Bullying_Behavior_Apr19_2011.pdf

Swearer, S. (2010). Bullying: What parents, teachers can do to stop it. American Psychological Association. Retrieved from http://www.apa.org/news/press/releases/2010/04/bullying.aspx

Swearer, S., Doces, M., Jones, L., & Collier, A. (2012). Bullying prevention 101 for schools: Dos and don'ts. Berkman Center Research Publication. No. 2013-2. Retrieved from http://dx.doi.org/10.2139/ssrn.2197951

Swearer, S., Espelage, D., & Napolitano, S. (2009). *Bullying prevention and intervention: Realistic strategies for schools.* New York, NY: Guilford Press.

Swearer, S., Wang, C., Magg, J., Siebecker, A., & Frerichs, L. (2012). Understanding the bullying dynamic among students in special and general education. *Journal of School Psychology, 50,* 503–520.

Sylvester, R. (2011). Teacher as bully: Knowingly or unintentionally harming students. *The Delta Gamma Bulletin, 77*(2), 42–46.

Syversten, A., Flanagan, C., & Stout, M. (2009). Code of silence: Students' perceptions of school climate and willingness to intervene in a peer's dangerous plan. *Journal of Educational Psychology, 101,* 219–232.

Thapa, A., Cohen, J., Guffey, S., & Higgins-D'Alessandro, A. (2013). A review of school climate research. American Educational Research Association. Retrieved from http://www.ijvs.org/files/Publications/A%20Review%20of%20School%20Climate%20Research.pdf

Unnever, J., & Cornell, D. (2003). Bullying, self-control, and ADHD. *Journal of Interpersonal Violence, 18,* 129147.

U.S. Department of Education. (2010). Anti-bullying policies: Examples of provisions in state laws. Retrieved from http://www2.ed.gov/about/offices/list/opepd/ppss/reports.html#safe

U.S. Department of Education. (2011). Analysis of state bullying laws and policies. Retrieved from https://www2.ed.gov/rschstat/eval/bullying/state-bullying-laws/state-bullying-laws.pdf

U.S. Department of Education. (2013). Bullying, harassment, and civil rights: An overview of school districts' federal obligation to respond to harassment. Retrieved from http://www.stopbullying.gov/videos/2014/02/civil-rights.html

U.S. Department of Education. (2014). Guiding principles: A resource guide for improving school climate and discipline. Retrieved from http://www2.ed.gov/policy/gen/guid/school-discipline/guiding-principles.pdf

U.S. Department of Education. (n.d.). Bullying and children and youth with disabilities and special health needs. Retrieved from http://www.stopbullying.gov/at-risk/groups/special-needs/bullyingtipsheet.pdf

U.S. Department of Education, Office of Civil Rights. (2000). Dear colleague letter: Reminder of responsibility under Section 504 of the rehabilitative act. Retrieved from http://www2.ed.gov/about/offices/list/ocr/docs/disabharassltr.html

U.S. Department of Education, Office of Civil Rights. (2010). Dear colleague letter: Harassment and bullying. Retrieved from http://www2.ed.gov/about/offices/list/ocr/docs/dcl-factsheet-201010.pdf

U.S. Department of Education, Office of Civil Rights. (2014). Dear colleague letter: Responding to bullying of students with disabilities. Retrieved from http://www2.ed.gov/about/offices/list/ocr/letters/colleague-bullying-201410.pdf

U.S. Department of Education, Office of Special Education and Rehabilitative Services. (2013). Dear colleague letter and enclosure: Bullying of students with disabilities. Retrieved from https://www2.ed.gov/policy/speced/guid/idea/memosdcltrs/bullyingdcl-8-20-13.pdf

U.S. Department of Education & U.S. Department of Justice. (2014). Dear colleague letter: Non-discriminatory administration of school discipline. Retrieved from http://www.justice.gov/crt/about/edu/documents/dcl.pdf

U.S. Department of Health and Human Services, Substance Abuse and Mental Health Services Administration (SAMHSA). (2014a). Concept of trauma and guidance for a trauma informed approach. SAMHSA's Trauma and Justice Strategic Initiative. Retrieved from http://store.samhsa.gov/product/SAMHSA-s-Concept-of-Trauma-and-Guidance-for-a-Trauma-Informed-Approach/SMA14-4884

U.S. Department of Health and Human Services, Substance Abuse and Mental Health Services Administration (SAMHSA). (2014b). Treatment improvement protocol 57: Trauma-informed care in behavioral health services. Retrieved from http://store.samhsa.gov/product/TIP-57-Trauma-Informed-Care-in-Behavioral-Health-Services/SMA14-4816

Vaillancourt, T., Hymel, S., & McDougall, P. (2013). The biological underpinning of peer victimization: Understanding why and how the effects of bullying can last a lifetime. *Theory into Practice, 52*(4), 241–248. doi:10.1080/00405841.2013.82976

Walker, H., Horner, R., Sugai, G., Bullis, M., Sprague, J., Bricker, D., & Kaufman, M. (1996). Integrated approaches to preventing antisocial behavior patterns among school-age children and youth. *Journal of Emotional and Behavioral Disorders, 4*(4), 194–209.

Wang, W., Vaillancourt, T., Brittain, H., McDougall, P., Krygsman, A., Smith, D., . . . Hymel, S. (2014). School climate, peer victimization and academic achievement: Results from a multi-informant study. *School Psychology Quarterly, 29*(3), 360–377.

Washington State Office of the Education Ombudsman. (2011). Model procedure: Prohibition of harassment, intimidation, and bullying. Retrieved from http://www.digitalarchives.wa.gov/GovernorGregoire/oeo/reports/anti-bullying_model_procedure.pdf

Weissberg, R. (2013). Social and emotional learning: From research to national perspectives. Retrieved from http://safesupportivelearning.ed.gov/sites/default/files/SEL%20Webinar.pdf

Weissbound, R., Jones, S., Ross, T., Kahn, J., & Russell, M. (2014). *The children we mean to raise: The real messages adults are sending about values.* Cambridge, MA: Harvard Graduate School of Education. Retrieved from http://sites.gse.harvard.edu/sites/default/files/making-caring-common/files/mcc_report_the_children_we_mean_to_raise_0.pdf

Welcoming Schools. (n.d.). Welcoming schools: An inclusive approach to addressing family diversity, gender stereotyping and name calling in K-5 learning environments. Human Rights Council. Retrieved from http://www.welcomingschools.org/pages/download-an-introduction-to-welcoming-schools

Wright, J. (2003). Preventing classroom bullying: What teachers can do. Retrieved from http://www.jimwrightonline.com/pdfdocs/bully/bullyBooklet.pdf

Young, J., Ne'eman, A., & Gelser, S. (2011). Bullying and students with disabilities. Briefing paper. National Council on Disability. Retrieved from http://www.ncd.gov/publications/2011/March92011

索　引

著者

ロリ・アーンスパーガー博士（Lori Ensperger, Ph.D., BCBA-D）

国際的な発言者、文筆家、ネバダ州ヘンダーソンの認定行動分析士・博士号（BCBA-D）であり、同地の行動トレーニングリソースセンター（Behavioral Training Resource Center, LLC）のエグゼクティブディレクターである。

監訳者

奥田　健次（おくだ　けんじ）

兵庫県出身。わが国において家庭出張型セラピー『自閉症児のための家庭中心型指導（home-based intervention）』を開始した草分け的存在である。行動上のあらゆる問題を解決に導くアイデアと技術、有効性が国内外の関係者から絶賛され、テレビやラジオなどでしばしば取り上げられている。1999年、内山記念賞（日本行動療法学会）を受賞。2003年、日本教育実践学会研究奨励賞受賞。専門行動療法士、臨床心理士。桜花学園大学人文学部准教授などを経て、現在、同大学院客員教授。法政大学大学院、早稲田大学人間科学部、愛知大学文学部など、各地で非常勤講師としても活躍中。2008年、第4回日本行動分析学会学会賞（論文賞）を受賞し、わが国初の行動心理学系の2つの学会でのダブル受賞者となった。2012年に大学を退職し、長野県に行動コーチングアカデミーを開設。全国各地や海外の発達ニーズのある家庭に出張相談を行いつつ、学校法人西軽井沢学園を創立。2018年、日本初の行動分析学を用いたインクルーシブ幼稚園を長野県で開園した。現在、本書を主軸とした「いじめ防止プログラム」を導入する日本初の小学校を設立するために奔走している。主な著書：『自閉症スペクトラムへのABA入門―親と教師のためのガイド』（監訳、東京書籍）、『叱りゼロで「自分からやる子」に育てる本』（単著、大和書房）、『自閉症児のための明るい療育相談室―親と教師のための楽しいABA講座』（共著、学苑社）、『メリットの法則―行動分析学・実践編』（単著、集英社）、『拝啓、アスペルガー先生―私の支援記録より』（単著、飛鳥新社）、『拝啓、アスペルガー先生【マンガ版】―異才の出張カウンセラー実録』（原作、飛鳥新社）、『世界に1つだけの子育て教科書―子育ての失敗を100％取り戻す方法』（単著、ダイヤモンド社）、『マンガ 奥田健次の出張カウンセリング―自閉症の家族支援物語』（原作、スペクトラム出版社）、『いじめられっ子の流儀―知恵を使ったいじめっ子への対処法』（監訳、学苑社）、『教師と学校が変わる学校コンサルテーション』（編著、金子書房）など。

訳者

冬崎　友理（ふゆさき　ゆり）

東京都出身、東京大学文学部英語英米文学科卒。訳書に『いじめられっ子の流儀―知恵を使ったいじめっ子への対処法』（奥田健次監訳、学苑社）。

装丁　有泉武己

イラスト（付録D）　高梨悟子

いじめ防止の3R
——すべての子どもへのいじめの予防と対処　　　　　©2021

2021年9月10日　初版第1刷発行

著　　　者　ロリ・アーンスパーガー
監 訳 者　奥田　健次
訳　　　者　冬崎　友理
発 行 者　杉本　哲也
発 行 所　株式会社学苑社
東京都千代田区富士見2－10－2
電話　03（3263）3817
Fax　03（3263）2410
振替　00100－7－177379
印刷・製本　株式会社丸井工文社

検印省略

ISBN978-4-7614-0826-8　C3037

いじめられっ子の流儀
▼知恵を使ったいじめっ子への対処法

ケイト・コーエン・ポージー 著

奥田健次監訳　冬崎友理 訳

●四六判／定価1760円

いじめに屈しないために、知恵と機転でいじめっ子をひねり返す技を伝授。「ほめ言葉」「賛同」「質問」などのテクニックを駆使し、意地悪の連鎖を断ち切る。意地悪な攻撃やからかいに悩まされる人、そのような人たちを支える親や指導者、そして、人付き合いに悩むすべての人たちに勇気を与える1冊。

こう言われたら、こう切り返せ！

奥田健次・小林重雄 著●A5判／定価2750円

行動の原理に基づいた教育方法をQ&A方式で紹介。具体的な技法や理論・経験によって裏打ちされたアイデアが満載。

自閉症児のための明るい療育相談室
▼親と教師のための楽しいABA講座

杉山尚子監訳　上村裕章 訳

メアリー・リンチ・バーベラ 著●A5判／定価3740円

VB指導法
▼発達障がいのある子のための言語・コミュニケーション指導

ABA（応用行動分析学）に基づいたVB（言語行動）指導法について、ステップバイステップでわかりやすく解説。

プログラム学習で学ぶ行動分析学ワークブック

吉野智富美・吉野俊彦 著●B5判／定価2750円

エクササイズやドリル形式のプログラム学習を盛り込み、学習の定着具合を確認しながら行動分析学を学ぶことができる。

ビジュアルブック ASDの君へ
▼ラクな気持ちになるためのヒント集

ジョエル・ショウル 著　大石幸二監訳

●B5判横長／定価2750円

自閉スペクトラム症のある子どもが、からだや気持ちを調整するためにできる簡単な方法をイラストで示したガイドブック。

気になる行動を示す幼児への支援
▼応用行動分析学に基づく実践ガイドブック

保育者ができる

野呂文行・高橋雅江 監修　永冨大舗・原口英之 編著

●B5判／定価2090円

保育場面32のケースについて、問題解決のために必要な行動を分析する方法を、応用行動分析学の視点から解説する。

施設職員ABA支援入門
▼行動障害のある人へのアプローチ

村本浄司 著●A5判／定価2750円

強度行動障害に取り組む施設職員待望の1冊！ 著者の長年の実践研究の裏付けがある理論と方法とアイデアを紹介。

公認心理師・臨床心理士のための発達障害論
▼インクルージョンを基盤とした理解と支援

大石幸二監修　山崎晃史編著●A5判／定価3080円

個人の特性にのみ問題を還元しない生態学的あるいは関係性の視点を重視した、インクルーシブな環境を実現するための書。

〒102-0071 東京都千代田区富士見2-10-2
https://www.gakuensha.co.jp/

学苑社

TEL 03-3263-3817　FAX 03-3263-2410
info@gakuensha.co.jp　税10%込みの価格です